신구약을 각각 **40일에 끝내는**

스토리 Story 성경여행

Story Bible

쿰란출판사

글을 시작하며

선교사역 후에 한국에 돌아와 '한국교회 위기'라는 말을 많이 듣습니다. "앞으로 10년 후 한국교회는 초고령화의 늪에 빠지게 될 것이다." "교인이지만 교회에 출석하지 않는 가나안 성도들이 늘어나고 있다." "미래 세대인 어린이, 청소년, 청년 세대가 교회에 정착하기 어렵다." "전도와 선교, 그리고 부흥은 점차 힘을 잃어가고 있다." "교회와 목회자의 권위와 영향력이 바닥으로 추락하고 있다." "형식적인 종교인은 많지만 하나님을 예배하고 찾는 참된 크리스천은 드물다." "종교의 영(다원주의, 혼합주의, 인본주의 등), 이세벨의 영(반기독교, 뉴에이즈 운동, 동성애, 차별금지법 등), 세속의 영(물질주의, 탐욕주의, 성공주의 등), 거짓과 미혹의 영이 가득하여 이단들이 득세하고 있다."

이것뿐만이 아닙니다. 선교사역 후 안식년 동안 몇몇 한국교회의 목회현장을 둘러보면서, 저는 다양한 이야기들을 들었습니다. "하나님과 말씀으로 소통(疏通)하고 싶습니다." "성경을 10번 이상 읽었는데도, 아직도 성경에 대해서 잘 모르겠습니다." "교회를 20년 이상 다녔는데도, 성경 66권의 내용 중에서 아직도 많은 부분에 대해서 메시지로 들어본 적이 없습니다." "주변에 성경으로 도전해오는 이단들의 세력에 대하여 어떻게 대처해야 할지 모르겠습니다." "개인 경건의 생활을 오래 했는데도 불구하고, 아직도 성경에 대하여 목이 마릅니다." 이와 같이 말씀에 굶주린 위기의 한국교회를 살릴 수 있는 길은, 500년 전에 루터가 외쳤던 "오직 성경으로"(Sola Scriptura)의 원리, "성경은 성경으로 해석한다"는 원리(1529년, 스파이어의회)로 되돌아가는 것입니다.

성경 안에는 모든 인생의 길이 있습니다. 성경 안에는 우리의 삶을 보배롭고 풍요롭게 하는 생명과 진리가 들어 있습니다. 뿐만 아니라 성경에는 이 세상의 지식, 재물, 명예, 권력을 뛰어넘어 하나님의 뜻대로 살아간 사람들의 삶이 기록되어 있습니다. 우리가 인생을 살아가면서 경험하는 거의 모든 사건들이 성경에 기록되어 있으며, 그 사건 속에서 우리는 하나님의 섭리와 뜻을 발견하고 하나님이 기뻐하시는 성공적인 인생을 살 수가 있습니다. 무엇보다도 우리는 성경을 통해서 예수 그리스도를 만남으로써 우리 자신의 정체성을 깨닫습니다. 그래서 이 땅의 육신의 정욕, 안목의 정욕, 이생의 자랑을 추구하는 것보다 하나님의 은혜 안에 거하는 삶, 하나님이 맡겨 주신 사명을 감당하며 우리 주변의 이웃들을 내 몸처럼 사랑하는 것이 더욱 소중하다는 것을 깨닫게 됩니다. 이와 같이 성경은 우리가 하나님과 이웃, 그리고 나 자신과 소통(疏通)할 수 있는 최고의 매체(媒體)입니다.

지금 유대인들은 "이방인의 충만한 수가 들어오기까지"(롬 11:25) 완악하게 되어 메시아이신 예수 그리스도를 알지 못하고 있습니다. 그럼에도 불구하고 그들이 세계 최고 권위의 노벨상의 약 23%를 차지하고 정치, 금융, 법, 언론 등의 다양한 분야에서 미국과 세상을 지배하고 있는 것도 구약의 율법과 탈무드를 통한 '토라'(하나님의 말씀)에 대한 공부의 결과임을 많은 사람들이 인지하고 있습니다. 출애굽 이후 광야 40년 여정 동안에도 이스라엘 백성들이 하나님의 완벽하신 보호하심과 인도하심을 경험한 것도 그들이 목숨을 걸고 하나님이 계시하신 율법을 지키려는 수고가 있었기 때문이요, 통일왕국 두 번째 왕이었던 다윗이 이스라엘 역사의 가장 위대한 왕으로 기억되는 것도 그가 하나님의 말씀을 주야로 묵상하면서 하나님의 뜻을 따르려고 했기 때문입니다. 또한 사도 바울이 다양한 배경을 가진 이들의 핍박에도 불구하고 유대와 사마리아와 땅 끝까지 복음을 전할 수 있었던 것도 하나님의 말씀에 정통했기 때문입니다. 이처럼 성경은 사람과 공동체를 변화시키며 위대하게 만드는 힘이 있습니다.

그런데 그동안 우리 교회와 성도들은 안타깝게도 성경을 '전체'가 아닌 '부분'으로 읽어온 '성경의 편향적 읽기'의 측면이 있습니다. 특정 본문에 대하여 큐티(QT)를 오래 한 사람의 경우에도 본인이 묵상한 성경 이외의 내용에는 지식이 없어서 성경 전체의 숲을 모른 채 부분만 알고 이해하면서 신앙생활 하는 경우도 많이 있습니다. 뿐만 아니라 강대상에서 말씀을 전하는 자들의 경우에는 본인의 관심이나 전공분야에 대한 집착과 각종 세미나 등에서 배운 특정한 성경 해석, 그리고 한 권의 성경을 몇 개월씩 전하는 강해설교식의 '성경의 편향적 전하기'로 인하여 성도들이 성경말씀을 전체적으로 이해하는 데 어려움이 적지 않습니다. 이것 역시 교회의 오래된 병폐 중 하나요, 작금의 한국교회의 위기를 만들어낸 요소가 아닐 수 없습니다. 특히 요즘은 교회 내에 각종 이단들이 침투하여 성경말씀을 조각조각 인용하여 자신들의 입맛에 맞도록 전하는 소규모 성경공부 모임을 만들어 기존 교회의 성도들을 미혹하는 경우가 많은데, 이것 역시 교회에서 성경을 전체로 보는 교육이나 훈련 등이 되어 있지 않기 때문에 발생하는 현상 중 하나입니다.

이에 대한 대안이 바로 성경을 전체로 보는 '말씀 통독'입니다. 성경을 전체로 통독하는 것은 인류역사에 대한 하나님의 구속사를 바르게 이해하고, 그 안에서 하나님의 뜻을 분별하여 하나님과 소통(疏通)하는 행위입니다. 원래 '통독'(通讀)은 동양에서 배움과 지식연구의 과정 가운데 유용하게 사용되던 방법입니다. 예를 들어, '천자문'(千字文)이나 '사서삼경'(四書三經) 등의 경우, 책 전체를 여러 번 읽어가는 가운데 자연스럽게 직관(直觀)에 이를 수 있습니다. 성경 역시 각 장이나 구절의 내용을 잘 이해하지 못한다고 하여도, 성경 전체의 구조와 역사와 시대적인 흐름을 먼저 이해하고 반복하여 읽다 보면, 신·구약 성경의 퍼즐들이 서로 연결되면서 각 장의 내용과 구절의 의미 등을 파악하는 데에도 큰 어려움이 없게 됩니다.

한마디로 하나님과 소통하기 위해서 말씀을 통독하는 것은 성경 66권을 한 권으로 보고, 부분이 아닌 전체로 읽어 내려가는, 즉 스토리(story)로 읽는 것입니다. 그리고 지금 우리가 보고 있는 성경이 취하고 있는 주제별, 장르별 순서보다는 역사적인 순서를 따라 읽어가면서 각 부분이 전체 속에서 어떤 흐름 가운데 있는가를 생각하며 읽는 것입니다. 예를 들어, 창세기를 읽으면서도 구약 혹은 성경 전체를 염두에 두면서 읽습니다. 이렇게 성경의 한두 구절에 얽매이지 않고 성경의 역사적 사건들을 통독해 읽어가다 보면 세계를 경영하시며 거대한 구원 역사를 이루어 가시는 하나님의 경륜을 알 수 있게 되고, 또한 성경을 역사 순서대로 읽어가면 성경이 훨씬 더 쉽고 질서 정연하게 다가오는 것을 경험하게 됩니다. 아울러, 본문에 나타나지 않은 모호한 부분, 즉 논리의 비약이나 사회관습과 시·공간의 불연속성 등에 대해서는 다른 관련된 책이나 주석 등의 외부 지식을 통하여 '틈 메우기'를 해 나간다면 더욱 풍성한 성경 통독이 될 것입니다. 이렇게 성경을 숲으로 보는 훈련이 될 때, 난해 문장이나 구절 외에 대부분의 성경본문 내용은 누구의 도움 없이도 성령님의 감동에 의해서 통독자가 스스로 터득할 수 있게 됩니다.

성경은 우리의 믿음과 삶의 기준이 되는 하나님의 말씀인 동시에 특정 시대와 삶을 살았던 사람들의 언어로 되어 있습니다. 성경을 통독하면서 바로 이 사실을 확인해 가고, 하나님께서 오늘 우리를 통해 성경말씀에 새로이 부여하시는 의미와 생명력을 파악할 수 있다면 이는 진정한 성경 통독이 될 것입니다. 또한 성경을 읽는 데서 그치지 않고 깨달음을 얻은 후 실천으로 나아가는 것이 바로 말씀 통독의 존재 이유입니다.

다행히도 수년 전부터 성경을 역사와 시대, 배경 이해를 바탕으로 하여 전체로 보도록 하는 운동들이 몇몇 교회에서 일어나기 시작하였고, 그와 관련된 책들도 출판되고 보급되어 세미나까지 진행되고 있습니다. 그런데 그런 책의 저자들이 대부분 전문 목회자보다는 근간에는 평신도 위주로 전개되고 있음을 봅니다. 대개 교단의 목사가 되기 위하여 10여 년의 긴 시간이 필요하고 철학, 인문학, 신학, 역사 등의 많은 학문을 배운 목회자들이 한국교회의 갱신과 말씀회복 운동을 위하여 누구보다도 앞장서서 전력투구를 해야 하는데, 그 역할을 평신도들에게 넘겨주게 된 것 같은 현실에 마음이 허전하였습니다. 그런데 사실 한국교회의 현실은 분주한 목회사역 가운데 책을 집필하는 것이 쉽지 않고, 대형교회나 소위 유명한 목회자가 되기 전까지는 간증집이나 설교집 한 권을 출판하여 한국교회와 교인들에게 다가가는 것도 쉽지 않습니다. 이러한 상황들을 깊게 인지(認知)하면서 피지에서의 5년의 선교사역을 마치고 한국교회에 돌아온 필자는 안식년을 맞이하여 성경을 전체로 보면서 통독할 수 있는《신구약을 각각 40일에 끝내는 스토리 성경여행》을 집필하게 되었습니다.

이 책은 광야시대의 이스라엘 백성들에게 모세를 통한 '쉐마 교육'(신 6:4-9)이 이루어진 것처럼, 이 시대의 성도들에게 가슴을 두근거리게 하는 '하나님의 사랑 편지'가 될 것입니다. 또한 사람들이 자기 소견에 옳은 대로 행하였던 사사시대에 사무엘을 통한 '순회 말씀교육'(삼상 7:15-17)이 행해진 것처럼, 거짓 이단의 세력들이 득세하는 세상에서 말씀으로 참 진리를 분별하게 해 줄 것입니다. 무엇보다도 바벨론 포로에서 귀환한 이스라엘 남유다 백성들에게 에스라를 통하여 '말씀 통독집회'(느 8:1-12)가 행해졌던 것처럼, 이 책은 빨간 신호등이 켜진 한국교회와 성도들에게 성경을 부분이 아닌 전체로 보는 말씀 회복운동의 기회를 제공해 줄 것입니다.

아울러 매일의 성경 통독의 내용을 기초로 하여 말씀을 삶 속에서 구체적으로 적용해 보고 실천의 방향을 함께 나눌 수 있도록 요일별 내용의 끝부분에 '삶의 적용'을 첨가해 놓았습니다. 그리고 각 장의 한쪽 편에는 필자가 성경을 수십 차례 통독하면서 메모해 두었던 몇 가지 '중요한 팁(tips)을 기록'하여 성경 본문을 더 깊이 이해하는 데 도움을 주었습니다. 또한 구약과 신약의 암송구절(각각 40개)을 첨부하여 매일 통독한 성경의 내용들이 암송과 함께 오래 기억되고 더 빛을 발할 수 있도록 하였습니다. 게다가 교단이나 교회마다 해석이 분분한 '요한계시록'의 내용을 어떠한 한 견해에 치우치지 않고 과거(already)와 미래(yet), 또는 상징(symbol)적인 해석을 상호 보완하여 좀 더 세밀하게 분석하고 정리함으로써 예수님의 다시 오심의 사건을 분별할 수 있도록 하였습니다.

한 가지, 이 자료를 준비하면서 가장 심혈을 기울인 것이 있는데 그것은 바로 각 성경의 연대 표기입니다. 학자들마다 연대에 대한 다양한 이론과 견해가 있어서 정리할 필요가 있었습니다. 그래서 기존의 성경 읽기와 성경 통독, 그리고 성경 파노라마 등의 자료 외에 15년 동안 학교에서 배운 각종 자료와 성경사전 및 주석 등을 참조하였으며, 필자 나름대로의 분석과 연구를 토대로 조심스럽게 '확정 연대를 표기'하여 독자들이 성경을 시대순으로 보는 데 도움을 주려고 하였습니다.

이 내용은 개인과 교회 형편에 따라 사순절이나 대림절 주간의 40일 새벽기도, 각종 세미나, 교회수련회, 주말(주중) 프로그램 등에서 다양한 방법으로 적용될 수 있을 것입니다. 향후 기회가 되면 진실로 말씀 회복이 필요한 교회학교(어린이용, 청소년용) 학생들을 위한 공과용 자료도 만들 예정입니다. 아무쪼록 하나님과 소통이 잘 안 되는(疏通不在) 빨간 신호등이 켜진 한국교회의 '말씀 홍수 속의 말씀 부재의 시대'에 살면서 성경을 통독하는 중에 말씀을 맡은 사람들은 참 생명의 말씀을 하나님으로부터 받아 바르게 전하게 될 수 있기를 바랍니다. 또한 말씀을 사모하는 청중들은 사도행전 시대의 베뢰아 사람들처럼, 날마다 성경을 상고(相考)하면서(행 17:11-12) 하나님의 말씀을 바르게 읽고 듣고 이해하여 다시 한 번 역동적인 신앙생활을 회복할 수 있기를 바랍니다. 아울러 다가오는 한국교회의 다양한 위기들을 이 스토리가 있는 성경여행을 통해서 새로운 기회로 만들어 갈 수 있기를 바랍니다.

> "모든 성경은 하나님의 감동으로 된 것으로 교훈과 책망과 바르게 함과 의로 교육하기에 유익하니 이는 하나님의 사람으로 온전하게 하며 모든 선한 일을 행할 능력을 갖추게 하려 함이라"(딤후 3:16-17).

2016년 7월

안식년을 맞이하여 한국교회의 말씀 부재를 고뇌하며……

홍 성 철

CONTENTS

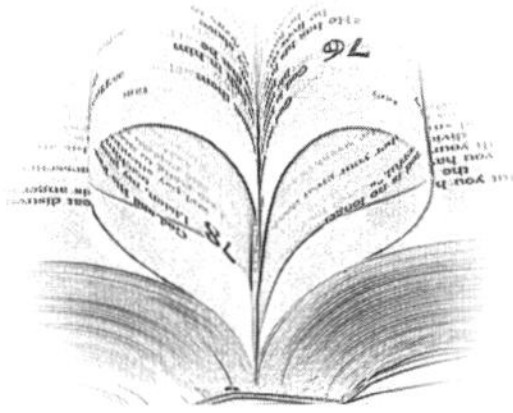

01

성경을 한눈에 읽기

1) 구약의 세계

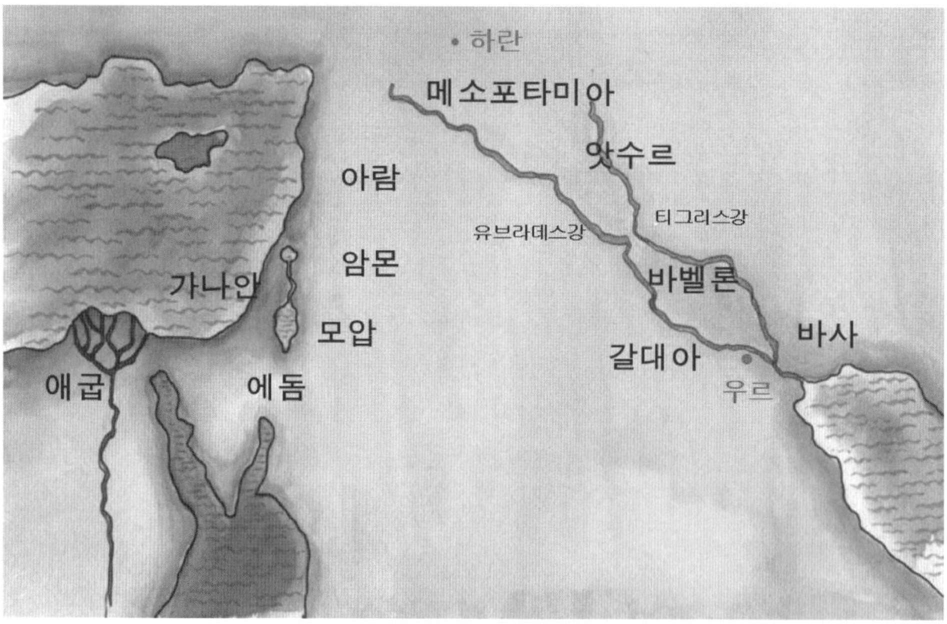

2) 현재의 세계

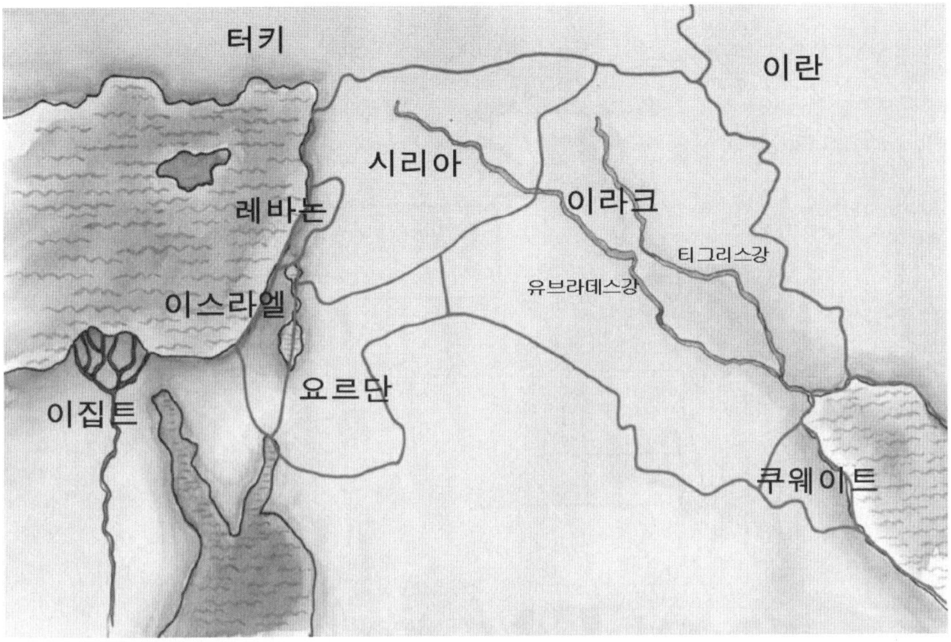

3) 구약의 구조

	역사서	시가서	선지서	
율법서	창세기 출애굽기 레위기 민수기 신명기	욥기 시편 잠언 전도서 아가서	이사야 예레미야 예레미야애가 에스겔 다니엘	대선지서
역사서	여호수아 사사기 룻기 사무엘상 사무엘하 열왕기상 열왕기하 역대상 역대하 에스라 느헤미야 에스더	구약: 39권 신약: 27권 성경: 66권	호세아 요엘 아모스 오바댜 요나 미가 나훔 하박국 스바냐 학개 스가랴 말라기	소선지서
시제 :	과거	현재	미래	
내용 :	사건	신앙의 경험	기대	
형식 :	이야기	노래	설교	

4) 창세기에서 신명기까지의 지리

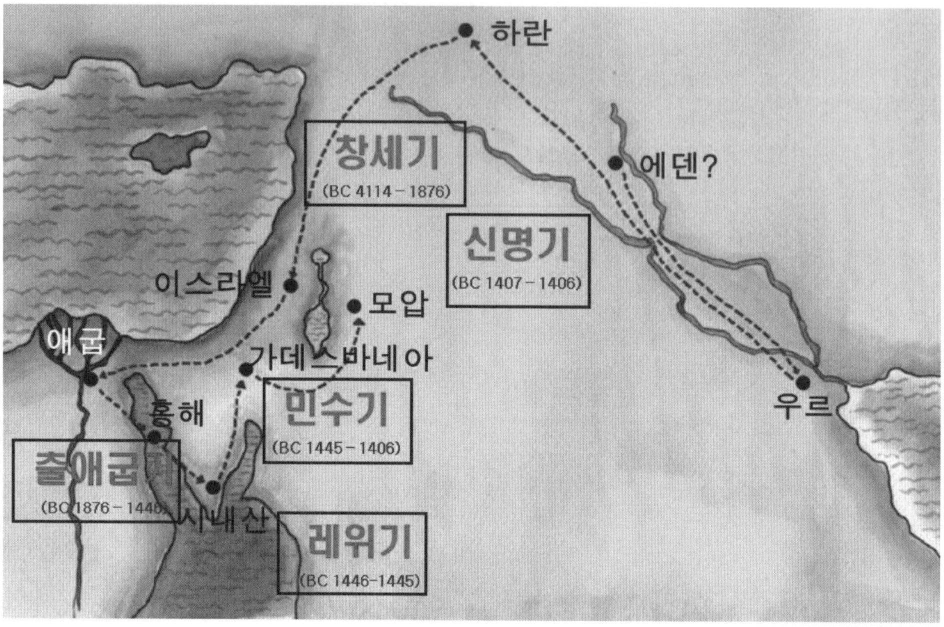

5) 여호수아에서 룻기까지의 지리

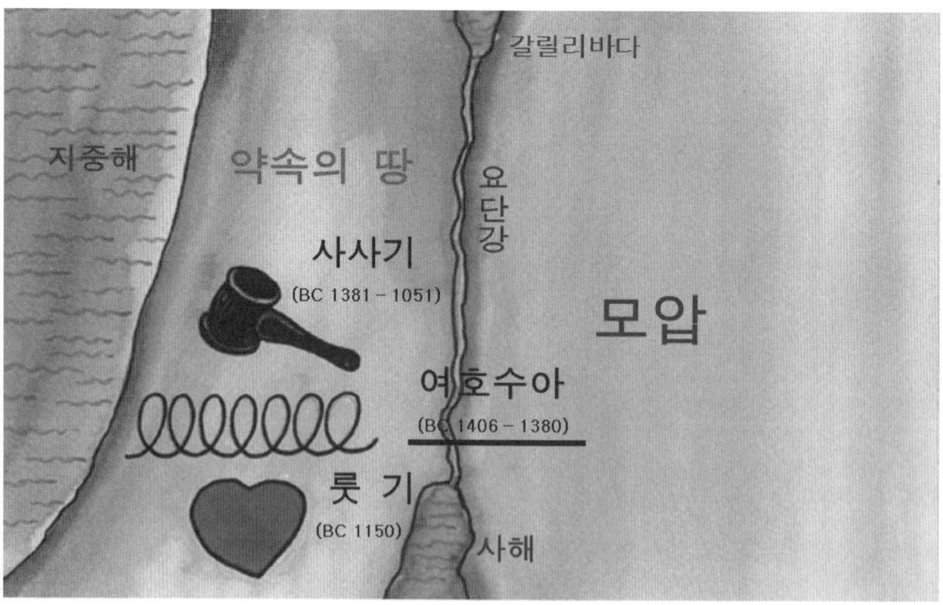

6) 분열왕국과 회복왕국의 지리

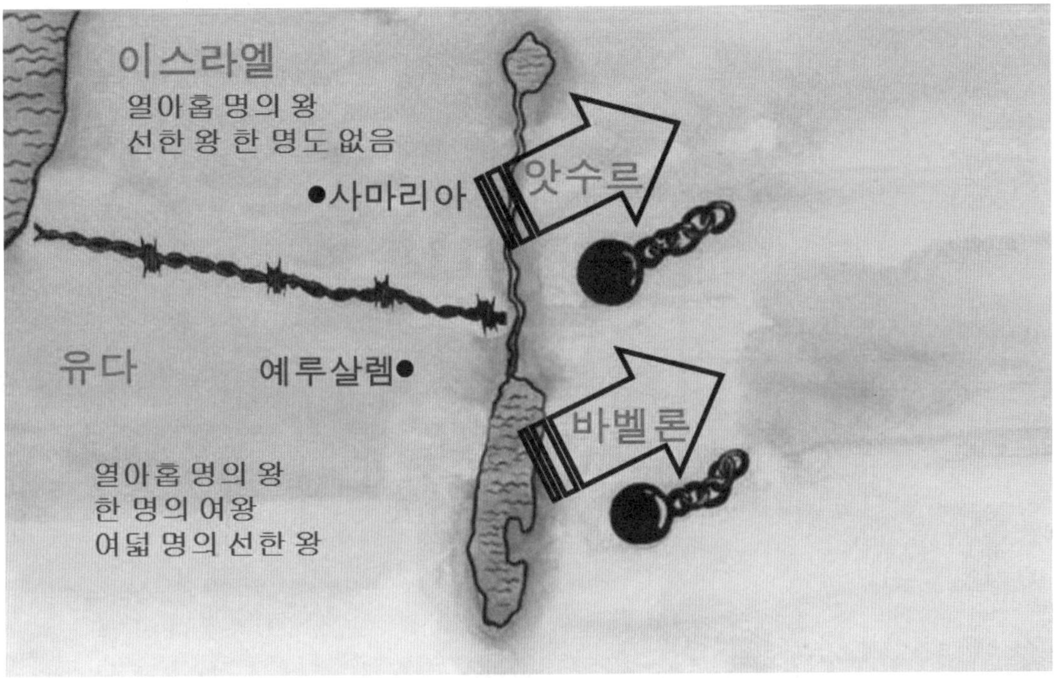

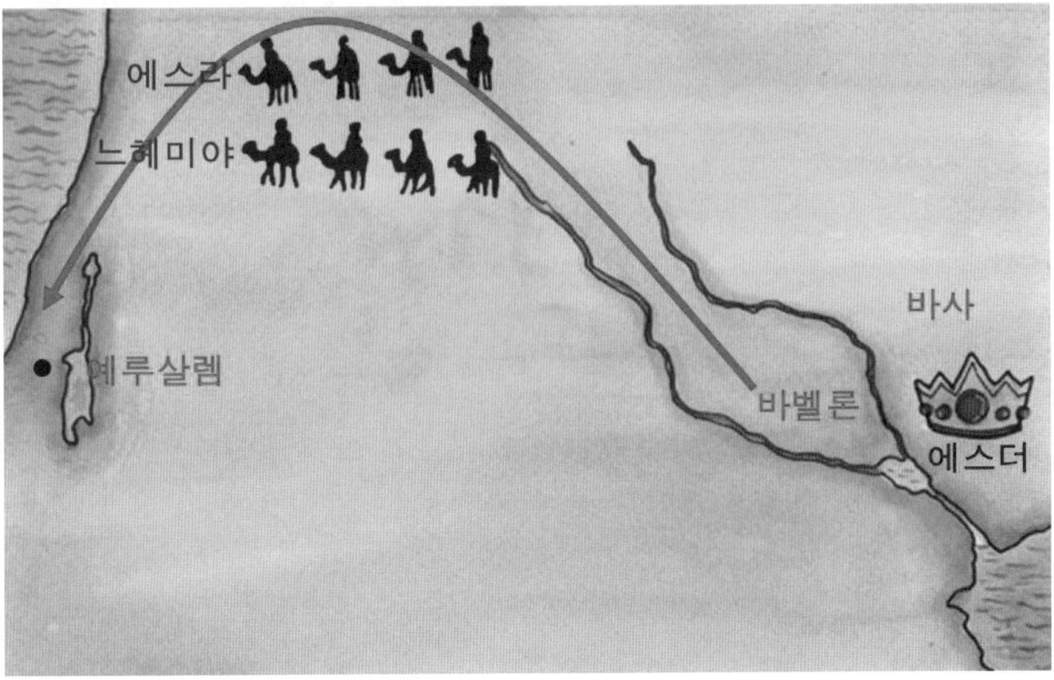

7) 사무엘상에서 말라기까지의 연대 및 위치

(통일왕국: 삼상 – 왕상 11장 / 분열왕국: 왕상 12장 – 대하 / 포로왕국 / 회복왕국)

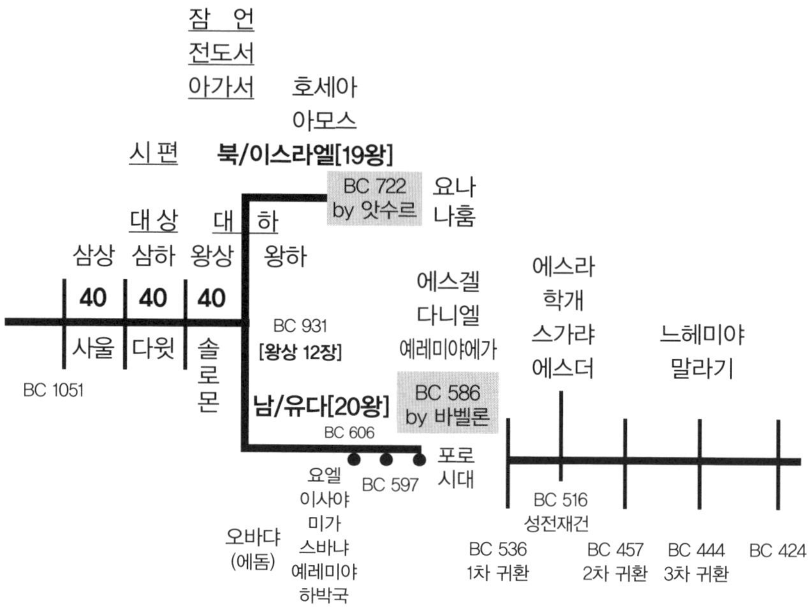

(1051-)	(1011-)	(971-)	(BC 931-)		(-722)	(-586)		(-536)	(-457)	(-444)	(-424)
통일왕국			분열왕국				포로왕국	회복왕국			
사울	**다윗**	**솔로몬**	**남(20)/ 북(19) 왕들**		**북 멸망**	**남 멸망**		**1차 귀환**	**2차 귀환**	**3차 귀환**	
삼상	**삼하**	**- 왕상 11장**	**왕상 12장 -**	**왕하**	**앗수르 멸망** (BC 612)	**1차 포로** (BC 606) **2차 포로** (BC 597) **3차 포로** (BC 586)		**바벨론 멸망** (BC 539) **성전 재건** (BC 516)			
	대상		대하					에스라 에스더		느헤미야	
	시편		(북) 호세아 아모스		(앗수르) 요나 나훔		에스겔				
		잠언 전도서 아가서					다니엘	학 개		말라기	
			(남) 요엘 이사야 미가 스바냐 예레미야 & 예레미야애가					스가랴			
			(에돔) 오바댜								

8) 신 · 구약 중간사(400년 침묵기)

시대 구분	이스라엘 관련 주요 사건
앗수르(BC 883-612)	* BC 722년에 북이스라엘 정복/사마리아에 인종 혼합정책을 폄.
바벨론(BC 612-539)	* BC 606년에 남유다 왕국 정복(1차 침입) * BC 597년에 2차 침입 * BC 586년에 예루살렘 성전과 성벽을 완전히 파괴(3차 침입)
바사(페르시아) (BC 539-332)	* BC 539(6)년에 바사 왕 고레스 원년에 1차 포로 귀환(성전 재건- BC 516년) * BC 457년에 바사 왕 아닥사스다 때 2차 포로 귀환 * BC 444년에 바사 왕 아닥사스다 때 3차 포로 귀환(성벽 재건)
헬라(그리스) (BC 332-167)	* 알렉산더 대왕은 피정복 국가들에 그리스(헬라) 문명 확산(BC 332-323) * 알렉산더 사후 네 장군(셀류쿠스-시리아, 메소포타미아/ 프톨레미-이집트/ 리지마쿠스-소아시아/카산더-마게도니아, 헬라)이 분할 점령함.
마카비 왕조 (BC 167-37)	* BC 167년부터 레위 지파의 마카비 가문에 의해 유대의 헬라화 반대혁명이 시작되고 성전을 회복하여 유대인 독립시대를 이끌며 하스몬 왕조 수립(BC 153) * 헬라 사상에 포용적인 사두개인들과 반대하는 하시딤의 후예인 바리새파 간의 충돌 때, 팔레스타인과 예루살렘은 BC 63년에 로마(폼페이 장군)에 정복당함. * 이두매(에돔 족속) 출신 헤롯 가문이 유대에서 왕 노릇 하기 시작(BC 37)
로마(BC 37-AD 324) *비잔틴(동로마, AD 313- 638) (서로마 멸망, AD 476) (동로마 멸망, AD 1453)	* 헤롯 성전은 유대인 유화정책으로 BC 20년 착공하여 AD 63년에 완성 * AD 70년 로마의 티투스(Titus)에 의해 예루살렘 함락 * 초기 아랍(AD 638-099), 십자군(AD 1099-1291), 맘룩(AD 1291-1517), 오스만 터키(-1917), 영국 식민지(-1948), 이스라엘 독립(-현재)

9) 신약의 구조

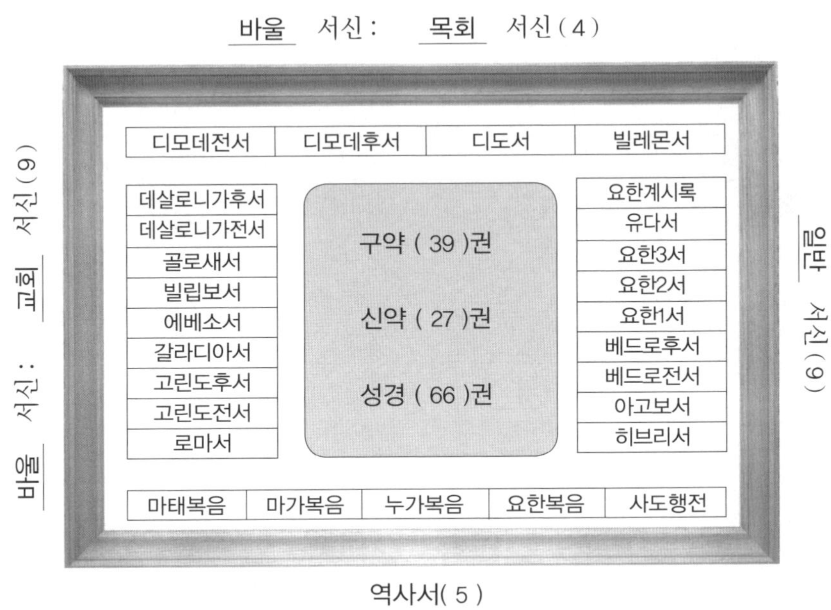

10) 복음서의 지리

11) 복음서의 구조

주 제	마태복음	마가복음	누가복음	요한복음
저자의 직업	세리	선교사	의사	어부
저자가 의도했던 독자	유대인	로마인	헬라인	모든 사람
주제성구	21:5	10:45	19:10	20:31
특 징	설교	기적	비유	가르치심
내용배열	주제별	연대별	연대별	주제별
논 조	예언적	실제적	역사적	영적
족 보	아브라함-예수(1장)	×	예수-하나님(3장)	×
예수님의 말씀	60%	42%	50%	50%
구약에서의 인용	53	36	25	20
구약의 암시	76	27	42	105
내용의 독특성	42%	7%	59%	93%
구 분	공관복음서(그리스도의 인성)			추가된 복음서 (그리스도의 신성)

12) 사도행전의 지리

바울의 1차 전도 여행 [사도행전 13:4~14, 28장]
무시아
아시아
바울이 복음에 강하게 저항하는 유대인들을 만남
갑바도기아
서머나
리디아
사데
에베소
비시디아 안디옥
전도하다 살해 위험을 알고 도망함
이고니온
라오디게아
골로새
앉은뱅이를 고치고 바울과 바나바가 신으로 오해받음
루스드라
카리아
밧모
밤빌리아
더베
길리기아
루기아
앗달리아
버가
고스
니도
로도
바울이 마가와 갈라섬
안디옥
실루기아
바다라
시리아
크레타
키프로스
살라미
안디옥에 있는 교회가 사역을 위해 바울과 바나바를 보냄
바보
총독 서기오 바울이 회심함
가이사랴
예루살렘
유대
나바테아
이집트

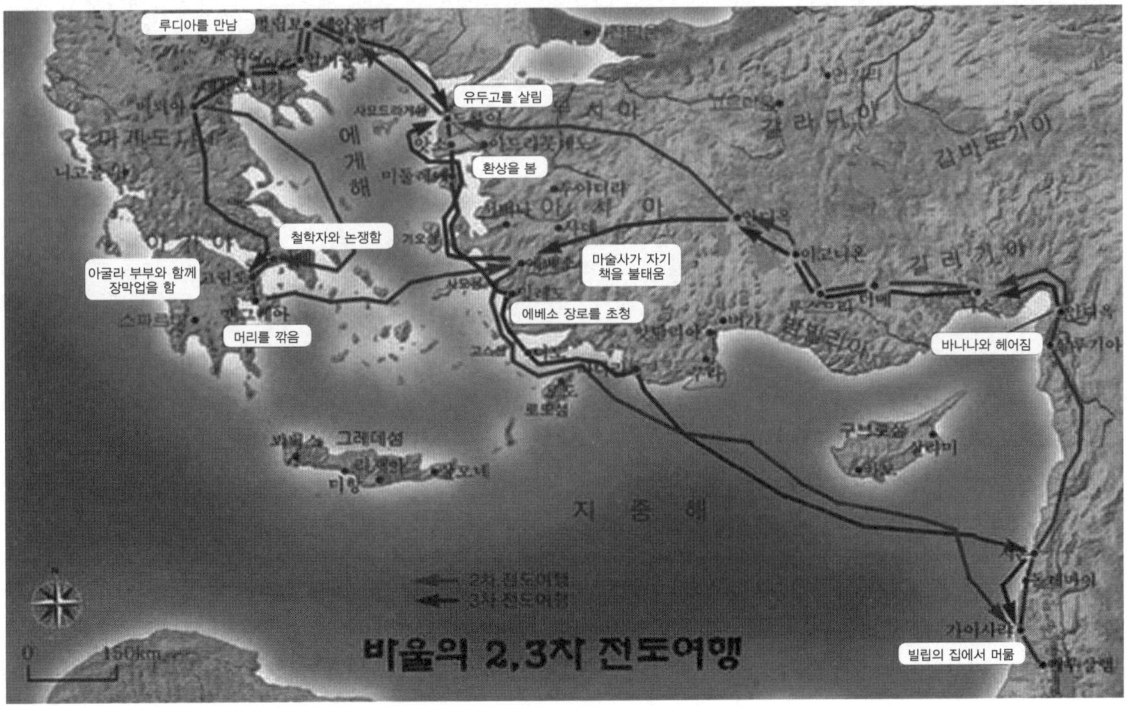
루디아를 만남
유두고를 살림
에게해
갈라디아
갑바도기아
환상을 봄
아시아
철학자와 논쟁함
마술사가 자기 책을 불태움
아굴라 부부와 함께 장막업을 함
에베소 장로를 초청
머리를 깎음
길리기아
바나나와 헤어짐
그레데섬
살라미
지중해
2차 전도여행
3차 전도여행
바울의 2,3차 전도여행
가이사랴
빌립의 집에서 머뭄

13) 사도행전의 구조

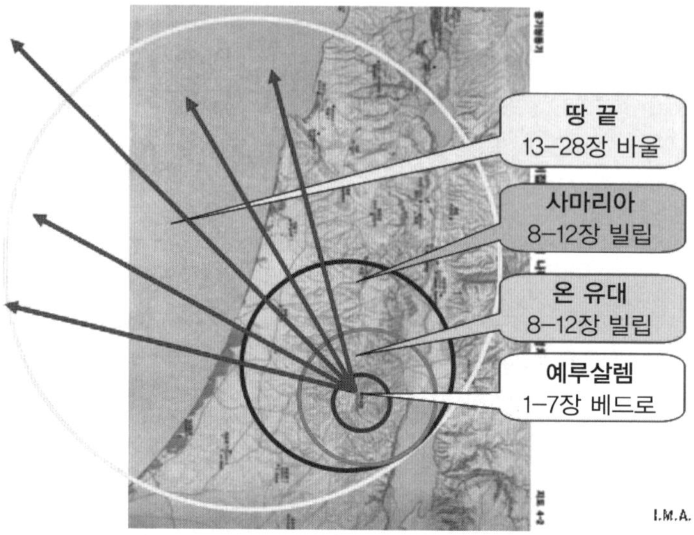

14) 신약의 열두 시대

1	2	3	4	5	6	7	8	9	10	11	12
마	막	눅	요	행 1-12장	행 13-15장	행 16-18장	행 19-21장	행 22-28장	**석방**	**2차 감옥 & 확장**	**교회 확장**
그리스도의 생애				**교회의 형성**	**1차 여행**	**2차 여행**	**3차 여행**	**4차 여행 (1차 감옥)**			
(BC 4–6 / AD 30)				(~AD 48)	(~AD 50)	(~AD 53)	(~AD 57)	(~AD 62)	(AD 62~67)	(AD 67~69)	(~AD 96)
AD 33-34년 사울의 회심				15년	2년	3년	4년	5년	7년		27년
					갈	살전	고전	엡	딤전	딤후	
						살후	고후	골	딛		
							롬	빌			
								몬			
									벧전	히	요일
									벧후	유	요이
									약		요삼
											계

02 구약 목차

Day	통독 범위	암송구절	Day	통독 범위	암송구절
1	창 1-11장 (인류의 시작)	창 1:27-28	8	레 11장-민 10:10 (절기와 정결법)	레 19:2
2	창 12장-25:11 (아브라함)	창 12:1-3	9	민 10:11-21장 (가데스 바네아에서의 선택)	민 12:3
3	창 25:12-36장 (이삭과 야곱)	창 28:15	10	민 22-36장 (마지막 가나안 여정)	민 23:19
4	창 37-50장 (요셉)	창 50:20	11	신명기, 시 90편 (만나 세대를 위한 설교)	신 28:1
5	출 1-18장 (모세의 부름과 출애굽)	출 3:14	12	수 1-12장 (가나안 땅의 정복전쟁)	수 1:8
6	출 19-34장 (제사장 나라의 사명)	출 19:5-6	13	수 13장-삿 2:10 (가나안 땅의 분배와 과제)	수 24:15
7	출 35-레 10장 (성막과 제사의식)	레 6:12-13	14	삿 2:11-21장 (쉐마 교육의 실패)	삿 8:23

Day	통독 범위	암송구절	Day	통독 범위	암송구절
15	룻기 (이방인의 구원)	룻 1:16	28	왕하 18-20장, 사 13-66장, 대하 29-32장 (남유다 책망 & 메시아 구속)	사 41:10
16	삼상 1-8장 (사무엘의 행적)	삼상 2:7	29	미가, 하 21-23:30, 대하 33-35장 (악한 길로 나아가는 남유다)	미 6:8
17	삼상 9-31장, 시편 7개 (왕정제도의 시작)	삼상 17:45	30	습, 합, 나 (하나님의 공의의 날)	습 3:17-18
18	삼하 1-10장, 대상 1-29장, 시 60편(다윗의 기름 부음)	삼하 7:9	31	왕하 23:31-24장, 대하 36:1-10, 렘 1-31장 (예루살렘 함락 & 예레미야)	렘 29:12-13
19	삼하 11-왕상 2장 시편 5편, 그 외 시편 (다윗의 실수와 회복)	삼하 22:2-3	32	왕하 25장, 대하 36:11-23, 렘 32-52장 (남유다 왕국의 멸망 & 예레미야)	렘 46:28
20	왕상 3-10장, 대하 1-9장, 시 72, 127편 (솔로몬의 치정)	시 127:1	33	예레미야애가 (예루살렘 멸망에 대한 통곡)	애 3:40
21	잠언, 아가서 (지혜와 사랑)	잠 3:5-6	34	겔 1-24장 (그발 강변에서의 사명 1)	겔 18:23
22	왕상 11장, 전도서 (솔로몬의 실패와 깨달음)	전 12:13	35	겔 25-48장 (그발 강변에서의 사명 2)	겔 36:26-27
23	욥기 (하나님의 주권)	욥 42:5	36	다니엘 (이방과 유대 세계의 운명)	단 12:3
24	왕상 12-22장, 대하 10-20장 (분열왕국)	대하 20:12	37	스 1-6장, 학, 슥, 에 (바벨론 포로 1차 귀환)	에 4:14
25	왕하 1-14장, 대하 21-25장, 옵, 욜(멀어져 가는 사명)	왕하 2:9	38	스 7-10장, 시 119편 (바벨론 포로 2차 귀환)	시 119:105
26	아모스, 호세아, 요나 (마지막 호소)	암 5:24	39	느헤미야 (바벨론 포로 3차 귀환)	느 1:5
27	왕하 15-17장, 사 1-12장, 대하 26-28장(북왕국의 멸망 & 이사야의 등장)	사 1:3	40	말라기 (여호와 숭배의 나태함)	말 4:2

03

구약성경 통독

구약성경 개관

구약성경은 구속 역사의 기록이며 신약성경의 기초를 이루고 있습니다. 이 구약성경은 본래 두 부분, 즉 율법과 선지서로 나뉘어 있었습니다. 이것이 후에 율법서, 시가서, 선지서로 삼분되었습니다. 지금 우리가 가지고 있는 39권의 구약성경은 완벽한 대칭구조를 가지고 있는데, 이러한 구약성경의 순서는 예수님이 오시기 약 250년(BC) 전에 편찬된 70인역 성경'(Septuagint, 七十人訳 聖書, 히브리어로 기록된 구약성경을 헬라어로 번역한 성경으로 정경 39권과 외경 15권이 포함됨)의 순서에서 유래한 것입니다. 원래 히브리어 성경은 24권(율법서 5권, 예언서 8권, 성문서 11권) 안에 담겨 있었고, 이것은 세분화되어 AD 90년 얌니아 회의 때 39권 정경으로 확립되었습니다. 현재는 헬라어 역본 구약성경의 예를 따라서 셋으로 나누고 있습니다. 즉 역사서(17권), 시가서(5권), 선지서(17권) 등입니다.

17권의 역사서는 그 시작으로부터 마지막 선지자 말라기의 시대에 이르는 이스라엘의 전체 역사를 추적해 가고 있습니다. 구약 역사서의 처음 다섯 책인 모세오경(창, 출, 레,

민, 신)에서는 이스라엘 백성의 선택, 구속, 훈련, 그리고 교훈 받는 과정을 전해 줍니다. 그리고 나머지 열두 권의 역사서(수, 삿, 룻, 삼상, 삼하, 왕상, 왕하, 대상, 대하, 스, 느, 에)에서는 가나안 땅의 정복, 사사들의 시대, 이스라엘 왕국의 성립과 분열을 다루고 있는데 모두 다 '과거의 역사'를 다루고 있는 내용들입니다.

5권의 시가서(욥, 시, 잠, 전, 아)는 의미 있고 지혜로우며 아름다운 삶의 필수조건인 하나님과의 올바른 관계에 초점을 맞추고 있습니다. 최근까지만 해도 히브리어로 된 구약성경의 3분의 1 정도가 시(또는 운문)로 되어 있다는 사실은 별로 알려지지 않은 형편이었습니다. 실제로 구약 전체 중 시(운문)가 나타나지 않은 책은 5권(레, 룻, 스, 학, 말)뿐입니다. 우리가 시가서로 부르는 5권의 책은 과거를 다루고 있는 역사서와는 달리 고통(욥), 하나님(시), 삶의 지혜(잠), 인생의 문제(전), 사랑(아) 등과 같은 중요한 삶의 문제들에 대한 '경험'을 바탕으로 하여 현재시제의 시각에서 아주 깊게 다루고 있습니다.

17권의 선지서(사, 렘, 애, 겔, 단/호, 욜, 암, 옵, 요, 미, 나, 합, 습, 학, 슥, 말)는 두 줄기의 메시지를 전해 주고 있습니다. 하나는, 이스라엘의 죄악과 우상숭배로 인한 심판의 메시지요, 다른 하나는 그에 따른 심판에도 불구하고 미래의 소망을 전해 주는 위안의 메시지입니다. 예언자들은 자신들이 살고 있던 시대적 상황과 배경 속에서 메시지를 전했기 때문에 그들의 역사적, 문화적 배경을 이해하는 것은 매우 중요합니다. 예언자들은 네 개의 역사적 시점을 강조하고 있는데, 그 시간적 순서에 따라 보면 (1) 자신들이 살고 있던 시점 (2) 포로와 귀환 (3) 예수 그리스도의 초림 (4) 메시아 왕국입니다.

선지서의 예언자들에게는 사건의 시간적 순서보다는 사건 자체의 의미가 더욱 중요했으며, 그래서 이 시간적 구분이 분명치 않을 때도 있습니다. 예언자들의 메시지는 상징과 비유적 표현들을 많이 사용하지만, 모두 실제의 사건들을 예언해 주고 있습니다. 어떤 예언은 문자 그대로 성취되었고, 어떤 예언은 부분적으로 성취되었으며, 아직 이루어지지 않은 예언도 있습니다. 그러나 모든 예언은 예언자들이 대변한 전능하신 하나님의 말씀이기에 확실하며, 때가 되면 '미래'에 반드시 이루어질 것입니다.

Day 1

인류의 시작 (창 1–11장)

1. 들어가는 글

구약의 역사에서 처음 나타나는 주요 사건들은 창세기, 출애굽기, 레위기, 민수기, 신명기에 기록되어 있습니다. 이 책들은 흔히 '모세오경', '율법' 또는 '토라'라고 불립니다. 천지창조 후 아담으로부터(BC 4114) 모세의 죽음(BC 1406)에 이르기까지 3600년이 넘는 기간 동안에 일어난 이 사건들은 에덴 동산, 메소포타미아, 이스라엘(가나안 땅), 애굽, 광야, 그리고 모압 지방을 그 무대로 합니다. 모세오경의 처음 책인 창세기는 성경 전체의 역사적, 신학적 기초를 제공해 주며, 하나님을 제외한 모든 것들의 시작을 말해 주고 있습니다. 한마디로 창세기는 하나님의 창조사역, 인간의 타락, 홍수의 심판, 열국의 흩어짐과 세상 민족들의 기원, 하나님께서 이스라엘 민족과 맺은 언약관계를 묘사함으로써 성경의 나머지 부분에 대한 무대를 설정합니다.

◎ 함께 정독하기
창 1, 3, 6, 11장

◎ 암송구절
창 1:27-28

2. 본문 여행

1) 창세기 1–2장 / 천지창조 & 에덴 동산

하나님은 피조물들을 날짜별로, 종류별로 질서를 따라서 6일 동안 아름답게 창조하셨습니다(1장). 설계에는 목적이 있기 마련인데, 하나님의 창조 목적은 하나님과 피조물의 아름다운 관계, 특별히 인간과의 인격적 교제였습니다. 이 모든 것을 만드시고 하나님은 7일째 되는 날을 복 주셨습니다. 최초의 사람인 아담을 만드신 후, 아르메니아 고지대의 티그리스 강과 유프라테스 강의 수원지 근처로 알려진 곳에 에덴 동산을 창설하시고 생명나무와 선악을 알게 하는 나무를 두셨습니다. 그 후 하나님은 아담의 돕는 배필로 하와를 만드셨습니다(2장).

◎ 최초의 계명
"선악과를 먹지 말라"(창 2:17).

◎ 결혼식 구절
창 2:24,
마 19:5,
막 10:7,
고전 6:16,
엡 5:31

2) 창세기 3–5장 / 선악과 범죄

에덴 동산, 이곳은 하나님과 인간이 함께 동역하며 사귐을 나누는 아름다운 곳이었습니다. 그런데 하나님처럼 된다는 뱀(사탄)의 유혹에 넘어가

◎ 아벨의 제사
1) 피의 제사

(양의 첫 새끼)
2) 삶의 예배
(선을 행함, 창 4:7)
3) 믿음의 예배
(히 11:4)

선악과를 따 먹은 인간들은 그 죄의 대가로 노동의 수고, 해산의 고통을 겪고 결국은 흙으로 돌아가야 했습니다(3장). 낙원에서 추방된 후, 아담과 하와의 큰아들 가인은 동생 아벨을 시기하여 인류 최초의 살인을 저지릅니다(4장). 이 사건 후 하나님은 아담에게 130세에 아벨 대신에 다른 씨 '셋'을 주시고 그 후 아담은 800년을 지내다가 930세에 죽습니다(5장).

◎ 노아의 홍수
* 배에 들어간 날
- 600년 2월 17일
* 물이 걷힌 날
- 601년 1월 1일
* 땅이 마른 날
- 601년 2월 27일

3) 창세기 6-9장 / 대홍수와 노아의 방주

세월이 지나 이 땅에 인간의 죄악이 가득하게 됨을 보시고 하나님께서는 마음에 한탄하시고 근심하셨습니다. 그래서 당대의 죽음을 보지 않고 하늘로 승천한 에녹 이후 유일무이(唯一無二)하게 하나님과 동행하였던 의인 노아를 택하시고, 그를 통하여 심판 가운데서도 생명 보존의 계획을 세우시고 노아에게 인류 구원의 방주를 만들도록 하셨습니다(6장).

◎ 방주의 크기
길이 300규(136m),
너비 50규빗(23m),
높이 30규빗(13.6m),
상·중·하 3층으로
구성

120년이라는 긴 세월 동안 세상 사람들의 조롱 속에서 만들어진 방주는 결국 노아 부부와 노아 세 아들의 부부만을 태운 채, 40주야를 쏟아지는 빗속에 머물게 됩니다(7장). 이후 방주는 아라랏 산에 머물게 되고 노아와 가족들은 1년 10일(노아 600세 2월 17일-601세 2월 27일) 만에 방주에서 나오게 됩니다(8장). 노아는 방주에서 내린 후 자신의 생명을 보전하신 하나님께 짐승들 중에 정결한 것을 골라 번제로 드립니다. 이에 하나님은 약속의 증표로 노아에게 '무지개 언약'을 보여주십니다(9장).

◎ 노아의 후손
(모계 혈통의 영향)
- 셈(황인종)
- 함(흑인종)
- 야벳(백인종)

4) 창세기 10장 / 노아의 후손들

창세기 10장에 나오는 수많은 사람들의 이름, 즉 노아의 자손들의 이름을 보면서, 우리는 창세기 9장 1절에서 말씀하셨던 "생육하고 번성하여 땅에 충만하라"는 하나님의 약속의 말씀이, 허공에 흩어지지 않고 역사 속의 현실이 되었다는 것을 알 수 있습니다. 또한 여기에 기록된 사람들의 이름 사이에서 약속을 지키기 위해 쉬지 않고 일하셨을 하나님의 땀 흘림의 모습도 그려볼 수 있습니다.

5) 창세기 11장 / 바벨탑과 셈의 후손

하나님께서는 사람들을 온 지면에 충만케 하고 싶으셨습니다. 그런데 "온 땅의 언어가 하나요 말이 하나"(11:1)였던 당시 사람들은 이렇게 결의

합니다. "우리 이름을 내고 온 지면에 흩어짐을 면하자"(11:4). 그래서 하나님은 어쩔 수 없이 스스로 흩어지기를 거부한 그들의 언어를 혼잡게 하시고 강제로 흩으십니다(11:9). 이 무렵 셈의 후예인 아브람의 아버지 데라의 가족들은 갈대아 우르를 떠나 하란에 거주합니다.

◎ 바벨의 의미?
바벨론을 의미하는 '바벨'에는 '헛소리'라는 뜻이 있다. 이 바벨탑은 노아의 대홍수 이후에 메소포타미아의 남쪽인 고대 바벨론 지역의 시내 평야에 세워졌다.

3. 삶의 적용

1) 하나님이 '보시기에 좋은' 삶을 살고 있습니까?

____

2) 노아와 같이 '하나님과 동행'하는 삶을 살고 있습니까?

____

3) 홍수 후에 노아는 하나님으로부터 '무지개 약속'을 받습니다. 지나온 삶 속에서 하나님께 받은 '약속의 증표'가 있습니까?

____

4) 우리는 하나님의 은혜로 말미암은 예수님의 보혈 없이는 죄악 가운데서(창 3, 4, 6, 9, 11장) 해방될 수 없습니다. 우리의 죄성에 대하여 나눠 봅시다.

____

Day 2

아브라함 (창 12장-25:11)

1. 들어가는 글

◎ 함께 정독하기
창 12-13, 15-17, 22, 24장

◎ 암송구절
창 12:1-3

◎ 4대 문명
이라크의 메소포타미아 문명
이집트의 나일 강 문명
인도의 인더스 문명
중국의 황하 문명

하나님은 노아의 아들들 중 셈 계열을 통해서 하나님의 역사를 이루어 가십니다. 이 셈 계열에서 태어난 아브라함의 가족은 하나님의 경륜과 섭리 가운데 부름을 받았는데, 약속의 땅(현 이스라엘 지역)으로 떠나기 전에 티그리스 강과 유프라테스 강 사이에 있는 땅인 메소포타미아의 고대 바벨론 도시 우르(현 이라크 지역)에 살고 있었습니다. 아브라함의 아버지 데라는 우르에서 아브라함, 나홀, 하란을 낳았고, 아브라함과 사라, 그리고 롯을 데리고 이곳을 떠나 하란(현 시리아 지역)에 이르렀으며, 그곳에서 살다가 죽습니다. 그 후 하나님은 아브라함을 75세에 하란에서 부르십니다. 한편, 아브라함과 그의 후손들이 살던 시대는 대략 청동기 시대 중후반기경(BC 2200-1550 / 한국의 고조선 시대 BC 2333)으로, 가나안 산악지방과 그 인근의 일대에 방랑하면서 살았습니다.

2. 본문 여행

1) 창세기 12장 / 아브라함의 소명

◎ 아브라함이 단을 쌓은 곳
1) 세겜 땅 모레 상수리 나무(12:7)
2) 벧엘과 아이 사이(12:8)
3) 헤브론 마므레 상수리 수풀(13:18)

하나님은 한 사람 아브람을 통하여 모든 것을 복되게 하시겠다는 놀라운 계획을 갖고 하란 땅에서 혈연과 지연을 버리고 "내가 네게 보여줄 땅으로 가라"(1절)고 명령하십니다. 이때 약속하신 두 가지는 '자손'(2절)과 '땅'(3절)에 대한 것인데, 아브람의 가정사와 이스라엘 역사는 이 약속의 성취를 위한 과정이라고 보아도 지나치지 않습니다. 그런데 아브람은 기근 때문에 애굽으로 피신하고, 그곳에서 아내 사래를 누이라고 속이는 추함을 드러내기도 합니다(13절).

2) 창세기 13-21장 / 기다림의 훈련

◎ 십일조 기원
- 창 14:20

당시 75세였던 아브람은 하나님의 명령에 순종하여 "따라갔고"(12:4), 후손에 대한 약속의 기반 위에서 거의 25년의 세월을 기다리는 훈련을 받게 됩니다. 이 기간 동안 아브람은 기근을 피해 간 애굽 땅에서 아내 사래를 보호하시는 하나님을 경험합니다(12장). 애굽을 떠나 가나안으로 다시 돌아온 아브람은 소유의 문제로 조카 롯과 분가합니다(13장). 이후 아브람은 그의 종들 318명을 이끌고 가서 엘람 왕(그돌라오멜)에게 패하여 전쟁 포로로 끌려간 조카 롯을 구합니다. 돌아오는 길에 전리품의 10분의 1을 제사장 멜기세덱에게 내놓습니다(14장).

그 후 아브람은 하늘의 별과 같은 많은 자손의 약속과 함께 아브람의 자손이 400년 동안 애굽 땅에서 종 노릇 할 것과 4대 만에 가나안 땅으로 다시 돌아올 것에 대하여 '횃불 언약'을 약속 받습니다(15장). 그러나 여전히 후손에 대한 염려로 불안해하던 아내 사래의 제안으로 약속을 받은 지 10년 만에 첩인 하갈과 동침합니다. 이 일로 이스마엘을 낳고(16장), 사래는 사라로, 아브람은 아브라함으로 이름이 바뀌면서 하나님의 '할례 명령'을 순종(아브라함 99세, 이스마엘 13세)합니다(17장). 그 후 세 천사의 방문을 통해 아내 사라에게 아들이 있을 것에 대하여 약속을 받습니다. 한편, 죄악이 관영한 소돔 땅을 하나님께서 멸하시겠다고 하자 아브라함은 중보기도를 드립니다(18장). 그럼에도 불구하고 소돔 땅은 죄악으로 멸망하지만, 그곳에 살고 있던 조카 롯과 두 딸은 구원을 받습니다(19장). 그리고 긴 기다림 끝에 결국 아브라함은 이삭이라는 자녀를 갖게 됩니다(21장).

◎ 아브라함의 기도 (소돔과 고모라를 위해) 50, 45, 40, 30, 20, 10 (총 6회)

3) 창세기 22장 / 이삭의 희생제사

하나님은 아브라함에게 언약 성취를 위해 낳은 자식인 이삭을 바치라고 말씀하십니다. 하나님의 요구사항의 내용보다는 요구하신 주체에 집중하였던 아브라함은 '모리아' 땅의 한 산에서 이삭을 제물로 바치려는 순간 하나님의 사자에 의해서 제지를 받게 되고, '나의 벗'(사 41:8; 약 2:23)으로 칭함을 받게 되며, 그 땅 이름은 '여호와 이레'로 불려집니다. 이 일로 하나님은 아브라함에게 다시 한 번 자녀 번성의 축복을 확인하십니다. "네 씨로 말미암아 천하 만민이 복을 받으리니"(22:18).

◎ 고통의 길
(Via Dolorosa)
- 아브라함
(이삭을 바침)
- 요셉
(노예, 감옥살이)
- 에스겔, 다니엘
(포로로 끌려감)
- 예수님
(십자가의 길)

4) 창세기 23장-25:11 / 이삭의 결혼

아브라함의 아내 사라가 죽자 아브라함은 이방인 헷 족속 에브론에게 400세겔을 주고 땅(헤브론)을 사서 막벨라 굴에 장사를 지냅니다(23장). 그 후 아브라함은 다메섹의 엘리에셀이라는 종을 통하여 아브라함의 제2의

◎ 헤브론 땅
아브라함이 사라의 매장지로 구입한 땅으로, 후일 유다 지파

갈렙의 삶의 근거지가 되고, 다윗이 유다 지파의 왕으로 옹립되는 중심지가 된다.

고향과 같은 메소포타미아(하란)로 이주하여 머물고 있던 동생 나홀의 딸 리브가를 데려와 아들 이삭(당시 40세)을 장가 보냅니다(24장). 열국의 아비 아브라함도 175세의 나이에 그의 열조에게 돌아가 막벨라 굴에 장사됩니다(25:1-10). 아브라함이 죽은 후에 하나님은 그 아들 이삭에게 복을 주셨고, 이삭은 브엘라헤로이 근처에 거하게 됩니다(25:11).

3. 삶의 적용

1) 나는 지금 무엇을 버리고 주님을 따르고 있습니까?

2) 아브라함은 약속의 자녀 이삭을 낳기까지 25년을 기다렸습니다. 하나님의 응답을 받기까지 오래도록 기다린 경험이 있습니까?

3) 하나님은 아브라함에게 번성(땅 또는 자손)에 대한 약속을 계속해서 말씀해 주셨습니다(창 12, 13, 15, 17, 22장). 내가 받은 하나님의 약속의 말씀은 무엇입니까?

Day 3

이삭과 야곱 (창 25:12-36장)

1. 들어가는 글

아브라함도 하나님의 부르심을 받고 아내 사라가 묻혀 있는 막벨라 굴에 묻힙니다. 이는 겨우 자신이 묻힐 만한 정도의 땅을 마련하여 가나안 땅에 대한 꿈의 토대를 놓고 떠나간 것입니다. 한편, 아브라함의 죽음은 이삭과 이스마엘이 연합하여 아버지를 장사하게 하는 계기를 만듭니다. 또한 믿음의 조상 아브라함은 역사의 뒤안길로 사라지지만, 믿음의 씨앗 이삭을 남겨 후손에 대한 약속을 이어갑니다. 하나님은 사람이 비록 끊길지라도 그의 구속사는 후대를 통해 계승되어 가도록 섭리하셨습니다. 이제 이삭은 아브라함의 순종을 멋지게 계승하여 은혜를 축적해 갑니다. 믿음의 씨앗 이삭은 하나님의 꿈을 가슴에 끌어안고 살아갑니다. 그리고 이러한 하나님의 꿈은 이삭의 아들 야곱에게로 계승됩니다.

◎ 함께 정독하기
창 26-28, 30, 32-33장

◎ 암송구절
창 28:15

2. 본문 여행

1) 창세기 25:12-34 / 신앙계승

이삭은 40세에 리브가를 취하여 아버지의 신앙계승을 이루어가기 시작합니다. 그런데 결혼 이후 오래도록 자식이 생기지 않습니다. 결국 이 문제는 이삭과 리브가의 간절한 기도제목이 됩니다(25:21). 그러나 이삭은 포기하지 않고 부지런히 기도했습니다. 그도 그럴 것이 이삭 자신이 25년의 기다림 끝에 100세의 아버지에게서 태어난 아들인 것과 자기도 후손에게 약속을 계승해야 할 책임이 있다는 것을 잘 알고 있었기 때문입니다. 결국 이삭은 20년의 기다림 끝인 60세에 쌍둥이 아들들인 에서와 야곱을 낳습니다(25:24-26).

◎ 장자의 특권
1) 부친의 가정에 대한 권위 계승권
2) 부친 사후 재산 상속권

2) 창세기 26장 / 이삭과 세 우물

아브라함 때처럼 이삭의 때에도 가나안 땅에 흉년의 위기가 닥쳤습니다. 하나님께서는 이삭에게도 '자손'과 '땅'에 대한 약속을 주시며 애굽에 내려가지 말라고 말씀하십니다(26:1-5). 애굽으로 내려갔던 아버지 아브

◎ 아내를 누이라 함
1) 아브라함 - 사라 (창 12, 20장)

2) 이삭 - 리브가 (창 26장)

라함과는 달리 이삭은 극심한 흉년 가운데서도 하나님의 명령을 받아들여 그랄 땅에 그대로 머물렀고, 이와 같은 순종으로 이삭은 결국 그 땅에서 100배나 결실을 맺는 복을 받게 됩니다. 그러나 이것을 시기한 블레셋 사람들은 아브라함이 판 우물을 메워 버립니다. 이에 이삭은 그랄 골짜기로 가서 우물을 파지만, 그곳의 목자들이 빼앗아 갑니다. 에섹, 싯나, 르호봇의 우물은 이때 만들어졌으며, 이삭은 결국 브엘세바로 이사하여 우물을 파게 되고 그곳에서 하나님의 축복과 번성의 약속을 받습니다(26:23-24).

3) 창세기 27장 / 야곱의 축복과 에서의 분노

◎ 야곱이 빼앗은 것
1) 장자의 명분
2) 아버지(이삭)의 축복

하나님은 이삭에게 "큰 자가 어린 자를 섬기리라"(25:23)고 말씀하셨지만, 이삭은 이 문제를 소홀히 여긴 채 큰아들 에서에게 축복하려고 했습니다. 이 사실을 알아차린 리브가는 에서가 사냥하러 나간 사이, 야곱을 불러 형이 받을 축복을 대신 받으라고 말합니다(27:5-10). 하나님이 세우신 계획을 인간적인 방법으로 해결하려 했던 리브가의 방법은, 결국 야곱이 아버지와 형을 속이는 것이 되고, 야곱이 축복을 가로챈 것을 안 에서는 통곡하며 아우 야곱을 죽이려고 합니다. 이에 야곱은 외삼촌에게로 도망합니다(27:42-45).

4) 창세기 28-35장 / 야곱의 여정

◎ 야곱의 수고
* 레아를 위해(7년)
* 라헬을 위해(7년 7일)
* 라반을 위해(6년)

◎ 야곱의 12아들
레아 - 르우벤, 시므온
레위, 유다
잇사갈, 스불론
디나(딸)
빌하 - 단, 납달리
실바 - 갓, 아셀
라헬 - 요셉, 베냐민

야곱이 형 에서를 피해 외삼촌 라반의 집(하란 땅)으로 도망가던 중 벧엘에서 하나님의 보호와 땅과 자손에 대한 언약을 약속 받습니다(28장). 야곱은 외삼촌 라반의 집에서 20년을 봉사하면서 4명의 아내를 통하여 12아들과 1명의 딸을 낳습니다. 그러나 그 과정이 행복의 연속만은 아니었습니다. 언니와 동생 관계이면서도 출산 문제로 서로를 한없이 질투하는 레아와 라헬의 갈등은 야곱 가정의 커다란 문제였습니다(29-30장). 이것뿐만이 아닙니다. 형을 속인 야곱은 외삼촌에게 다시 속임을 당합니다(품값을 10번이나 바꿈). 이것을 계기로 야곱은 20년의 하란 생활을 뒤로하고 가나안 땅에 있는 형 에서에게로 돌아갑니다(31장). 가나안 땅으로의 귀향 중에 야곱은 '얍복 나루(브니엘)'에서 하나님의 천사와 씨름하면서 축복의 약속을 받고(32장, 이스라엘로 개명), 형 에서와 감격적인 재회를 합니다(33장). 그런데 자식들이 여동생 디나의 복수를 하면서 세겜 사람들을 죽인 일로 인해 야곱은 세겜 땅을 떠나게 되고(34장), 벧엘로 올라가서 새로운 출발을 합니다(35장).

5) 창세기 36장 / 에서의 자손들

"에서 곧 에돔의 족보는 이러하니라"(36:1)는 설명 이후 많은 족장들의 이름이 나열되어 있습니다. '족장'이라는 말이 등장하였다는 것은 이제 한 개인, 한 가정을 넘어서 족속, 곧 민족을 이루었다는 뜻입니다. 리브가에게 하나님께서 응답하신 두 민족(25:23) 중 한 민족에 대한 말씀이 성취된 것이며, 에서 후손의 족보는 후에 예언서 오바댜의 배경이 되기도 합니다.

◎ 에서의 아내들
* 헷 족속
  - 유딧, 아다
* 히위 족속
  - 오홀리바마
* 이스마엘 딸
  - 바스맛

3. 삶의 적용

1) 극심한 흉년 가운데서도 하나님의 약속을 받아들여 그랄 땅에 그대로 머물렀던 이삭처럼 인생의 고난(흉년) 중에도 하나님의 약속의 말씀을 붙들고 있습니까?

2) 하나님이 세우신 계획을 인간적인 방법으로 해결하려 했던 리브가처럼, 선한 목적을 이루기 위해 혹시 기본과 원칙을 무시하고 내 방법대로 진행하여 실패한 경험이 있습니까?

3) 야곱과 에서, 야곱의 아내들처럼 가족 간의 관계에 대한 어려움이 있을 때 어떻게 극복하십니까?

Day 4

요셉 (창 37–50장)

1. 들어가는 글

◎ 함께 정독하기
창 37, 39-41, 50장

◎ 암송구절
창 50:20

요셉은 꿈꾸는 자였습니다. 그러나 그의 꿈이 성취되기까지 그는 큰 역경을 돌파해야 했습니다. 큰 틀에서 볼 때, 요셉이 애굽으로 팔려간 사건은 하나님께서 아브라함에게 하셨던 예언의 말씀 '네 자손이 이방의 객으로 4백 년을 지내리라'(창 15:13)는 말씀이 성취되는 시작점입니다. 그런데 이런 하나님의 꿈이 이루어지는 과정 속에는 야곱의 가슴 아픔과 요셉의 현실적인 고통이 고스란히 담겨 있습니다. 하나님께서는 아버지 야곱, 할아버지 이삭으로 거슬러 올라가는 가족 갈등의 가장 큰 피해자라고 할 수 있는 요셉의 고통 가운데 함께하시며 당신의 경륜을 계속해서 이루고 계십니다.

2. 본문 여행

1) 창세기 37장 / 요셉의 꿈

◎ 요셉의 꿈(37장)
(야곱의 꿈 - 28장)

◎ 편애적인 사고
1) 리브가의 야곱 편애
2) 야곱의 요셉 편애

라헬에 대한 집착에서부터 시작된 요셉에 대한 야곱의 편애가 날이 갈수록 깊어가고, 다른 형제들의 마음은 야곱에게서 멀어져 갑니다. 이때 요셉은 두 가지 꿈을 꿉니다. 하나는 형들의 곡식 단들이 요셉의 단에 절을 하는 꿈이고, 다른 하나는 해, 달, 11개의 별이 요셉에게 절을 하는 꿈이었습니다. 요셉이 꾼 이 두 가지 꿈을 통하여 야곱 가정의 갈등은 최고조에 달하고, 10명의 형들은 결국 유다의 제안으로 요셉을 은 20에 애굽(시위대장 보디발)에 팔고, 뜻을 합해서 아버지마저 속여 버립니다.

2) 창세기 38장 / 유다의 가문

◎ 쌍둥이 출산
리브가(에서, 야곱)
다말(베레스, 세라)

가나안 여자와 결혼을 한 유다는 세 아들을 낳았는데, 그중 큰아들 엘은 하나님 보시기에 악해서 죽임을 당하였습니다. 둘째 오난은 엘의 씨를 위해 엘의 아내인 다말과 동침하였지만 그의 정액을 땅에 배출하여 죽임을 당했고, 셋째인 셀라는 다말과 결혼하기에는 너무 어렸습니다. 그 후 며느리 다말은 가문의 씨를 위해 변장하여 시아버지인 유다와 동침하게 되는데, 이때 다말은 약조물로 도장, 끈, 지팡이를 받습니다. 나중에 이러한 원인 제공이 바로 자신이었음을 안 유다는 회개하고 성숙해지는 계기가 됩니다.

3) 창세기 39–41장 / 요셉의 감옥생활과 총리 등극

아버지와 사랑하는 동생(베냐민)이 있는 고향 집을 뒤로한 채, 17세의 요셉은 애굽에 노예로 팔려갑니다. 그러나 노예의 신분에도 불구하고 자신의 위치에서 최선을 다한 요셉은 주인 보디발의 눈에 띄어 그의 모든 소유물을 주관하는 가정 총무의 직책을 맡습니다. 그러나 기쁨도 잠시, 요셉은 보디발 아내의 유혹과 그에 대한 거절로 누명을 쓰고 감옥에 갑니다. 이곳에서도 요셉은 주어진 일을 신실하게 처리하여 나중에 간수장을 도와 교도행정까지 맡아보게 됩니다(39장). 그러던 어느 날 애굽 왕의 술 맡은 관원장과 떡 굽는 관원장이 그 옥에 들어왔을 때, 요셉은 그들의 꿈을 명확하게 해석해 줍니다(40장). 애굽 왕 바로가 간밤에 꾼 꿈의 풀이를 놓고 궁중이 떠들썩할 때, 2년 전 요셉의 부탁을 상기하던 술 맡은 관원장은 감옥에 있는 요셉을 떠올리게 되고, 요셉은 바로 왕의 꿈을 일목요연하게 해석합니다. 이에 바로 왕은 30세의 요셉을 총리대신으로 임명(사브낫바네아–요셉의 애굽 이름)하여 7년 풍년과 7년 흉년을 대비하게 합니다(41장).

◎ 요셉의 훈련
* 보디발의 집에서
  - 실물 경제교육
* 감옥에서
  - 정치 행정교육

4) 창세기 42–47장 / 요셉과 형제들의 화해

요셉이 총리가 된 지 약 9년(풍년 7년, 흉년 2년)이 지나갔습니다. 흉년은 애굽뿐만 아니라 가나안 땅에도 찾아왔고, 야곱 가정 또한 모아두었던 양식이 거덜나자 곡식을 찾아 애굽으로 와서 총리인 요셉 앞에 엎드렸습니다. 20여 년 전 요셉이 꾸었던 첫 번째 꿈(곡식 단들이 절하는 꿈)이 현실이 된 것입니다. 그러나 요셉은 형들을 시험하기 위해 동생 베냐민을 데려오도록 하며 시므온을 그들 앞에서 가두었습니다. 그리고 아홉 명의 형들의 곡식 자루에 '돈'을 몰래 넣어 다시 돌려보냅니다(42장). 이에 형들이 아버지 야곱에게 사정 이야기를 하고 동생 베냐민을 데리고 애굽을 다시 한 번 방문하게 되는데(43장), 이것이 요셉의 첫 번째 꿈의 실현입니다. 한편, 요셉은 돌아가는 형제들 중 베냐민의 자루에 '은잔'을 넣어두어 그들을 다시 시험합니다(44장). 두 번의 시험을 통하여 형들의 형제애와 진심을 알게 된 요셉은 자신의 정체를 밝히고 방성대곡합니다. 또한 '나를 이곳에 보내신

◎ 야곱의 집착
- 장자권(에서)
- 사랑(라헬)
- 재산(일생)
- 베냐민(요셉 시험)

◎ 약속의 성취
창세기 12장에서 시작된 민족의 번성은, 창세기가 끝나기 전(46장) 70명으로 귀결된다. 그런데 이 숫자가 출애굽 직전에는 약 250만 명까지 늘어난다.

이는 하나님'이시라는 고백으로(45:7) 형들이 가진 죄책감과 불안감을 덜어줍니다. 그리고 요셉은 아직 5년이나 더 남은 흉년을 상기하면서 야곱 가족을 애굽(고센 땅)으로 초대하여 아버지와도 상봉을 하게 되면서(46장) 요셉의 두 번째 꿈도 실현됩니다. 야곱은 또한 바로 왕을 만나고(130세), 그곳에서 17년을 더 살게 됩니다(47장).

5) 창세기 48–50장 / 야곱의 축복과 죽음

◎ 최초의 안수
야곱의 요셉의 두 아들에 대한 안수 (축복 선포)

◎ 막벨라 굴에 장사된 자들
아브라함, 사라, 이삭, 리브가, 야곱, 레아

야곱은 삶의 마지막을 앞두고 요셉의 두 아들인 므낫세와 에브라임을 축복합니다(48장). 그 후 자신의 12아들들을 소집하고, 자신이 꾸준히 지켜보았던 아들들의 삶에 기초하여 그들을 축복한 뒤에 열조에게로 돌아갑니다(49장). 아버지가 죽은 후 요셉을 두려워하는 형들에게 요셉은 자기가 형들과 그들의 자녀를 기르겠다는 말로써 갈등의 잔재를 제거합니다(50:20–21). 이러한 요셉의 의지는 이후 히브리 민족의 탄생을 위한 기반이 됩니다. 야곱의 죽음에 이어, 요셉도 자신의 유골을 고향 땅에 묻어 달라는 유언(50:24–25)을 남기고 110세에 애굽 땅에서 죽음을 맞이합니다.

3. 삶의 적용

◎ 인물별 향년
아담 - 930
에녹 - 365
므두셀라 - 969
라멕 - 777
노아 - 950
아브라함 - 175
사라 - 127
이스마엘 - 137
이삭 - 180
야곱 - 147
요셉 - 110

1) 하나님이 주신 개인적인 꿈과 비전이 있습니까?

2) 요셉처럼 도무지 해석되지 않는 고난의 상황에 직면한 경험이 있습니까?

3) 가족 간의 화해는 어떤 식으로 해결하십니까?

4) 삶의 여정을 다 마치고 유언을 하나 남기게 된다면 무엇이라 하겠습니까?

Day 5

모세의 부름과 출애굽 (출 1-18장)

1. 들어가는 글

후기 청동기 시대인 출애굽기는 하나님의 통치를 지상에 드러낼 목적으로 한 개인이 아닌, 이스라엘이라는 공동체를 통해 한 민족이 탄생하는 이야기를 말하고 있습니다. 가나안에서 애굽으로 이주한 야곱의 후손들은 요셉이 있을 때의 12왕조가 아닌, 히브리인들을 노예로 삼고 심지어 죽이기까지 하였던 18왕조의 시대(BC 1570-1300)를 맞게 됩니다. 이 당시 애굽의 바로(Pharaoh)들은 수많은 노예들을 잔인하게 속박하고 과중한 노동을 부과함으로써 자신들을 위한 무덤으로 거대한 피라미드를 건축하였습니다. 이때 하나님은 바로의 압박 속에서 고통 당하는 이스라엘의 구원계획을 위하여 레위 자손(고핫)의 후손인 모세를 바로의 딸의 손에 의해 애굽의 왕자로 자라게 하십니다. 그리고 그를 부르셔서 설득과 기적의 과정을 통하여 이스라엘을 광야로 인도하십니다.

◎ 함께 정독하기
출 1-4, 11-13장

◎ 암송구절
출 3:14

2. 본문 여행

1) 출애굽기 1-2장 / 이스라엘의 고통과 모세의 성장

4백여 년 전, 야곱과 그의 가족이 하나님의 허락을 받고 애굽 땅으로 내려간 이후 이스라엘 자손은 '생육'하고 '번성'하였으며, '온 땅에 가득'하게 되었습니다. 그러나 아브라함의 후손이 받은 놀라운 번성의 복은 도리어 그들에게 위기가 됩니다. 요셉을 모르는 새 왕이 이스라엘 백성의 이 같은 번성을 두려워하여 그들로부터 거주 이전의 자유와 직업 선택의 자유를 박탈하고 이스라엘 백성들을 노예화합니다. 또한 남자아이들을 죽임으로써 히브리 민족을 말살하려고 합니다(1장).

이러한 이스라엘의 고통을 돌아보신 하나님은 히브리인 모세를 40년간 애굽 궁정에서 학문과 교양을 닦게 하시고, 더불어 외롭고 고된 40년의 미디안 광야생활을 통과하게 하십니다(2장).

◎ 언약과 성취
하나님께서 아브라함에게 하신 약속 중 '자손에 대한 약속'은 출애굽기 1장에서 5백여 년 만에 성취되고, '땅에 대한 약속'은 여호수아 10장 이후에 실현되고 있는 것을 알 수 있다.

2) 출애굽기 3–4장 / 모세의 소명과 계시

◎ 모세의 거절
모세는 하나님의 부르심에 5번 거절
* 출 3장 - 2번
* 출 4장 - 3번

한 나라의 왕이 될 신분에서 일개 목동으로 전락한 모세, 그렇게 지내기를 하루 이틀도 아니고 무려 40년, 여느 때처럼 늘 다니는 호렙 산에 이르러 양 떼를 돌보고 있던 그에게 깜짝 놀랄 일이 일어납니다. 하나님께서 그를 떨기나무(덤불로 구성된 관목) 불꽃 가운데 찾아오시어 모세에게 출애굽의 청사진을 밝히시며 앞으로 있을 이스라엘 역사의 큰 골격을 보여주십니다(3장). 그러나 모세는 "주여 보낼 만한 자를 보내소서"(4:13)라며 하나님의 부르심을 거절합니다. 이에 하나님은 수차례 기적과 함께 설득의 과정을 통하여 모세를 애굽으로 인도하십니다(4장).

3) 출애굽기 5–11장 / 바로 왕 앞에서의 모세

◎ 10가지 재앙
피, 개구리, 이, 파리, 악질, 독종, 우박, 메뚜기, 흑암, 장자의 죽음
* 고센 땅 구별
파리, 우박과 불
* 지팡이 이적
피, 개구리, 이, 파리

하나님의 부르심을 받고 모세는 애굽 왕 바로를 찾아가 이스라엘 백성을 광야로 보내줄 것을 요구합니다. 그러나 바로는 이스라엘 백성들을 더 억압하고, 이에 이스라엘 백성들은 모세를 원망합니다(5장). 바로와 이스라엘 백성 둘 다로부터 거절당한 모세가 하나님께 하소연하는 상황에서 하나님은 "너희를 내 백성으로 삼고 나는 너희의 하나님이 되리니"(6:7)라는 말씀을 통하여 이스라엘을 움직이기 시작하십니다. 모세는 애굽 땅에 재앙을 내리는 과정을 거치면서 시간이 지날수록 이스라엘과 애굽에서 큰 지도자로 인식되어 갑니다(7–10장).

6개월에 걸친 모세와 바로의 협상이 바로의 거절로 끝내 결렬되자(10:28–29), 하나님께서는 10번째 재앙을 내리시기로 결심하십니다. 결국 바로는 재물에 대한 지나친 욕심으로 그 자신뿐 아니라 나라 전체를 돌이킬 수 없는 지경으로 이끌고 말았습니다(11장).

4) 출애굽기 12–13장 / 유월절과 출애굽

◎ 해의 첫 달(12:2)
이는 민간력으로 7월을 종교력으로는 1월(아빕월, 니산월 / 태양력 3-4월)로 정했다는 뜻이다.

마지막 징계인 장자 죽음의 재앙, 이는 바로에게는 협상 결렬의 책임을 묻는 것이었고 이스라엘 백성에게는 최소한의 실천적 순종, 즉 어린 양을 잡아 그 피를 문 인방과 문 좌우 설주에 뿌리는 일을 요구하는 것이었습니다(12장). 이러한 이스라엘 백성의 순종으로 인하여 생긴 '유월절'(Passover, 넘어간다)은 그들이 430여 년 종살이의 사슬을 끊고 새로운 출발의 발걸음을 내딛는 날로서 칠칠절(오순절, 맥추절), 초막절(장막절, 수장절)과 함께 유대인의 3대 절기입니다. 이 유월절은 해마다 아빕월(태양력으로는 3–4월) 14일

저녁 해 질 무렵부터 7일간 기념되는 날이 되었습니다. 출애굽한 이스라엘을 하나님은 밤에는 불 기둥으로 낮에는 구름 기둥으로 보호하십니다(13장).

5) 출애굽기 14-18장 / 홍해의 기적과 광야 여정

마침내 하나님의 신호가 떨어지고 이스라엘 민족은 신속하게 출애굽(BC 1446)하는데, 곧 대규모의 애굽 군대가 이스라엘 민족을 치기 위하여 뒤쫓아옵니다. 두려워 떨며 모세를 원망하는 이스라엘 백성들에게 하나님은 모세를 통하여 "여호와께서 너희를 위하여 싸우시리니 너희는 가만히 있을지니라"(14:14)는 말씀과 함께 모세의 지팡이를 사용하셔서 홍해 바다를 가르게 하십니다.

그런데 하나님이 행하신 구원 역사에 대한 감사와 감격의 노래도 잠시(15장), 신 광야에 도착한 이스라엘 백성들은 식량으로(16장), 마실 물로(17장) 또다시 모세를 원망합니다.

이 무렵 모세의 장인은 모세의 아내인 십보라와 두 아들 게르솜과 엘리에셀을 데려오고, 모세 혼자서 200만에 가까운 이스라엘 백성들을 통치하는 것을 보고 그에게 새로운 행정 및 사법제도 개편에 대하여 제안합니다(18장).

◎ 여호와 닛시

여호와 닛시는 이스라엘이 아멜렉과의 싸움(17장)에서 승리한 후, 모세가 팔을 들어서 기도한 곳에 단을 쌓고 붙인 이름으로, 그 뜻은 '여호와는 나의 깃발'(The Lord is my banner)이다.

3. 삶의 적용

1) 모세가 바로 왕과 이스라엘 백성들을 설득한 것처럼 과거에 누군가를 간절히 설득해 본 경험, 그리고 그때 느꼈던 설득의 어려움과 상대방의 반응에 따른 나의 느낌 등을 나눠 봅시다.

____

2) 나는 하나님이 어떤 과정을 통하여 부르셨는지 생각해 보고, 서로 간단히 나눠 봅시다.

____

3) 기적에는 순종이 따릅니다. 순종을 통해 하나님의 기적을 경험한 일이 있습니까?

____

Day 6

제사장 나라의 사명 (출 19-34장)

1. 들어가는 글

◎ 함께 정독하기
출 19-22, 32장

◎ 암송구절
출 19:5-6

출애굽기는 이름 그대로 400여 년간 애굽에 거하면서 억압과 각종 어려움을 겪고 있던 이스라엘 백성이 하나님의 구속사적 인도하심에 따라 출애굽하여 약속의 땅으로 향하는 여정을 기록하고 있습니다. 이제 이스라엘은 '거룩한 백성'이 되어 '제사장 나라'로서의 사명을 갖고 열방을 품어야 합니다. 한편 후반부에서는 이스라엘을 선민으로 삼으시려는 섭리에 따른 언약 체결 및 언약 백성으로서 마땅히 지켜야 할 일들에 대해 규정한 율법 수여, 그리고 언약의 증거와 신앙생활의 중심이 될 성막 건축에 대한 사실들이 기록되어 있습니다.

2. 본문 여행

1) 출애굽기 19장 / 시내 산 언약 준비

◎ 시내 광야 정착
(11개월 19일)
출애굽 원년 3월 1일-출애굽 다음 해 2월 19일

출애굽한 지 석 달 정도의 시간이 흘러 시내 광야에 도착했을 때, 하나님께서는 이스라엘 백성이 하나님의 제사장 나라, 거룩한 백성이 되는 것에 대하여 제안하십니다. 이 제안에는 조건이 있었는데, 이스라엘 백성들이 하나님의 말씀, 즉 언약을 지켜야 한다는 것이었습니다. 이것은 일방적인 명령에 대한 순응이 아니라 상호 합의에 따른 계약이었으며, 이에 이스라엘 백성들은 "우리가 다 행하리이다"(19:8)라고 하면서 적극적으로 응답합니다. 이후 모세는 시내 산에 올라 하나님의 말씀을 받습니다.

2) 출애굽기 20장 / 십계명

◎ 십계명 전수
1) 출 20장
2) 신 5장

세계 선교의 초석은 거룩한 백성이 된 특권이고, 이 특권은 모든 민족을 위한 제사장 나라로서의 사명을 위한 것이었습니다. 그 사명을 위해 하나님은 시내 산에서 율법을 말씀하시는데, 그 대표적인 것이 십계명입니다. 이 십계명은 '하나님 사랑'(하나님에 대한 태도에 관한 법률)과 '이웃 사랑'(다른 사람에 대한 태도에 관한 법률)으로 요약됩니다.

3) 출애굽기 21-23장 / 생명존중과 약자보호

이제 십계명을 중심으로 한 구체적인 시행세칙으로 종의 법, 사형법, 피해 보상법 · 배상법, 약자보호법 등을 보여주시는데, 이것은 이웃 사랑의 측면에서 '생명존중'과 '약자보호'라는 구체적인 내용을 담고 있습니다. 이는 하나님께서 인간의 일상사에 적용될 생활 규범을 통하여 이스라엘 공동체 내에서의 공평과 공의와 사랑을 말씀하신 것입니다(21-22장). 또한 1년에 3차례(무교절, 맥추절, 수장절)의 절기를 지키게 함으로써 이스라엘 전체를 신앙공동체로 보존하시려는 하나님의 의지가 엿보이기도 합니다(23장).

◎ 거룩의 내용
출애굽기에서는 (22-23장) 이웃과의 관계성 속에서 사소한 것부터 배려하는 것을 '거룩'이라 한다.

4) 출애굽기 24-27장 / 시내 산 언약 체결

이스라엘 백성에게 기다릴 것을 당부하고 시내 산에 두 번째 오른 모세는 하나님과 만납니다(24장). 하나님께서는 이때 이스라엘 백성들을 지속적으로 만날 장소인 성막의 설계도를 자세히 설명해 주십니다. 하나님께서 시내 산 위에서 모세에게 전해 주신 명령은 크게 '성막 짓기'와 '제사장의 위임과 사명'으로 구분할 수 있습니다. 한편, 출애굽기 25장부터 27장까지에는 성막의 설계도, 그리고 성막 기구와 관련된 내용, 마지막으로 번제단과 성막 뜰의 식양 등의 말씀이 전해집니다.

◎ 모세의 시내 산 등정(3회)
출 19, 24, 34장

5) 출애굽기 28-31장 / 제사장 위임식

하나님은 제사를 주도할 사람으로 아론을 지명하시고, 아론과 그의 아들들에게 제사장의 옷을 만들어 입힐 것을 말씀하십니다(28장). 그 후 하나님께서는 제사장 위임식을 통해 아론과 그의 아들들을 거룩하게 하시고, 거룩해진 그들이 집례하는 제사를 통해 이스라엘 백성과 만나고자 하십니다(29장). 제사장이 해야 할 일은 상상외로 많습니다. 양과 소를 잡아 제사를 드리는 험한 일에서부터 정성스럽게 향을 피우는 세심한 일까지 다양합니다. 제사장으로 위임받은 아론과 그의 자손들은 하나님께서 지정하신 복장을 갖춘 다음, 이스라엘 백성을 대표하여 하나님 앞에 나아가야 하고, 하나님께서 정하신 향을 드려야 할 책임이 있습니다(30장). 한편 하나님은 성막 건축의 일꾼으로 브살렐과 오홀리압을 세우십니다(31장).

◎ 우림(빛들)과 둠밈(온전함)
대제사장의 판결 흉패 안에 넣는 것으로, 하나님의 뜻을 묻는 데 사용됨.

6) 출애굽기 32-34장 / 모세의 중보기도와 새 십계명

모세가 하나님의 부르심을 받고 시내 산에 올라갔을 때, 이스라엘 백성

◎ 십계명이 두 돌판(양면)에 새겨진 이유
1) 첫 번째 돌판(1-4) 두 번째 돌판(5-10)
2) 숫자 2는 '증인'을 상징하는 수

들은 모세가 내려올 때를 끝까지 기다리지 못하고 십계명을 받은 지 얼마 되지 않았는데도 불구하고 첫 번째와 두 번째 계명을 범하고 금송아지를 만듭니다. 이에 분노한 모세가 두 돌판을 던져 깨뜨리고 금송아지를 불살라 부수어 가루로 만들게 합니다. 그리고 그것을 물에 타서 온 백성에게 그 '금 가루차'를 마시게 하고, 그 죄에 대한 벌로 3천 명 가량이 죽임을 당합니다(32장). 이튿날 이스라엘 백성들의 죄를 대신하여 모세가 생명을 다하는 기도를 하자, 하나님은 '동행거부'에서 '동행결정'으로 마음을 바꾸시고 이스라엘 백성과의 관계를 회복시키십니다(33장). 그리고 모세를 시내 산에 다시 오르게 하사 새로 만든 두 돌판에 십계명을 다시 기록하시며, 아브라함 때부터 시작된 하나님의 비전을 재차 확인하십니다(34장).

3. 삶의 적용

1) 지금 나에게 주어진 '거룩한 백성으로서의 특권'은 무엇이고, '제사장 나라로서의 사명'은 무엇입니까?

____

2) 하나님께 이스라엘 백성들을 위해 생명을 걸고 중재하는 모세의 모습처럼, 누군가를 위해 간절하게 중보하며 기도해 본 적이 있습니까?

____

Day 7

성막과 제사의식 (출 35장-레 10장)

1. 들어가는 글

하나님과 이스라엘의 동역이 시작되며, 시내 산에 머물던(출 19:1-민 10:11, 11개월 19일간) 이스라엘 백성들은 하나님의 명령대로 성막을 짓기 시작합니다. 식양(설계)은 하나님께서 주셨지만 시공은 사람의 순종과 참여, 그리고 실천에 의해 실제 성막이 그 모습을 드러냅니다(출 35-40장). 성막이 봉헌된 후, 하나님은 회막에서 모세를 부르시고 선택된 이스라엘 백성들이 하나님과의 올바른 관계와 신앙의 유지를 위해 일상의 삶 속에서 지켜야 할 각종 제사의식에 관한 율법들을 말씀해 주십니다(레 1-10장).

◎ 함께 정독하기
출 35-36, 40장
레 1, 8, 10장

◎ 암송구절
레 6:12-13

2. 본문 여행

1) 출애굽기 35-39장 / 풍성한 예물과 성막 건축 시작

이스라엘 백성들은 출애굽 당시 가지고 나온 귀중품들을 한 번은 악한 일에, 또 한 번은 선한 일에 사용하는데, 전자는 금송아지를 만든 일이며, 후자는 성막을 위한 예물로 하나님께서 기뻐하시는 일에 넘치도록 자원하여 드린 일입니다(35-36장). 모세와 이스라엘 백성들의 헌신을 통해 6개월에 걸쳐 성막 짓기가 끝나고(37-38장), 이제 백성들은 아론과 그 아들들을 위한 옷을 만들고, 그 옷 만들기가 끝난 후 이 모든 기구들이 하나님이 지시하신 대로 만들어졌는지 확인하는 시간을 가집니다(39장).

2) 출애굽기 40장 / 성막 봉헌식

"모세가 이같이 역사를 마치니"(40:33). 몇 번을 되뇌어도 싫증나지 않는 구절입니다. 하나님께서 그토록 기다리시던 순간이기 때문입니다. 하나님께서 모세에게 성막의 식양을 전달하신 일은 한두 시간 만에 이루어진 것이 아니며, 자그마치 40일이 걸렸습니다. 그리고 그 식양이 브살렐과 오홀리압에게 전달되었고, 백성들은 소중한 귀중품들을 아낌없이 바쳤습니다. 모세는 이 모든 것을 세심하게 살폈고, 그 기구들을 성막 안으로 옮기며 마지막으로 뜰 문에 휘장을 달았습니다. 이렇게 해서 6개월의 대장정이 일단

◎ 성막의 명칭들
* 성막(26:1)
- 하나님께서 임재하시는 장소
* 회막(27:21)
- 이스라엘 백성들이 하나님 앞에 모이는 장소
* 증거막(38:21)
- 주요 언약의 증거인 십계명, 만나, 아론의 지팡이가 들어 있는 막
* 여호와의 장막 (왕상 2:28)
- 하나님께서 거하시는 장소

락되며, 구름이 회막에 덮이고 여호와의 영광은 성막에 충만하게 됩니다.

◎ 제사 종류와 방법
* 자원제
 - 번제, 소제, 화목제
* 의무제
 - 속죄제, 속건제
* 화목제
 - 감사, 낙헌, 서원제
* 화제(불태움)
* 요제(높이 들어 앞뒤로 흔듦)
* 거제(우편 뒷다리를 앞뒤로 흔듦)
* 전제(포도주와 독주를 다른 제물과 함께 부음)

3) 레위기 1–7장 / 제사의 규례

성막 건축을 통해서 하나님과 이스라엘의 만남을 위한 외적 조건이 모두 갖추어졌습니다. 이제 레위기는 더 깊은 만남의 시작을 위한 여러 가지 제안을 합니다. 그 제안의 밑바닥에는 생명의 희생이 들어 있습니다. 생명을 소중히 여기시는 하나님께서 그 소중함을 중심으로 관계를 만들어 가길 원하십니다. 그 만남의 제안으로 다섯 가지 제사를 말씀하십니다. 먼저, '번제'에는 생명을 하나님께 드린다(헌신)는 의미가 있으며(1장), 곡식을 드리는 '소제'에는 재산을 바친다(봉사)는 의미가 있습니다(2장). 그런가 하면, '화목제'는 다섯 가지 제사 중 이웃과의 나눔(화목)을 요구하시는 제사이며(3장), '속죄제'는 이스라엘 백성이 범죄하여 하나님과의 관계에서 문제가 생겼을 때, 이를 바로잡기 위한(회개) 제사입니다(4장). 마지막으로, '속건제'는 부지중에 이웃에게 해를 가하거나 의도하지 않고 실수하였을 때, 그것을 보상하고 책임질 것을 요구하는(배상) 제사입니다(5장). 이러한 제사들은 각각 드리는 방법과 남는 음식들을 먹거나 불태우는 방법들이 다양합니다(6–7장).

◎ 위임식 제물
1) 수송아지(속죄제)
2) 숫양 둘
 (번제용, 화목제용)

4) 레위기 8–9장 / 위임식 규례

제사를 책임질 제사장이 세워집니다. 그 주인공은 아론과 그의 자녀들입니다. 모세가 예식을 주재하는 가운데 백성들의 지지를 받아 아론이 공식적으로 제사장 직책을 부여받고 있습니다. 하나님의 임명과 이스라엘 백성의 지지, 그리고 모세의 진행을 통해 제사장 위임식이 7일간 진행됩니다(8장). 그 후 아론과 그 아들들이 제사장으로서 첫 제사를 드리고, 모세와 아론이 백성들을 축복하매 여호와의 영광이 온 백성에게 나타났습니다(9장).

◎ 제사장의 아들들
1) 아론의 아들들
 - 나답과 아비후
 (부정한 불로 제사)
 - 엘르아살과 이다말

5) 레위기 10장 / 나답과 아비후의 범죄

본장에서는 잘못된 제사의 성격과 그 부당성을 보여줍니다. 또한 하나님의 진노를 초래할 수밖에 없는 또 다른 제사 행위들을 예시하고 있습니다. 제사장 위임식과 첫 제사 후, 대제사장 아론과 함께 위임식을 거행하면서 중직을 맡게 된 아론의 큰아들과 둘째 아들인 나답과 아비후가 하나님의 불이 내려와서 태움을 당하는 안타까운 사건이 발생합니다. 그들은 포도주를 지나치게 마신 나머지 하나님이 지정하신 불을 가져가야 하는데 다른 불을 들고 성소에 나아간 것으로 보입니다(10:9-10). 술에 취해서 분별력을 잃고 자신의 책임을 소홀히 한 것입니다. 그 일을 소홀히 하였기에 대제사장의 아들이요 제사장의 신분을 가지고 있었음에도 불구하고 나답과 아비후는 죄에 상응하는 벌을 받은 것입니다. 이것을 보면서 목회자나 선교사, 그리고 교회 직분자의 자녀들 누구나 할 것 없이 주의 교훈과 훈계로 잘 양육되지 않으면 하나님의 징계를 피할 수 없음을 기억해야 합니다.

(모세가 속죄제로 드린 염소를 먹지 않음)

2) 엘리의 아들들
- 홉니와 비느하스
(불량자, 하나님께 드린 제물 강탈, 회막에서 수종드는 여인과 동침)

3) 사무엘의 아들들
- 요엘과 아비야
(뇌물을 취함, 판결을 굽게 함)

3. 삶의 적용

1) 하나님의 일을 감당함에 있어서 협력은 반드시 필요합니다. 나는 내 주변 사람들과 얼마나 협력하고 있습니까?

---

2) 하나님께서 내 인생에 주신 설계도는 무엇이고, 나는 그것을 어떻게 시공할 계획을 가지고 있습니까?

---

3) 지금 나에게 주어진 사명은 무엇이고, 그 사명을 성취하기 위해 나에게 필요한 것은 무엇입니까?

Day 8

절기와 정결법 (레 11장 – 민 10:10)

1. 들어가는 글

◎ 함께 정독하기
레 18-19, 23장
민 1-2, 10장

◎ 암송구절
레 19:2

하나님께서는 레위 지파를 선별하여 제사장 직분을 감당하게 하셨습니다. 그리고 죄를 속하기 위한 주요 제사와 그것들의 효과에 대하여 말씀하시고(레 1–10장), 이제 이스라엘 백성들의 구속을 기억하도록 하기 위한 일곱 가지 주요 절기에 대하여 설명하십니다(레 11–27장). 그리고 그 중간에 연례적인 속죄일이 절정을 이루는 정결법이 삽입되어 있는데, 이처럼 이스라엘 백성들은 하나님 나라의 거룩한 시민으로 살기 위해 이 모든 절기와 정결법을 실행해야 했습니다. 그 뒤 이스라엘 백성들은 시내 산에서 머물면서 계시를 받은 뒤, 약속의 땅으로 나아가기 위해 인구조사를 실시하고 진을 편성하면서 전진을 위한 준비를 실시합니다(민 1–10장).

2. 본문 여행

1) 레위기 11–15장 / 각종 정결법

◎ 정한 동물 & 부정한 동물
1) 정한 동물 - 굽이 갈라지고 새김질 하는 것(소, 양, 염소, 사슴, 노루, 산양 등)

2) 부정한 동물
a. 사반, 약대, 토끼
b. 돼지

하나님은 애굽의 식생활에 익숙해져 있는 이스라엘 백성들에게 하나님의 백성다운 식생활을 가르쳐 주시며(11장), 천하보다 귀한 한 생명을 탄생시킨 여인의 산후조리 기간에 대해서도 말씀하십니다(12장). 게다가 한센병(나병)의 경우, 한 가지 병의 수많은 증상에 대해 116절이나 되는 긴 내용을 통하여 꼼꼼하게 말씀하고 계시는 것은 이미 하나님께서 그들의 입장에 서서 그들을 위하신다는 것을 의미합니다(13–14장). 한편, 레위기 15장에서는 하나님께서 성생활을 통해 발생하는 여러 가지 부정과 정결법들에 대해 자세하게 알려 주십니다.

2) 레위기 16–17장 / 속죄일 & 피에 관한 규례

◎ 아사셀(16:10)
이스라엘의 죄를 속하기 위해 속죄일에 광야로 내보내지는 숫염소의 이름

하나님은 대제사장이 자신을 위한 속죄제를 먼저 드리면서 자신을 돌아보게 하시고, 지성소에 들어오는 날도 1년에 하루로 정하셔서 대제사장의 죽음을 미연에 방지하십니다(16:34). 이때 아론은 수송아지로 속죄제물을, 숫양으로 번제물을 삼으라고 말씀하십니다. 그리고 이스라엘 자손을 위해

서는 숫염소 둘을 속죄제물로, 숫양 하나로 번제물을 삼으라고 하십니다. 여기서 이스라엘 자손의 회중에게서 취한 숫염소 둘 중에 하나는 속죄제물로, 하나는 아사셀을 위해 내놓을 것을 말씀하십니다. 또한 7월 10일을 속죄일로 삼도록 해서 스스로를 살필 수 있도록 하십니다(16:29). 아울러 모든 생명은 피에 있기 때문에 피의 복용을 금하십니다(17장).

3) 레위기 18–22장 / 일반법 & 제사장법

이스라엘 백성에게 있어서 가장 시급한 문제는 애굽의 생활습관을 끊어 버리고, 가나안 백성의 잘못된 풍습을 좇지 않는 것입니다. 그래서 애굽과 가나안 사람들의 패역하고 음란한 풍속(근친상간, 동성애, 수간)에 대해 이스라엘에게 강력하게 경고하십니다(18장). 또한 거룩한 백성이 될 것을 말씀하시며(19장), 이에 하나님의 백성에게 위배되는 가증스러운 죄에 속하는 우상(몰렉)숭배하는 자들, 점쟁이(박수)를 추종하는 자들, 부모를 저주한 자들, 근친상간한 자들은 사형에 처하여 악을 단호히 잘라내라고 하십니다(20장). 계속해서 하나님은 제사장의 정결규례를 말씀하시고(21장), 성물을 먹는 규례에 대해서도 언급하십니다(22장).

◎ 몰렉(18:21)
암몬 족속이 섬기던 우상으로 여호와의 진노의 대상이며, 몰렉을 위한 제사(유아를 불 가운데 던짐)는 힌놈의 골짜기를 중심으로 확산됨(왕하 23::10).

4) 레위기 23–27장 / 절기법 & 서원법

하나님은 모세를 통하여 이스라엘에게 7절기를 말씀하시며(23장) 안식년과 희년에 대하여 말씀하십니다. 안식년의 소출은 그 땅의 주인에게 돌아가지 않고, 땅을 소유하지 못한 품꾼, 함께 거하는 객과 육축과 들짐승에게 돌아갑니다. 이때 하나님은 땅에 심은 지 6년째 되는 해에 3년치의 양식을 공급해 주시겠다고 약속하십니다. 또한 50년마다 한 번씩 맞게 되는 희년을 통해서 종들은 해방되고, 토지는 본래 주인에게 돌아가게 됨으로써 모든 이스라엘은 균등하게 땅을 분배받을 수 있게 됩니다(25장). 한편, 이스라엘에 행할 규례와 율례들을 주신 하나님은 다시 한 번 이를 상기시키시며, 이스라엘이 하나님의 말씀대로 순종할 때와 불순종할 때에 어떤 일들이 있을 것인지에 대해 말씀하십니다(26장). 그리고 레위기 27장은 이스라엘 백성들이 서원하여 예물을 드리게 함으로써 제사장들의 창고를 채워 주시는 것에 대해서 말씀하십니다.

◎ 이스라엘 절기
1) 유월절(1.14)
  (무교절 / 1.15-21)
2) 초실절(1.16)
3) 오순절
  (초실절 후 50일째)
4) 나팔절(7.1)
5) 속죄일(7.10)
6) 장막절(7.15-21)
7) 수전절(9.25-8일간)
  - 유대인 구원기념
8) 부림절(12.14-15)
  - 성전의 제단 재건

5) 민수기 1–4장 / 인구조사 및 레위인의 직무

◎ 인구조사의 목적
1) 헌물 목적
(출 38:26)
2) 군사적 목적
(민 1:45)

하나님은 모세를 통해 백성들에게 이스라엘 남자 중에서 레위 지파를 제외한 전쟁에 나갈 수 있는 20세 이상의 남자의 숫자를 세라고 명령하십니다(1장). 그 계수된 숫자를 기반으로 각 지파별로 전쟁을 치를 수 있는 진영을 갖춥니다. 여기서 중요한 것은 동서남북으로 둘러선 지파들 중앙에 레위 지파와 함께 회막이 놓인다는 것입니다(2장). 아론과 그 아들들을 도와 레위인들도 각 가문별(고핫, 게르손, 므라리) 직무를 담당하는데, 그들의 성막 봉사는 30세에서 50세까지 이루어졌습니다(3–4장).

6) 민수기 5–10장 / 구별과 헌신 & 광야 여정 준비

◎ 나실인 법(6장)
1) 몸을 구별
2) 술을 멀리함.
3) 머리를 자르지 않음.
4) 시체를 멀리함.

◎ 구약의 축도
(대제사장의 축복문)
민 6:24-26

이스라엘의 군대 숫자와 레위인들의 숫자를 계수하고 회막 중심의 진영을 갖춘 후, 하나님은 이스라엘 공동체 안에 있는 거룩하지 못한 모습을 정결하게 하십니다(5장). 모든 진영이 갖추어진 후 거룩히 구별할 날이 이르자, 12지파의 각 족장들이 하나님께 봉헌예물을 드리러 옵니다(7장). 곧이어 민수기 8장에서는 하나님의 소유인 물질뿐 아니라 사람, 즉 레위인들을 하나님께 드리는데, 레위인들은 성막에서 제사장들을 돕는 일을 맡게 됩니다. 세월은 흘러 출애굽한 지 정확히 1년이 지났습니다(9:1). 이스라엘 백성이 지난 세월을 추억하며 두 번째 유월절(출애굽 후 2년 1월 14일)을 지키고 있습니다. 그리고 드디어 제2년 2월 20일, 시내 산을 떠날 시간이 되자, 이스라엘의 진영에 행진의 나팔 소리가 울려 퍼지며 유다 지파가 앞장서서 출발합니다(10장).

3. 삶의 적용

1) 행하지 않으면 사랑도 아니고 거룩도 아닙니다. 레위기 19장에 나오는 내용들은 모두 행동으로 옮겨졌을 때에만 비로소 의미가 있습니다. 이웃과의 관계에서 내가 지금 하고 있는 거룩한 행위들은 무엇인지 나눠 봅시다.

2) 나실인처럼(민 6장) 오늘 내가 하나님께 드릴 수 있는 재능, 시간, 장소는 무엇인지 나눠 봅시다.

Day 9

가데스 바네아에서의 선택 (민 10:11–21장)

1. 들어가는 글

1년 동안 시내 산에 머물면서 하나님의 백성으로 준비된 이스라엘은 젖과 꿀이 흐르는 약속의 땅인 가나안을 향해 나아가다가 '가데스 바네아'에 이르게 됩니다. 이곳 '가데스 바네아'는 가나안 땅 남쪽 경계와 맞닿아 있는 지역이기 때문에 곧장 북쪽으로 올라가면 가나안 지역에 이르게 됩니다. 물론 동쪽으로 이동해서 사해 남쪽을 지나 족장들이 다녔던 '왕의 대로'라는 큰 길을 통해 북행하는 길도 있습니다. 그러나 이스라엘 백성은 '가데스 바네아'에서 불순종으로 인하여 사해 동남쪽에 걸쳐 자리를 잡고 있는 에돔이나 모압의 영토로 돌아가야 했습니다. 이제 이스라엘 백성들에게 순탄하지 않은 여정이 예상됩니다.

◎ 함께 정독하기
민 11-16장

◎ 암송구절
민 12:3

2. 본문 여행

1) 민수기 10:11–12장 / 시내 광야 출발과 불평들

하나님은 이스라엘 백성에게 필요한 모든 말씀을 하신 후 드디어 가나안을 향해 출발하게 하십니다(10장). 그러나 이스라엘은 아직 완전히 준비되지 않았습니다. 고기가 없다고 불평하는 이스라엘 백성들에게 하나님은 메추라기를 풍족하게 주어 먹게 하십니다(11장). 이스라엘의 미성숙은 하나님께서 세우신 모세의 권위에 대하여 불만을 나타내는 것으로 계속되는데, 이번에는 모세와 가장 가까운 사람들인 미리암과 아론이 모세가 구스(에티오피아) 여인을 취하자 그의 지도력을 깎아내립니다(12장). 이에 하나님은 직접 나타나셔서 미리암을 한센병에 걸리게 하면서 모세의 권위와 리더십을 회복시키십니다.

2) 민수기 13–14장 / 가나안 정탐과 하나님의 선택

드디어 약속의 땅 가나안 근처인 '가데스 바네아'에 도착한 이스라엘은 가나안 땅을 탐지할 사람들을 각 지파 중에서 한 명씩 선발합니다. 40일 동안 가나안 땅을 두루 정탐한 12명 중 10명의 지도자들은 기골이 장대한 아

◎ 불평의 여정(민)
1) 다베라(11:1-3)
- 악한 말로 원망
2) 기브롯 핫다아와(11:4-35)
- 고기가 먹고 싶다고 원망
3) 하세롯(12:1-6)
- 모세가 구스 여자를 취한 것에 대하여 비방
4) 가데스 바네아(13-14장)
- 정탐 보고 후 애굽으로 돌아가자고 함.
5) 호르마(16:1-35)
- 고라와 다단과

아비람이 당을 짓고 모세와 아론을 거스름.
6) 신 광야 가데스(20:2-13)
- 물이 없다고 불평
7) 에돔 땅(21:4-9)
- 험한 길로 인해 원망

◎ 출애굽 - 가나안
1) 2년(라암셋 - 가데스 바네아)
2) 38년(가데스 바네아-세렛 시내 / 에돔과 모압의 경계를 이룸)
* 아르논 강(22:36)
- 모압과 암몬의 경계를 이루는 강

◎ 민수기의 언약
1) 소금 언약(18:19)
- 하나님과 제사장 사이에 체결한 불변의 언약
2) 평화의 언약(25:12)
- 비느하스와 하나님 사이에 체결한 제사장 직분의 언약

낙 자손을 보고 두려움에 사로잡히고 부정적인 보고를 합니다(13장). 그런데 바로 이때 오직 유다 지파인 갈렙과 에브라임 지파인 여호수아는 "그들은 우리 먹이라"(14:9)며 가나안 땅을 취할 것을 주장합니다. 그러자 백성들은 부정적인 보고를 한 10명의 정탐꾼의 이야기를 따르게 되고, 이 사건으로 인해 하나님은 가나안 땅 정복의 계획을 40년 동안 연기하십니다(14:34).

3) 민수기 15-17장 / 광야 여정에서의 불순종과 은혜

하나님은 이스라엘 백성들이 장차 가나안 땅에 들어가서 지낼 제사 규례에 대하여 설명하십니다(15장). 그 후 이스라엘 백성들은 가나안에 들어가지 못하게 된 결과만을 놓고 지도자 모세에게 불만을 드러냅니다. 그리고 불만을 가진 백성들을 선동하여 제사장의 직분을 탐하고 있는 이들을 중심으로 모세를 대항하는 당, 즉 고라(레위 지파), 다단과 아비람과 온(르우벤 지파)이 만들어지면서 이스라엘은 다시 위기를 맞게 됩니다. 결국 이 일로 고라, 다단, 아비람은 산 채로 땅에 삼켜지고(지진), 족장 250명은 여호와의 불에 삼키워지며, 14,700명의 백성들은 염병으로 죽습니다(16장). 이 일 후, 제사장으로서의 아론의 권위를 다시 세울 필요가 있었습니다. 그래서 하나님은 모든 백성이 볼 수 있도록 아론의 지팡이에만 꽃이 피고 살구 열매가 맺히도록 하는 기적을 베풀어 주십니다(17장).

4) 민수기 18-19장 / 제사장과 레위인의 사명

하나님과 이스라엘 백성 사이에서 중재자의 역할을 감당해야 했던 제사장과 레위인에게 하나님은 기업이 되시겠다고 말씀하시는데, 이것은 영원히 변치 않는 "소금 언약"(민 18:19)입니다. 직분은 계급이 아닙니다. 제사장과 레위인, 이들은 이스라엘이 하나님의 백성이 되는 데 중심적으로 역할을 감당해야 할 사람들입니다. 그런데 고라를 비롯한 반역의 무리들은 제사장 직분을 일종의 특권이라는 차원에서만 생각했습니다. 그래서 하나님은 제사장과 레위인의 관계를 다시 한 번 설명하시면서 그들에게 주어지는 특권은 반드시 막중한 책임과 연결되어 있다는 사실을 재확인시켜 주십니다. 아울러 하나님은 모세와 아론에게 부정하게 된 자들을 위하여 "멍에 메지 아니한 붉은 암송아지"(19:2)를 잡아 정결제물을 만들어 사용하라고 하십니다.

5) 민수기 20-21장 / 모세의 범죄와 불뱀

모세에게는 단지 누나 이상이었던 미리암이 죽어 가데스 바네아에 장사됩니다. 그런데 미리암을 잃은 슬픔이 채 가시기도 전에 바로 그곳에서 백성들이 물이 없다고 모세와 아론을 원망하기 시작합니다. 그러자 하나님은 모세에게 반석에게 '명하여' 물을 내라고 하십니다(20:8). 그런데 모세는 명령이 아닌 자신의 지팡이를 가지고 '반석을 쳐서' 물(므리바 물이라 칭함)을 내게 함으로써 하나님의 거룩함을 드러내지 않아 가나안 땅에 들어갈 수 없는 운명에 처하게 됩니다. 또한 형이자 동역자였던 아론은 호르 산에서 죽고(123세), 그의 제사장 임무는 그의 셋째 아들인 엘르아살에게 전수됩니다. 그럼에도 불구하고 모세는 성실하게 이스라엘 백성들이 가나안 땅에 입성할 수 있도록 계속된 이방 족속들과의 전쟁(세 차례 / 아랏, 시혼, 바산)을 치릅니다. 물론 생활환경에 대한 이스라엘 백성들이 불평도 여전히 계속되는데, 그에 대하여 하나님은 불뱀을 보내어 징계하시고 다시 놋뱀을 만들어 그것을 바라보는 자로 살게 하십니다(21장).

◎ 엄격한 기준 (반석의 물)
바위에서 물을 내는 방법, 곧 하나님께서 모세에게 주신 방법은 바위에게 명령하는 것이었다. 그런데 모세는 그만 하나님의 말씀대로 하지 않고 지팡이로 바위를 두 번 치게 된다. 어찌 보면 아무것도 아닌 차이 같지만, 하나님 편에서는 그것도 일종의 불순종이었다.

3. 삶의 적용

1) 하나님의 약속은 긍정적이며 진취적입니다. 하나님의 약속의 말씀을 붙들고 살아가는 데 있어서 나를 주저하게 하는 것은 무엇입니까?

---

2) 이스라엘 백성들처럼 우리 역시 종종 불평하는 삶의 습관을 가지고 있습니다. 그 불평하는 습관을 버릴 수 있는 특별한 방법을 알고 있습니까?

---

3) 모세는 아주 작은 것에 넘어졌습니다. 그것은 그가 지도자였기 때문에 하나님이 엄격한 기준을 그에게 적용하신 것입니다. 지금 나는 공동체의 지도자로서 하나님의 말씀에 몇 %나 순종하고 있습니까?

Day 10

마지막 가나안 여정 (민 22-36장)

◎ 함께 정독하기
민 25-28, 32장

◎ 암송구절
민 23:19

1. 들어가는 글

민수기에는 시내 산에서 모세를 통해서 받은 모든 율례와 법도를 구체적인 실생활에서 적용하고 실험해 보는 이야기가 담겨 있습니다. 민수기의 많은 사건들 밑바닥에 끊임없이 흐르고 있는 것은 하나님께서 이스라엘 백성들과 함께 계시며, 그들을 애굽 땅에서 인도하여 약속의 땅 가나안으로 이끄실 분이라는 것입니다. 마침내 그들은 가나안으로 들어가기 전에 모압 북쪽과 가나안 동편 지역을 정복하게 됩니다. 그리고 이 모든 일에 마지막까지 최선을 다하는 지도자 모세의 모습은 하나님의 꿈과 약속을 성공적으로 계승한 좋은 모델입니다.

2. 본문 여행

◎ 동물의 대화
1) 뱀(창 3:1)
2) 나귀(민 22:28)

1) 민수기 22-24장 / 발락과 발람

40년간, 하나님은 이스라엘을 훈련시키시고 조직을 정비하게 하셨습니다. 이로써 이스라엘은 주변국들에게 명성을 떨칠 수 있는 하나님의 군대로 세워집니다(22:2-3). 그러자 모압 왕 발락이 이스라엘에 대한 소문을 듣고 두려워하여 선지자 브올의 아들 발람을 초대하여 이스라엘을 저주하도록 당부합니다(22:5). 그러나 발람은 하나님의 뜻에 따라 도리어 이스라엘을 세 번이나 축복합니다. 이후 발람은 마지막으로 이스라엘(24:14-17)과 그 주변 국가들의 미래에 관한 일들(24:18-25)을 예언함으로써 하나님의 도구로서의 임무를 마감합니다. 특히 그가 예언한 '야곱의 별'(24:17)은 궁극적으로 메시아 출현을 예언한 것으로 하나님이 끝끝내 자기 백성을 다 구원하시고 말 것임을 시사해 줍니다.

◎ 인구조사
* 1차 - 시내 광야
- 모세, 아론

2) 민수기 25-30장 / 성공적 계승을 위한 결단

하나님은 외부의 위기를 발람을 통해 막아 주셨는데, 이제 이스라엘 내부에서 위기가 발생합니다. 바로 이스라엘 백성이 모압 여자들과 음행을 저지르고 한 걸음 더 나아가 모압의 신을 섬기는 데까지 나아간 것입니다.

이 위기의 순간, 아론의 손자 비느하스의 용기 있는 행동으로 다행히 민족의 멸망은 막을 수 있었지만, 이 일로 인해 이스라엘 백성 24,000명이 염병으로 죽어야 했습니다(25장). 이 사건이 있은 후 약속의 땅에 들어가기 위한 군대조직 편성과 땅 분배를 위해, 출애굽 이후 두 번째 인구조사를 시행합니다(26장). 반석에서 노여움으로 물을 내는 사건(가데스 바네아)을 통해 가나안 땅에 들어갈 수 없게 된 모세는 아쉬움을 뒤로한 채 죽음을 앞두고 하나님의 명령을 좇아 여호수아를 후계자로 임명합니다(27장). 그는 비록 자신이 직접 그 땅을 밟을 수는 없지만 민족을 약속의 땅으로 인도하여야 하는 사명은 마지막 순간까지도 최선을 다해 감당하고 있습니다. 그 후 가나안 땅을 향해 달려가는 이스라엘에게 하나님은 그들의 중심은 어디에서든지 하나님이어야 한다는 사실을 알려 주시며 절기와 제사, 그리고 서원의 규례를 제물 중심으로 말씀하십니다(28–29장). 특히 안식일, 월삭, 유월절, 그리고 맥추절은 그들을 애굽 땅에서 인도하시고 약속의 땅으로 이끄신 하나님을 기억하기 위한 절기들입니다. 한편 민수기 30장은 민수기 6장과 레위기 27장에 언급된 서원과 서약에 관한 규례의 보완으로 그 내용은 다음과 같습니다. 서원 파약 금지(1–2절), 처녀의 서원 규례(3–5절), 유부녀의 서원 규례(6–8절), 서원 이행의 의무(9–12절), 서원에 대한 남편의 책임(13–16절) 등입니다.

3) 민수기 31–36장 / 요단 강 동편 점령

이스라엘의 지도자 모세가 그에게 있어 마지막 전쟁을 수행합니다. 그것은 이스라엘 백성들을 우상숭배와 음행에 빠지게 한 미디안 족속을 치는 것이었습니다(31장). 결국 이스라엘은 큰 승리를 거두었고, 가나안 땅을 점령할 수 있다는 강한 자신감을 가지게 되었습니다. 이 전쟁은 모세에게 있어서 마지막 사명이었지만, 아바림 산(느보 산, 비스가 산, 브올 산 등의 봉우리가 있는 산맥)에서 하나님으로부터 죽음을 선고받은(27장) 쓸쓸한 모습은 그 어디에서도 찾아볼 수 없었습니다. 한편, 이스라엘이 거주할 땅은 요단 강을 중심으로 동쪽과 서쪽으로 나누어집니다. 요단 강 동쪽은 이미 점령했고, 이제 서쪽이 남아 있었습니다. 그런데 요단 서쪽 지역을 점령하기 전에 동쪽 지역에 머물겠다고 하는 사람들(르우벤, 갓, 므낫세 반 지파)이 생겨났습니다(32장). 이들은 요단 동쪽에 땅을 차지하였음에도 불구하고 요단 서쪽 지역을 점령하는 데 있어서 선봉대로 설 것을 다짐합니다. 이후 민수

- 603,550
- 최다(유다)
- 최소(므낫세)

*2차 - 모압 평지
- 모세, 엘르아살
- 601,730
- 최다(유다)
- 최소(시므온)

◎ 여호수아 지명
1) 민 27:18
2) 신 31:3

◎ 레위 사람들
레위인에게는 땅이 주어지지 않는다. 그 대신 48개의 성읍과 그 사면 초장이 주어진다(민 35장). 그런데 그 48개의 성읍은 어느 한 지역이 아니라, 이스라엘 백성이 살고 있는 지역에 넓게 흩어져 있다. 각 지역에서 백성들을 가르치며 각 지파가 하나님 중심으로 움직일 수 있도록 돕는 역할을 하

는 것이다. 이것은 야곱을 통해서 예언된 내용이 성취된 것이었다(창 49:5-7).

기 33장에 등장하는 장소 하나하나는 지금까지 이스라엘 백성들이 걸어온 광야 여정의 지명들이며, 민수기 34장에서는 이스라엘이 지나온 길과 더불어 그들이 앞으로 들어가 정착할 땅의 구체적인 규모와 지역이 나타나 있습니다. 그리고 민수기 35장에서는 레위인이 받을 기업 요단 동편(3개)과 요단 서편(3개)에 세워질 도피성이 소개되고 있습니다. 민수기 36장에는 마지막으로 슬로브핫 딸들에 대한 상속법의 보완이 만들어지고, 그들은 이 법에 순종하게 됩니다.

3. 삶의 적용

1) 요즘에 발람처럼 삯을 위해 예언하는 많은 거짓 선지자가 일어나고 있습니다. 참 선지자의 기준은 무엇이라고 생각합니까?

2) 위대한 지도자인 모세는 가나안 땅에 들어가지 못하는 운명에도 불구하고 후계자 여호수아를 세우고 마지막까지 자신의 사명에 최선을 다했습니다. 우리 주위에 사명을 성공적으로 계승한 사람의 예가 있습니까? (교회 공동체, 일반 사회)

3) 여호수아처럼 꿈과 약속을 성공적으로 계승하기 위해서는 오랜 시간 함께하며 뜻을 나누고 훈련받아야 하는데, 주변에 이렇게 오랫동안 함께하는 멘토나 멘티가 있습니까?

Day 11

만나 세대를 위한 설교 (신명기, 시 90편)

1. 들어가는 글

신명기는 가나안 본토에 진입하기 직전의 출애굽 2세대에게 죽음을 앞둔 출애굽 지도자 모세가 남긴 세 편의 고별설교로 구성되어 있습니다. 모세는 그의 인생의 마지막을 맞게 되며, 여호수아가 후계자로 세움을 받게 됩니다. 그 후 모세는 출애굽 이후 광야에서 자라난 만나 세대(출애굽 2세대)에게 전하는 마지막 유언을 통해 과거에 백성들을 다루시던 하나님의 손길을 상기시켜 주고, 현실의 생활 가운데 의롭고 성실하며 거짓됨이 없는 삶의 중요성을 복습시켜 줍니다. 그리고 앞으로 다가올 일들에 관해 밝혀 줍니다. 끝으로 백성들을 축복해 주고 느보 산에서 약속의 땅 가나안의 모습을 보여준 후 120세에 죽게 됩니다.

◎ 함께 정독하기
신 1, 6, 15, 28, 31장
시 90편

◎ 암송구절
신 28:1

2. 본문 여행

1) 신명기 1–4장 / 1차 설교(과거의 회상과 반성)

신명기는 이스라엘 백성과 40년 동안 동고동락했던 모세의 자서전적 회상으로 시작됩니다. 가나안 땅을 정탐하였던 가데스 바네아의 사건(1:19–33)과 요단 동편까지의 여행(2장)을 회고하고, 요단 강 동편의 땅을 분배한 후에 가나안 정복의 지도자 여호수아를 세웠던 일을 기억합니다(3:21). 약속의 땅에 발을 디딜 날이 현실로 다가오는데, 그럴수록 가나안에 들어갈 수 없는 모세의 아쉬움은 커질 수밖에 없었을 것입니다. 모세는 지난 시절 백성 전체가 치명적인 위기 가운데 처했던 '가데스 바네아 사건'(민 13–14장)을 상기하며 다시 한 번 마음을 잡고 흔들리지 말 것을 부탁합니다. 즉 하나님의 규례와 법도를 듣고 순종하고, 스스로를 삼가며, 우상을 섬기지 말고, 지금까지 그들을 인도하신 하나님을 마음을 다하고 성품을 다하여 섬기라는 것입니다(4:1–40).

2) 신명기 5–11장 / 2차 설교 A(언약 회고)

이미 40년 전에 시내 산에서 하나님이 친히 전해 주셨던 십계명, 그때 하

◎ 모세의 설교
1) 1차(1:1-4:43)
- 모압 땅 아라바 광야
- 광야 사건 회고

2) 2차(4:44-26장)
- 요단 동편 벧브올 맞은편
- 율법의 내용 요약 및 가나안에서의 율법 준수 당부

3) 3차(27-30장)
- 모압 땅 아라바 광야
- 광야 사건 회고 (언약 갱신)
* 31-34장 (시 90편)
- 모세의 유언 및 죽음

◎ 쉐마
신 6:4-9의 문장을 가리켜 히브리어로 '쉐마'(들으라)라 한다. 이것은 유대교의 기반이 되는 성서의 핵심 텍스트인데, 이스라엘 가정에서는 매일 아침과 저녁으로 쉐마를 묵상하였다.

나님의 음성을 직접 들었던 출애굽 1세대들은 모두 세상을 떠났습니다. 그로부터 40년이 지난 지금, 모세는 하나님께서 친히 두 돌판에 새겨 주셨던 하나님 사랑과 이웃 사랑의 그 10가지 계명을 만나 세대에게도 꼼꼼히 가르쳐 주고 있습니다(5:5-21). "이스라엘아 들으라." 이것은 단지 율법의 되풀이가 아니라, 지난 40년 동안 하나님을 사랑해 온 모세가 만나 세대에게 "마음을 다하고 성품을 다하고 힘을 다하여 네 하나님 여호와를 사랑하라"는 당부입니다(6장). 하나님은 이방 민족과의 혼합을 금지하고 가나안 정복 명령을 내리셨습니다(7장). 광야에서 40년 동안 만나를 먹이신 하나님의 자비를 기억하라고 하십니다(8장). 하나님을 격노케 한 곳들(호렙 산, 다베라, 맛사, 기브롯 핫다아와)이 언급되며(9장), 모세가 싯딤 나무로 궤를 만들고 처음 것과 같은 돌판 둘을 다듬어 시내 산에 올라 다시 만든 십계명(10장)으로 하나님의 명령을 지킬 것을 당부합니다(11장).

3) 신명기 12-26장 / 2차 설교 B(율법 준수 당부)

◎ 절기를 언급한 곳
출 23장, 레 23장, 민 28-29장, 신 16장

12장부터는 만나 세대가 가나안 땅에서 구체적으로 어떻게 살 것인가에 관한 내용입니다. 하나님께서는 이미 가나안 땅의 문화를 알고 계시기에 그들이 그 땅의 문화를 좇지 않고 하나님의 문화를 세워 나가기를 바라십니다. 하나님이 지정하신 예배 장소(12장), 거짓 선지자에 대한 명령(13장), 예를 들면, 음식과 십일조 규례(14장), 안식년(15장), 절기(16장), 지도자들(17장), 레위인(18장), 도피성(19장), 전쟁(20장), 결혼생활(21장), 통간의 금지(22장), 총회 금지자(23장), 약자의 보호(24장), 죄인의 처벌(25장), 십일조(26장) 등에 대한 구체적이고 실천적인 규례들이 선포됩니다.

4) 신명기 27-30장 / 3차 설교(언약의 갱신)

◎ 주요 산들
1) 아라랏 산(노아)
2) 모리아 산(이삭)
3) 시내 산(율법)
4) 호르 산(아론)
5) 느보 산(모세)
6) 다볼 산(드보라, 바락)
7) 길보아 산(사울)
8) 시온 산(다윗)

모세는 만나 세대가 가나안 땅에 들어가자마자 가장 먼저 해야 할 일을 이야기합니다. 곧 큰 돌들을 세워 거기에 율법을 기록하고 단을 쌓아 하나님께 번제와 화목제를 드리는 일입니다(27:1-7). 돌을 세우고, 칠하고, 기록하는 일, 그리심 산에서는 축복의 말에 화답하고 에발 산에서는 저주의 말에 화답합니다(28장). 한편, 이스라엘에게 있어서 가장 중요한 것은 하나님과의 관계입니다. 하나님께서는 이스라엘 백성과 특별한 언약, 곧 하나님께서는 이스라엘의 하나님이 되시고, 이스라엘은 하나님의 백성이 되는 언약을 맺으셨습니다(29-30장). 이러한 모세의 당부 속에는 이스라엘이 하나님의 언약에 참여하여 하나님의 백성으로 남기를 바라는 간절한 바람이 들어 있습니다.

9) 갈멜 산(엘리야)
10) 변화산(예수님)
11) 감람산(예수님)

5) 신명기 31–34장, 시편 90편 / 여호수아와 모세의 교체

모세는 40년의 사역을 정리하는 시점에서 이제 자신의 후계자로 세워진 여호수아를 격려하고(31장), 이스라엘이 행할 율법을 다시금 강조합니다. 이어지는 모세의 노래(32장)는 지금까지의 광야 여정의 이스라엘 역사를 요약한 것으로 볼 수 있습니다. 이어서 야곱이 그의 12아들에게 선포한 것처럼(창 49장), 모세도 12지파들을 축복합니다(33장). 야곱의 유언이 이후 이스라엘 백성들에게 출애굽의 비전이 되었다면, 각 지파에 대한 모세의 축복은 이후 가나안에 거할 각 지파들의 지침과 비전이 됩니다. 그 후 출애굽의 위대한 거장인 모세도 가나안 땅에 들어가지 못하고 향년 120세의 나이에 모압 땅에 있는 벧브올 맞은편 골짜기에서 장사됩니다(34장).

◎ 시편 90편
시편 90편은 모세의 시편이다. 모세의 직업 중 하나가 장례위원장이었다. '인생이 아침에 돋았다가 저녁때 마르는 풀과 같다'(5-6절). 그는 주의 진노하심, 그리고 수많은 사람이 광야에서 죽어 묻히는 것을 보았다. 그 열매가 바로 시편 90편의 기도이다.

3. 삶의 적용

1) 우리는 때때로 이스라엘 백성들처럼 광야의 여정을 걷기도 합니다. 그 광야 여정에서 '하나님 사랑'에 대하여 변함이 없었는지 나누어 봅시다.

---

2) 모세는 만나 세대에게 계속해서 율법을 가르칩니다. 그 내용 중에는 신앙 계승을 위한 자녀교육도 많은 부분을 차지하고 있습니다. 신앙적인 자녀(또는 손자) 교육이 이루어지고 있습니까?

---

3) 모세처럼 우리의 나그네 인생을 마감하는 날, 우리 주변 사람들에게 남길 말이 있다면 무엇입니까? 한 문장으로 요약해 보세요.

Day 12

가나안 땅의 정복전쟁 (수 1-12장)

1. 들어가는 글

◎ 함께 정독하기
수 1-2, 6-7, 11장

◎ 암송구절
수 1:8

◎ 정복시대
(BC 1406-1051)
여호수아(약 25년),
사사기(약 350년),
룻기(사사시대)

창세기 12장에서 약속하시고 민수기 34장에서 그 경계가 확정된 약속의 땅 가나안에 BC 1406년경에 들어가게 되면서 모세의 뒤를 이어 여호수아가 이스라엘의 새로운 지도자로서의 역할을 수행하게 됩니다. 하나님께서 아브라함에게 땅에 대한 약속을 주신 지 5백여 년이 지나고 출애굽한 지 40년이 지난 뒤에야 여호수아는 만나 세대(출애굽 2세대)들과 함께 '가나안 입성'이라는 역사적 과업을 달성합니다. 그런데 이곳 가나안은 일찍이 BC 2500년경에 메소포타미아에 예속되어 그들의 언어와 문명을 수용하였고, 그 후에는 애굽의 지배를 받아 그곳의 발전된 문명을 누리며 가나안 우상은 물론이요, 애굽이 섬기던 우상을 함께 숭배했던 곳입니다. 그러므로 가나안 족속은 후에 이스라엘 백성을 가나안 족속이 섬기던 우상에게로 눈을 돌리고 온갖 악을 행하게 함으로 이스라엘을 향한 하나님의 계획을 파괴시키는 역할을 하게 됩니다. 여호수아의 전반부(1-12장)에서는 7년에 걸친 가나안 땅(요단 강 서편)의 정복전쟁(31왕 정벌)에 대해서 다루고 있습니다.

2. 본문 여행

1) 여호수아 1장 / 요단 강 건널 준비

◎ 가나안 땅 경계
길이: 290km
폭: 65km
남쪽: 광야
북쪽: 레바논 산
동쪽: 요단 강
서쪽: 지중해
* 신 34:3-12 참조

여호수아는 가나안 점령을 앞두고 상당히 떨고 있었던 것 같습니다. 그런 여호수아에게 하나님은 직접 "강하고 담대하라 두려워하지 말며 놀라지 말라"(1:9)고 말씀하시며 어디로 가든지 함께하시겠다고 약속하십니다. 이에 하나님의 위로와 용기를 얻은 여호수아는 전쟁의 선발대(르우벤, 갓, 므낫세 반 지파)를 세웁니다. 그런데 이들은 이미 전에 요단 동편의 아모리 왕 시혼과 바산 왕 옥과의 싸움을 통해 얻은 목초지를 자신들의 기업으로 받으면서 모세와 약속하기를, 다른 지파들이 요단 서편을 점령하러 갈 때에 자신들이 선봉에 서기로 했던 것입니다(민 32:20-27). 그래서 여호수아가 그들에게 약속을 상기시키며 먼저 앞장설 것을 요구하자, 그들은 위대한 지도자 모세를 청종하였던 것같이 자신들은 여호수아를 따를 테니 지도자인 여호수아는 마음을 강하게 하고 담대히 하라고 말합니다(1:16).

2) 여호수아 2장 / 여리고 정탐

40년 전 '가네스 바네아'에서 정탐꾼들(10명)의 믿음 없는 보고가 이스라엘에게 어떠한 결과를 가져왔는지 너무나 잘 알고 있는 여호수아는 더더욱 신중하게 '싯딤'(사해 바다 위쪽, 요단 강 동편, 여리고 맞은편)에서 두 사람을 택하여 여리고로 정탐을 보냅니다. 그런데 두 정탐꾼이 여리고에 진입하고 얼마 지나지 않아 그들의 정체가 곧 들통이 납니다. 하지만 이들은 여리고 여인 라합의 도움으로 위기를 벗어나게 되고, 이때 라합은 하나님이 이스라엘 백성들을 위해 하신 위대한 일을 이미 잘 알고 있다면서 도리어 정탐꾼들에게 살려 달라고 간청을 합니다. 이에 정탐꾼들은 라합의 부탁을 받고 생명에 대한 약조(여리고 함락 시 창에 붉은 띠를 표시)를 맺은 뒤에 돌아와 여호수아에게 정탐에 대한 결과를 보고합니다.

◎ 가나안 족속을 멸하여야 하는 이유
하나님은 가나안 땅에 거하는 족속들을 진멸하되, 그들과 어떤 언약도 하지 말고 그들을 불쌍히 여기지도 말라고 명령하셨다(신 7장). 하나님은 그 이유를 '가나안 땅에 거하는 민족들이 행한 가증한 일과 악행 때문'(신 18:9-14)이라고 밝히셨다.

3) 여호수아 3–5장 / 요단 강 도하

40여 년 전 이스라엘은 출애굽 후 처음 부딪힌 장애물인 홍해 바다를, 모세를 통해 역사하신 하나님의 도움으로 마른 땅을 밟고 건넜습니다. 40년이 지난 지금, 이스라엘은 하나님께서 약속하신 가나안 땅에 들어가는 첫 관문인 요단 강을 여호수아와 법궤를 멘 제사장들의 인도하에 마른 땅으로 건너게 됩니다(3장). 요단 강을 건너자 '광야 시대'(만나 세대)가 끝나고 '가나안 시대'가 펼쳐집니다. 바로 이때 40년간 행하지 못했던 할례를 길갈에서 다시 행하게 되었고(4장), 유월절도 약속의 땅인 여리고 평지에서 들어와서 처음(출애굽 후 세 번째)으로 지키고 있습니다(5:10). 이스라엘은 아브라함이 하나님과 맺은 언약의 표징인 할례를 이어받고, 출애굽의 사건을 기념하는 유월절을 행함으로써 다른 어느 족속과도 구별되는 여호와 하나님의 백성으로서의 정체성을 확고히 하였습니다.

◎ 할례
창 17장(아브라함)
수 5장(여리고 평지)
행 15장(예루살렘 공의회 논쟁 주제)

4) 여호수아 6–12장 / 여리고 외 요단 서편 점령

이 시기는 한마디로 '전쟁'의 연속입니다. 7년 전쟁 중에 5년간은 완전 전면전을 치르게 되는데, 이 기간 동안 '전쟁의 승패는 인간에게 달린 것이 아니요, 하나님께 속한다'는 믿음의 원칙이 세워집니다. 그래서 이스라엘은 가나안 정복전쟁 첫 번째 점령지인 여리고 성을 칼과 창을 사용하지 않고

◎ 가나안 정복의 3단계
1) 동부지역
- 여리고 성 함락
- 아이 성 점령

2) 남부지역
- 아모리 5왕 죽임
- 막게다에서 드빌까지
3) 북부지역
- 하솔 및 가나안 연합군

하나님께서 지시하신 방법으로 함락시킵니다(6:2-5). 그런데 여리고 성을 함락시킨 후 문제가 생깁니다. 그 성에서 얻은 모든 것은 하나님께 바쳐야 했는데(6:18), 몇 가지 물건(외투 1벌, 은 200세겔, 금 50세겔)을 숨겨 둔 유다 지파에 속한 아간의 범죄로 인해 아이 성 전투에서는 이스라엘이 패하게 되었고, 결국 아간이 돌에 맞아 죽는 사건이 발생합니다(7:25). 아간의 처형 이후 아이 성은 다시 점령되고(8장), 기브온 거민은 여호수아와 거짓으로 화친 조약을 맺습니다(9장). 그 후에 산지에 자리 잡고 있던 아모리 족속 동맹국의 왕들이 이스라엘과 화친한 기브온을 치러 올라옵니다(10:5). 그래서 시작된 전투가 바로 그 유명한 '태양과 달을 멈추게 한 전투'입니다(10:12). 이 전투로 이스라엘은 남방 유다 지역의 성읍들을 얻습니다. 이어서 여호수아 11장에는 북방 연합군과의 전쟁 이야기가 계속되며, 이를 통해 갈릴리 북부 지역을 얻게 됩니다. 계속해서 여호수아 12장에서는 모세가 정복한 요단 동편의 왕들(2명)과 여호수아가 정복한 요단 서편의 왕들(31명)이 열거되고 있습니다.

3. 삶의 적용

1) 광야에서 만나를 먹으면서 자라난 '만나 세대'(출애굽 2세대)는 멋지게 훈련을 받았고 그들에 의해 가나안 땅이 점령됩니다. 오늘 우리 공동체에서 행해지는 훈련은 어떻습니까?

2) 모든 세대는 좋은 것은 계승하고 나쁜 것은 변혁시켜야 합니다. 우리 시대에 계승해야 할 것과 갱신해야 할 과제는 무엇입니까?

3) 우리 인생의 영적 싸움터에서 승리하는 비결은 무엇입니까? 과거에 승리했던 방법을 나눠 봅시다.

Day 13

가나안 땅의 분배와 과제 (수 13장–삿 2:10)

1. 들어가는 글

여호수아(BC 1406–1381)와 그 이후 사사들의 시대에 가나안 족속들의 종교의식은 매우 음란하고 잔인하였습니다. 이들 가나안 족속들의 부도덕한 종교의식으로 말미암아 고대 근동 지방의 문화는 우상숭배, 점쟁이 추종, 근친상간, 동성애, 수간 등 도덕적으로 타락하고 천박한 문화였습니다. 이러한 가나안 족속을 아이 성에서의 단 한 번의 패배를 제외하고는 택한 이스라엘의 순종을 통하여 모든 전쟁에서 승리케 하신 하나님은, 이제 이스라엘의 모든 지파가 일단 정복한 땅에 정착하면서 비정복지까지 포함하여 가나안 전체 영토를 공평히 분배케 하십니다.

◎ 함께 정독하기
수 14, 21-24장

◎ 암송구절
수 24:15

2. 본문 여행

1) 여호수아 13–14장 / 요단 동편 분배와 갈렙의 기업

가나안 땅 정복을 어느 정도 마친 후 르우벤, 갓, 므낫세 반 지파에게 요단 동편 땅의 분배가 이루어집니다(13장). 이후 각 지파는 자신들이 거주할 땅을 하나님이 정해 주신 제비뽑기로 정합니다. 그러나 오직 한 명 갈렙은 이 원칙에서 제외되었는데, 그는 민수기 14장의 '가데스 바네아'에서 모든 백성이 가나안 정복을 포기하고 애굽으로 돌아가자고 주장할 때 여호수아와 더불어 목숨을 걸고 백성을 설득했습니다. 그 일로 인하여 갈렙에게는 가나안 정복 후에 그가 차지할 땅을 선택할 수 있는 권한이 주어졌고, 이때 그는 85세의 나이로 "이 산지를 지금 내게 주소서"(14:12) 하면서 산지인 헤브론을 요구합니다. 갈렙의 이 선택은 나중에 가나안 땅 분배의 기본 정신이 되어 평화롭고 합리적으로 땅을 분배할 수 있는 조건을 형성하는 데 크게 기여합니다.

◎ 땅 분배 & 정착
(약 18년)
- 요단 동편
  (모세, 모압 평야)
- 요단 서편
  (여호수아, 길갈)

2) 여호수아 15–24장 / 가나안 땅의 분배

삶의 터전 확보, 이것은 하나님의 크신 은혜요, 만나 세대들의 순종의 결과입니다. 마침내 긴 여행 끝에 약속의 땅이 모든 지파에게로 돌아가고, 그

◎ 6개의 도피성
- 요단 동편:

베셀(르우벤)
길르앗라못(갓)
바산 골란(므낫세)
- 요단 서편:
갈릴리 게데스
(납달리)
세겜(에브라임)
기럇 아르바(유다)

◎ 창조적 소수
1) "한 사람이 천 명을 쫓으리니"(수 23:10).
2) "너희 다섯이 백을 쫓고 너희 백이 만을 쫓으리니"(레 26:8).

◎ 자녀 교육의 중요성
'출애굽 1세대'는 자녀 교육을 통하여 '만나 세대'(출애굽 2세대)를 탄생시켰다. 그래서 '만나 세대'는 약속의 가나안 땅에 성공적으로 입성하여 행복한 삶을 살 수 있었다. 그러나 그들은 자녀교육에 실패하여 하나님이 기뻐하시는 '가나안 세대'를 만들지 못하였다.

후에 지도자 여호수아가 마지막으로 땅을 분배받습니다(15-19장). 지도자가 맨 처음이 아닌 맨 마지막에 땅을 분배받았다는 사실은 눈여겨보아야 할 부분입니다(19:49-51). 이스라엘 12지파에게 땅을 다 분배한 후, 레위 지파(고핫, 게르손, 므라리)에게도 이스라엘 전역 중에서 48개의 성읍이 주어집니다(21장). 이들이 전국으로 흩어지게 된 이유는 사명 때문인데, 그들에게는 바로 이스라엘 백성들에게 하나님의 말씀을 바르게 가르치고 신앙을 전수해야 할 책임이 있었습니다. 그리고 이제까지 모세와의 약속대로 가나안 전쟁의 선봉에 섰던 르우벤, 갓, 므낫세 반 지파는 이미 그들에게 주어진 요단 동편으로 귀환합니다(22장). 시간이 흘러, 모세의 뒤를 이어 이스라엘의 지도자로서 땅에 대한 약속의 성취를 이루어낸 여호수아의 인생도 저물어 갑니다. 그리고 자신의 생명이 다 되어 가는, 안식을 이스라엘에 주신 지 오랜 후에(수 23:1, 여호수아 연대 측정의 자료가 됨. 약 20-30년) 백성들에게 다음과 같이 당부합니다. "그러므로 스스로 조심하여 너희의 하나님 여호와를 사랑하라"(23:11). "너희가 섬길 자를 오늘 택하라 오직 나와 내 집은 여호와를 섬기겠노라"(24:15). 그 후 여호수아는 110세에 그의 기업 딤낫세라에 장사됩니다.

3) 사사기 1-2:10 / 가나안 세대의 불행

이스라엘 백성들은 여호수아의 지도 아래 가나안을 정복하고 그곳에 정착하기 시작할 때까지는 하나님을 잘 섬겼습니다. 여호수아가 죽은 후에도 유다와 시므온 지파는 가나안과의 싸움을 계속하여 가나안 족속을 멸하기도 하였습니다(1장). 그러나 여호수아 이후에 일어난 세대, 즉 여호와께서 행하신 큰일을 보지 못한 세대는 여호와를 알지 못하였습니다. 그래서 여호수아와 그 세대 사람들이 다 죽자, 하나님의 명령에도 불구하고 완전히 정복하지 못한 가나안 족속들은 가시와 올무가 되었으며(2:3), 이스라엘은 그들 이방 신을 섬기며 하나님을 멀리하기 시작합니다(2:8-10). 결국 '만나 세대'의 '가나안 세대'를 위한 교육의 부재는 다음 세대들이 하나님을 떠나는 불행한 결과를 가져오고 말았습니다. 만나 세대의 자녀교육 실패! 결국 이것은 사사시대의 어두운 그림자가 되어 후손들에게 불행을 가져옵니다. 이러한 신앙교육의 부재는 어두운 약 350여 년의 사사시대를 만들어냈습니다.

3. 삶의 적용

1) 갈렙은 85세의 나이에 산지를 달라고 요구합니다. 지금 내가 개척해야 할 영적인 '산지'는 어디입니까?

2) 오늘 우리 공동체(가정, 교회)에서 자녀와 후대를 위한 신앙교육의 전수가 제대로 이루어지기 위하여 지금 할 수 있는 일들은 무엇입니까?

Day 14

쉐마 교육의 실패 (삿 2:11-21장)

1. 들어가는 글

◎ 함께 정독하기
삿 2, 12-16장

◎ 암송구절
삿 8:23

사사기(BC 1381-1051)는 지도자 여호수아가 죽은 이후부터 약 350년간 사사시대에 발생했던 이스라엘 민족의 타락과 하나님의 징계 및 구원이 반복되는 역사를 보여줍니다. 특히 이스라엘은 하나님이 명령하신 가나안 정복사업을 완수하지 못하였을 뿐 아니라, 오히려 가나안 족속들과 급속히 타협하고 함께 타락한 결과 늘 적의 침입을 받고 고통을 당합니다. 물론 하나님의 긴급한 구원으로 사사가 세움을 입고 잠시 구원을 받으나 곧 다시 타락하는 '죄의 악순환'(7주기)이 반복됩니다. 이러한 근본적인 원인은 '쉐마 교육'(신 6:5)의 부재에서 비롯된 것이며, 결국 이스라엘은 우상숭배, 사회정의의 상실 등으로 심지어 동족상잔의 비극까지 당할 정도로 타락한 실상을 보여줍니다.

2. 본문 여행

1) 사사기 2:11-5장 / 우상을 섬기는 이스라엘(1-3주기)

◎ 죄의 악순환
죄 - 정복당함
- 간구 - 구원(사사)
- 침묵(타락)

"이스라엘 자손이 여호와의 목전에 악을 행하여 바알들을 섬기며"(2:11). 이러한 사사시대의 암흑기의 배경은 교육의 부재로 인한 우상숭배와 불순종에서 비롯됩니다. 하나님께서는 신실하게 약속을 이행하시어 이스라엘을 젖과 꿀이 흐르는 땅으로 인도하셨지만, 이스라엘은 하나님의 말씀에 순종치 않았습니다. 가나안 족속들을 완전히 쫓아내지 아니하고, 오히려 이스라엘은 가나안 족속을 따라 우상숭배에 빠져듭니다. 이에 하나님은 옷니엘, 에훗, 삼갈에 이어 드보라를 통하여 위기에 처한 이스라엘을 구해내십니다(3-5장).

2) 사사기 6-9장 / 기드온의 3백 용사(4주기)

◎ 12사사(7주기)
1) 옷니엘(유다)
2) 에훗(베냐민)

이스라엘 자손이 또 여호와의 목전에 악을 행하여 7년 동안 미디안으로부터 압제를 받으며 모든 농가가 수탈을 당하고, 이스라엘 백성들은 산에 구멍과 굴을 뚫어 피신하며 살고 있었습니다. 이때 하나님께서 이스라엘을 구원하시기로 결정하셨습니다. 이제 더 이상 이스라엘 군대의 숫자는 중요치 않았습니다. 모여든 자 3만 2천 명 가운데서 하나님은 오직 3백 명만을 남겨두고 모두 돌려보내십니다(7:7). 이를 통해 기드온을 비롯한 이스라엘 백성들에게 하나님의 능력이 얼마나 위대한지 알려주고자 하신 것입니다. 그럼에도 불구하고 하나님을 왕으로 모실 마음이 없는 백성들은 기드온이 살아 있을 때엔 기드온을 왕으로 삼고자 하고(8:22-23), 기드온이 죽자 하나님 대신 또다시 바알을 섬깁니다. 사사기 9장에서는 스스로 왕이 되려 하는 아비멜렉의 어리석음이 나타나 있습니다. 하나님의 허락과 백성의 동의 없이 자신의 욕심으로 스스로 왕이 된 아비멜렉의 소행으로 사사시대의 불행의 골은 더욱 깊어져 갑니다.

3) 사사기 10-12장 / 참 지도자의 부재(5-6주기)

여섯 번째 사사 돌라에 이어 일곱 번째 사사인 길르앗 사람인 야일은 아들 30, 어린 나귀 30, 성읍 30을 두었다고 하는데, 하나님의 말씀을 따라 백성을 이끌어야 할 지도자의 이력으로는 참으로 실망스럽다 하지 않을 수 없습니다(10장). 야일의 뒤를 이은 입다는 큰 용사였습니다. 하나님의 능력을 입었던 입다는 이스라엘을 암몬 자손의 손에서 구해낼 수 있었습니다. 그렇지만 입다는 하나님께 잘못된 서원을 하였고, 그 결과 자신의 딸을 번제물로 바쳐야 했습니다(11장). 그 후 입산, 엘론, 압돈의 사사들이 등장하여 죄악으로 위기에 처한 이스라엘을 계속 구해냅니다(12장).

4) 사사기 13-16장 / 나실인 삼손의 이야기(7주기)

12번째 사사인 삼손은 복 받은 사람이었고 여호와의 영이 함께한 나실인으로 성장하였습니다(13장). 이스라엘의 새로운 지도자로 등장한 삼손에게는 두 개의 과제가 있었는데, 하나는 이스라엘을 블레셋으로부터 해방시키는 것이요, 또 하나는 여전히 이스라엘 전역에 만연해 있는 우상숭배를 근절하고 하나님만을 섬기는 민족을 만드는 것이었습니다. 그런데 삼손은 블레셋과의 싸움에서 승리를 거두기는 하지만, 20년을 사사로 있으면서도 하나님의 기대에는 미치지 못하였습니다. 삼손은 부모 몰래 블레셋 여인과 결혼을 하고(14장), 아내를 친구에게 빼앗기자 블레셋 사람의 곡식을 불사릅니다(15장). 가사에서는 기생에게 들어가고, 소렉 골짜기의 들릴라의 유혹에 빠져 눈이 뽑히고 블레셋인들 앞에서 재주를 부리다가 그들과 함께

3) 삼갈(?) &
드보라(에브라임)
4) 기드온(므낫세)
5) 돌라(잇사갈) &
야일(길르앗)
6) 입다(길르앗)
입산(유다)
엘론(스불론)
압돈(에브라임)
7) 삼손(단)

* 사무엘 연대(BC 1103-1017) / 사무엘 소명(BC 1091) / 삼손 통치(BC 1075-1055)

* 사시기의 연대는 사사들의 사역이 중복되는 부분들이 있어서 약 350여 년으로 본다(BC 1381-1051).

◎ 우물

1) 브엘라해로이 (창 16장)
2) 에섹, 싯나, 르호봇 (창 26장)
3) 르비딤(출 17장)
4) 엘림(출 15장)
5) 브엘(민 21장)
6) 엔학고레(삿 15장)

최후를 맞이합니다(16장). 하나님과 이방 여인 사이에서 갈등하며 실패했던 삼손의 모습은 당시 하나님과 이방 신 사이에서 마음을 정하지 못하던 이스라엘 백성의 모습과도 흡사합니다.

5) 사사기 17-21장 / 기초가 무너진 사회상

◎ 기브온
1) 히위 족속 성읍
2) 베냐민 지파에게 분배
3) 레위 지파 성읍
4) 솔로몬의 일천 번제 장소
5) 성막 보존처

사사기 17장부터 18장까지 이어지는 미가라는 사람의 이야기는 당시 사사시대가 얼마나 그 중심부터 무너져 있었는지를 보여줍니다. 에브라임 지파의 미가의 어미는 미가를 위해 우상을 만들고, 미가는 한 아들(레위인)을 임의로 제사장을 삼습니다(17장). 그 후 단 지파가 기업을 찾아 미가의 집을 지나가던 중 미가의 제사장 레위 소년을 만나게 됩니다. 그리고 라이스를 정복한 뒤 레위 소년과 그가 가지고 있던 미가의 신상을 취하여 라이스로 와서 정착합니다(18장). 이후의 사건 역시 "사람이 각기 자기의 소견에 옳은 대로 행하였더라"는 사사시대의 죄악상을 보여줍니다. 에브라임 산지의 한 레위인이 첩을 두고 있었습니다. 그런데 그 첩이 행음하여 아비의 집에 돌려보낸 뒤, 다시 그 첩을 데리고 오던 중 기브아(베냐민 지파에 속함)에 이르러 한 노인의 집에 유숙하다가 그곳 기브아의 비류들에 의해 첩이 강간에 이어 죽임을 당합니다(19장). 이 일로 레위인은 분노하며 자기 첩의 시체를 열두 덩이로 나누어 이스라엘 사방에 보내어 복수를 꿈꿉니다. 이 일로 600명을 제외한 베냐민 지파의 장정 2만 5천여 명이 죽는 끔찍한 재앙을 경험하고, 그들 지파의 회복을 위하여 야베스 길르앗 여자 400명과 포도원에서 춤추는 실로의 여자들을 붙들어 베냐민 지파를 회복시킵니다(20-21장).

3. 삶의 적용

1) 사사시대처럼 우리 공동체(가정, 교회)에도 신앙교육의 부재가 있습니까?

2) 신앙교육의 회복을 위해 국가, 사회, 학교, 교회, 가정에서 회복되어야 할 교육 내용과 방법들은 무엇입니까?

Day 15

이방인의 구원 (룻기 1-4장)

1. 들어가는 글

룻기(BC 1150)의 사랑이야기는 사사시대라는 하나님을 떠난 사람들 속에서도 꿋꿋이 피어나 향기를 내는 작은 들꽃 같은 이야기입니다. 한 이방 여인의 정숙함과 한 유대 남자의 사랑이 비극을 희극으로 바꾸어 놓았기 때문입니다. 룻과 보아스는 하나님 보시기에 옳은 것을 행한 승리자였습니다. 하나님께서는 시어머니를 향한 룻의 사랑을 보시고, 그녀를 우상숭배의 죄로부터 구해 주셨습니다. 한편, 보아스는 룻을 깊이 사랑하여 그녀를 가난과 과부의 신세와 '자식 없음'으로부터 구해 주었습니다. 그들이 결혼하여 낳은 아들은 다윗의 조부가 되어(룻은 다윗의 증조모) 그리스도에게까지 이어지는 구속의 계보를 계승했습니다.

◎ 함께 정독하기
룻기 1-4장

◎ 암송구절
룻 1:16

2. 본문 여행

1) 룻기 1장 / 룻의 결심

유다 땅에 흉년이 들었습니다. 베들레헴에 살던 엘리멜렉 가족은 흉년을 피해 모압 땅으로 이주했고, 아들들(말론과 기룐)은 이방인인 모압 여인(룻, 오르바)과 결혼하였습니다. 그런데 행복을 찾아 떠난 바로 그곳에서 나오미는 남편도 잃고 두 아들도 잃었습니다. 자신이 의지했던 것들이 떠난 곳에서 나오미는 하나님을 찾고, 자기 고향으로 돌아가기를 결심하며 그 결심을 며느리들에게 말합니다. 그러나 동구 밖까지 배웅을 하고 한참을 울던 며느리 오르바는 친정으로 돌아가지만, 룻은 돌아가지 않고 시어머니를 따릅니다(1:1-14). 그 이유는 첫째 하나님 때문이고, 둘째는 시어머니 때문입니다. 룻은 시집 식구들이 믿는 하나님이 참된 하나님이심을 알고 믿고 따르게 되었으며, 또한 재산도 없고 가족도 없는 시어머니를 자신이 책임져야겠다고 결심합니다. 이렇게 나오미와 룻, 두 여인은 한참을 걸어 10여 년 만에 베들레헴으로 돌아옵니다(1:22).

◎ 마라 (괴로움, 씀)
1) 나오미의 다른 이름(룻 1:20)
2) 이스라엘 백성들이 발견한 최초의 물 (출 15:23)

◎ 동구 밖(?)
모압과 암몬 사이의 경계를 이루는 아르논 강(민 22:36)으로 추정

2) 룻기 2장 / 룻과 보아스의 만남

◎ 그리스도의 모형 보아스
보아스는 엘리멜렉과 나오미의 친족으로서 그 집안의 기업 무를 자로 룻과 결혼하였다. 이는 성도들을 위해 이 땅에 오시어서 죄에 팔린 성도들의 영혼을 무르시고(대신해서 값을 치러 사심) 성도들의 신랑이 되시는 그리스도를 예표한다.

나오미와 룻은 그리운 고향(베들레헴)에 돌아오긴 했으나, 하루 먹을 양식거리가 없습니다. 그래서 며느리 룻이 자신과 시어머니의 먹거리를 찾아 다른 사람들의 밭으로 나가서 이삭을 줍는 일을 하게 되는데, 그렇게 발걸음을 옮긴 룻이 우연히 다다른 곳이 바로 보아스의 밭이었습니다. 하나님의 인도하심이었고 은혜였습니다. 보아스는 이방 여인 룻이 남편이 죽고 난 뒤 시어머니에게 효도한 것을 소문으로 들어 다 알고 있다면서 룻에게 격려의 말을 건네며(2:12), 또한 떡과 볶은 곡식도 줍니다. 게다가 추수하는 소년들에게 곡식을 일부러 뽑아서 버려두라고 말합니다(2:15-16). 보아스는 하나님의 말씀을 마음에 두고 그분의 말씀을 삶의 기준으로 받아들이는 사람을 찾기 어려운 사사시대에 "너희의 땅에서 곡식을 거둘 때에 너는 밭 모퉁이까지 다 거두지 말고……가난한 사람과 거류민을 위하여 버려두라"(레 19:9-10)는 율법을 기억하고 그것을 실천하고 있었습니다. 이와 같이 룻과 보아스의 만남은 아름답게 시작됩니다.

3) 룻기 3장-4:17 / 룻과 보아스의 동침

◎ 기업 무를 자
이 '기업 무를 자'는 기업을 잃은 친족을 대신하여 그 값을 치르고 기업을 물러 주는 것으로, 의무가 아니라 원하는 자에게만 적용되었다. 원래 친족이 기업을 무르는 제도는 레위기 25:24-28에서 모세를 통해 주어진 규례 중 하나였는데, 점차 시간이 지나면서 가난한 친척들이나 죽은 친척들을 도와주기 위한 여러 의무들을 포괄하게 되었다.

보리 추수기간이 끝날 무렵, 시어머니 나오미는 룻을 불러 보아스가 자기 집안의 기업을 무를 사람이라고 말합니다. 이에 룻은 시어머니의 명대로 목욕하고 새 옷을 입고 추수 때를 맞아 천막에 머무르고 있는 보아스의 침실로 나아갑니다. 잠자리에서 발에 닿은 느낌이 든 보아스는 깜짝 놀랐고, 룻은 가냘픈 목소리로 "당신의 옷자락을 펴 당신의 여종을 덮으소서"(3:9)라고 말합니다. 50대 중반 정도였을 보아스는 "내 딸아 여호와께서 네게 복 주시기를 원하노라"(3:10) 하며 하나님을 찾고 두려워하고 있는 룻에게 "네가 현숙한 여자인 줄을 나의 성읍 백성이 다 아느니라"(3:11)고 위로합니다. 그리고 룻에게 나오미 가족의 기업 무를 자로 자기보다 더 가까운 친족이 있다는 사실을 알려 줍니다. 보아스는 다음 날 성읍 장로들을 부르고, 자신보다 엘리멜렉과 더 가까운 친족을 불러서 나오미의 기업을 물러주라고 이야기합니다. 그러나 그 가까운 친족이 처음에는 하겠다고 하지만, 나중에는 자기 재산에 손해가 날까 봐 거절하게 됩니다(4:1-9). 그래서 다음 순위에 해당하는 보아스가 그 책임을 받아들여 재산상으로 상당히 큰 손해를 감수하면서도 룻을 자기 아내로 삼습니다(4:10-17).

4) 룻기 4:18-22 / 룻과 보아스의 결혼

대부분의 사람들이 자기 소견에 옳은 대로 살았던 사사시대에 보아스가 다른 사람과 달리 하나님의 말씀을 붙들고 살았던 이유는 그의 족보(4:18-22)에서 찾아볼 수 있습니다. "살몬은 보아스를 낳았고 보아스는 오벳을 낳았고"(4:21). 마태복음 1장 5절에 의하면, 살몬의 아내는 여리고 성에서 유일하게 살아남은 기생 라합입니다. 재물, 창칼, 전술을 의지했던 여리고 사람들이 모두 죽어 갈 때, 그 여인은 홍해를 건너온 이스라엘 백성들의 소식을 듣고 두 정탐꾼을 숨겨 준 대가로 생명을 얻습니다. 그리고 기생 여인에서 믿음의 여인으로, 천한 신분에서 이스라엘 최고 명문인 유다의 족보에 들어갑니다. 그런 라합이 아들 보아스를 키우면서 가장 열심히 가르친 것은 '살아 계신 하나님'이었을 것이고, 바로 그것이 사사시대에 보아스가 하나님의 말씀을 열심히 외우고 실천하며 살았던 이유이며, 더 나아가 이방 여인 룻에게도 하나님의 말씀에 따라 모든 절차를 진행하였던 이유입니다.

◎ 다윗의 계보

보아스 - 룻

\+

오벳

\+

이새

\+

다윗

3. 삶의 적용

1) 부모님, 목사님, 선생님, 또는 지인 중에 오늘 나를 신앙의 자리로 인도해 주신 분은 누구이며, 그 이유는 무엇입니까?

---

2) 하나님의 뜻에 역행하는 이 시대의 풍조를 바라보며 하나님의 말씀대로 살기 위한 결단과 구체적인 실천 항목은 무엇입니까?

Day 16

사무엘의 행적 (삼상 1-8장)

1. 들어가는 글

◎ 함께 정독하기
삼상 1-3, 7-8장

◎ 암송구절
삼상 2:7

사무엘(BC 1103-1017)은 사사시대라는 암흑기의 이스라엘을 하나님께로 돌려놓습니다. 사무엘은 경건한 가정(에브라임 지파)에서 태어났고, 그의 부모(엘가나 & 한나)는 그를 하나님께 바쳤습니다. 그는 성막에 살면서 당시 대제사장이었던 엘리의 문하(門下)에서 수련을 받았고, 극적인 방법으로 아주 분명하게 하나님의 소명(12세, BC 1091)을 받았습니다. 사무엘(제사장, 선지자, 사사)은 최초의 순회 설교자요, 최초의 순회 사령관으로서 그가 이스라엘을 다스리는 동안, 하나님은 블레셋 족속을 무찔러 주셨습니다. 그러나 사무엘의 아들들(요엘 & 아비야)은 불법을 행하였고(8:3), 백성들은 그들이 차기 지도자가 될까 봐 겁을 먹고 사무엘을 거부하며 대신에 왕을 세워 달라고 소리 높여 요구합니다.

2. 본문 여행

1) 사무엘상 1-3장 / 사무엘의 소명

◎ 부름장
아브라함(창 12장)
모세(출 3장)
사무엘(삼상 3장)
사울(삼상 9장)
이사야(사 6장)

신앙교육에 실패한 결과로 350여 년 이상 긴 어둠의 터널을 지나던 이스라엘 백성들을 광명의 시대로 인도할 한 사람이 준비되었습니다. 아기 낳기를 간절히 사모하는 여인 한나에게, 하나님은 그녀의 간절한 서원(誓願) 기도에 응답하셔서 마지막 사사(13번째)인 사무엘을 주십니다(1장). 한나는 서원한 아들인 사무엘을 하나님께 바치기 위하여 젖을 떼자마자 엘리 제사장에게 맡겨 하나님의 사람으로 준비시킵니다. 그래서 사무엘은 엘리 제사장을 통하여 지식교육을 받고, 그의 아들들 홉니와 비느하스는 반면교사(反面教師, 여호와의 제사 멸시, 태우기 전에 제사물 취함, 회막 앞에서 수종드는 여인과 동침)가 됩니다(2장).

그리고 어머니 한나의 중보기도의 힘을 받아서 자랄수록 그의 말이 하나도 땅에 떨어지지 않게 됩니다(3:19). 이것으로 인하여 단에서부터 브엘세바까지 온 이스라엘 백성들은 사무엘이 하나님의 선지자로 세우심을 입은 줄을 알게 됩니다(3:20).

2) 사무엘상 4–7장 / 미스바 세대

사무엘이 약 25세가 되었을 때, 하나님의 말씀대로 엘리의 두 아들 홉니와 비느하스는 블레셋과의 싸움에서 죽고, 그 소식을 전해 들은 엘리도 죽게 됩니다(4:17–18). 그 블레셋과의 싸움에서 하나님의 법궤도 빼앗기고 말았는데, 다행히 법궤를 통해 재앙이 임하게 되자 블레셋은 법궤를 다시 이스라엘로 돌려보냅니다(5–6장).

이렇게 법궤는 7달 만에 다시 돌아오게 되고 기럇여아림의 아비나답의 집에서 머물게 됩니다(7:2). 사무엘은 이스라엘을 미스바로 모이게 하고 그들로 하여금 바알과 아스다롯 같은 우상을 제하게 하며, 오직 여호와만을 섬기도록 가르쳤습니다. 그 결과 온 이스라엘이 하나님을 사모하는 역사가 일어나고, 이스라엘 온 족속이 미스바에 모여 금식하며 회개기도합니다.

이때 블레셋이 쳐들어오지만, 이스라엘 백성들은 합심으로 기도함으로써 그들을 물리칩니다. 계속해서 사무엘은 사는 날 동안 하나님의 말씀을 들어본 일이 없는 이스라엘 백성들에게 전국을 순회[벧엘, 길갈, 미스바, 라마(집)]하며 직접 말씀을 선포합니다(7장).

◎ 미스바 세대 탄생의 3대 요소
1) 기도하는 한나
2) 충실하게 교육받은 지도자 사무엘
3) 자기의 모습을 깨달은 백성들

◎ 에벤에셀 (삼상 7:12)
사무엘이 블레셋을 물리치고 미스바와 센 사이에 돌을 세워서 지은 이름. '여호와께서 여기까지 우리를 도우셨다'는 뜻

3) 사무엘상 8장 / 왕을 구하는 이스라엘

사무엘을 통해 신앙개혁을 이루어 하나님의 율법대로 사는 삶이 얼마나 행복하고 선한 것인지를 알게 된 이스라엘 백성들은 사무엘 이후의 나라가 걱정되기 시작합니다. 지도자의 자격을 갖추지 못한(8:3) 사무엘의 아들들인 요엘과 아비야가 나라를 이끌게 되면, 나라가 다시 예전의 어두웠던 시대로 되돌아갈 것 같았기 때문입니다. 이때 사무엘은 여호와의 말씀을 대언하며 '왕의 제도'를 통해 왕이 이스라엘 백성들을 고통 가운데 두게 될 것이므로 하나님 말씀 중심으로 국가 경영이 이루어지는 '제사장의 제도'를 유지해야 함을 강조합니다. 그러나 이스라엘 백성들은 포기하지 않고 왕정제도를 요구하고, 결국 하나님도 고집불통인 이스라엘 백성들의 요구를 어쩔 수 없이 들어주시면서 이스라엘은 제사장 제도에서 왕정제도로 나아갑니다.

◎ 왕정제도
왕이 다스림
왕권 중심
계급체제
강자 중심의 명령체제

◎ 제사장 제도
하나님이 다스리심
백성 중심
함께하는 공동체
사회적 약자 배려

3. 삶의 적용

1) 한나와 같이 간절한 기도로 응답 받은 경험을 나누고, 그 기도의 내용이 무엇이었는지 나눠 봅시다.

2) 왕정제도를 요구한 이스라엘 백성들처럼, 혹시 나에게도 하나님의 필요가 아닌 나의 욕심을 위하여 구한 내용은 없는지 살펴보십시오.

Day 17 왕정제도의 시작 (삼상 9-31장, 시 34, 52, 54, 56, 57, 59, 142편)

1. 들어가는 글

하나님께서는 왕의 제도에 반대하셨지만, 이스라엘의 끈질긴 요구에 하는 수 없이 사울(베냐민 지파)을 왕으로 택하십니다(삼상 10:1). 하나님께서 온 이스라엘을 다스리시는 것이 최선책이었지만, 사울 왕(BC 1051-1011)을 중심으로 온 이스라엘이 하나님만 섬기기를 바라시면서 차선책을 허락하신 것입니다. 처음 사울이 왕이 될 당시에 그는 겸손한 사람이었으며, 아버지(기스)의 마음을 헤아릴 줄 아는 효자이기도 했습니다. 그러나 점차 그의 세력이 강성해지면서 그는 하나님께 불순종하는 사람이 되었고, 급기야 그의 통치 시절에 왕의 기름 부음이 다윗에게로 옮겨집니다.

◎ 함께 정독하기
삼상 15, 17, 20-22장
시 57편

◎ 암송구절
삼상 17:45

2. 본문 여행

1) 사무엘상 9-16장 / 통일왕국의 왕이 된 사울

사울은 왕이 된 직후, 상당히 감각 있는 정치적 처신을 합니다. 왕으로 세워졌음에도 불구하고 급히 왕궁을 짓고 세력을 모으기보다 적절한 기회를 기다립니다(10:26, 11:25). 암몬 사람들이 길르앗 야베스 사람들을 쳐들어올 때도 뛰어난 리더십을 발휘하여 모든 지파들을 한마음으로 묶어낸 후 적들을 물리칩니다(11:11). 그가 왕으로 세워질 때 비꼬았던 세력에게도 관용을 베풉니다(11:12-13). 그런데 사울은 점차 변질되어 갑니다. 블레셋과의 전투에 앞서 사무엘을 대신하여 자기 마음대로 번제를 드리고(13장), 경솔한 맹세로 아들 요나단이 위험에 빠지기도 하며(14장), 아말렉을 진멸하라는 명령에도 불구하고 모든 좋은 것은 남기고 가치 없고 쓸모없는 것만 없애는 불순종을 보입니다(15장). 이때부터 하나님은 사울을 기름 부어 왕으로 세운 것을 후회하시고, 사울의 통치기간에 사무엘을 통하여 베들레헴 사람 이새의 아들인 다윗에게 기름을 붓게 하십니다(16장).

◎ 통일왕국시대
(BC 1051-931)
: 삼상 9-31장,
삼하, 왕상 1-11장
1) 사울(BC 1051-1011)
2) 다윗(BC 1011-971)
3) 솔로몬(BC 971-931)

◎ 기름 부음 받은 곳 / 왕이 된 곳
사울 - 숩 땅(라마) / 미스바
다윗 - 베들레헴 / 헤브론
솔로몬 - 기혼 / 기혼

2) 사무엘상 17-20장 / 다윗과 요나단의 우정

사람의 중심을 보시는 하나님은 아버지도, 형도, 심지어 사무엘도 눈여

◎ 다윗과 요나단
다윗과 요나단은 처음 만났을 때부터 신분의 차이, 나이의 차이 등 사회적 조건을 뛰어넘었다. 요나단은 끝까지 아버지 사울의 곁을 지키면서도 다윗에 대한 신의를 버리지 않았다. 이러한 우정은 그들이 하나님의 뜻을 인정하고 이를 위해 협력하는 가운데 세워진 것으로서 귀한 우정의 본이 되었다.

겨보지 않은 다윗의 중심을 보시고 그를 주목하십니다. 엘라 골짜기에서 이스라엘과 블레셋 군대가 대치상태에 있을 때, 이곳에 심부름 갔던 다윗은 블레셋의 장수 골리앗이 하나님의 이름과 이스라엘 군대를 모욕하는 것을 보고 골리앗과 한판 붙기로 결심합니다. 다윗의 무기는 전쟁은 하나님께 속해 있다는 믿음과 하나님이 함께해 주시면 능히 이길 수 있다는 용기, 그리고 평소에 양치기로서 늘 사용해 왔던 물매, 이 세 가지였습니다. 평소 작은 것을 꼼꼼히 준비해 두었던 다윗에게 거인 골리앗은 오히려 맞추기 쉬운 표적이었습니다(17장). 이 승리로 다윗은 국내외적으로 유명인사가 되었고, 이때 다윗은 소중한 친구, 사울의 첫 번째 아들인 요나단을 얻습니다. 요나단은 엘라 골짜기에서 '다윗의 하나님 사랑'과 '하나님의 다윗 사랑'을 알아본 것입니다. 이후 요나단은 다윗을 자기 생명같이 사랑합니다(18장). 다윗은 사울 왕의 딸인 미갈과 결혼하지만, 사울을 피하여 도망다니는 신세가 되었습니다. 그때마다 요나단은 다윗의 도피를 도와줍니다(19–20장).

◎ 다윗의 자기 표현
1) 죽은 개, 벼룩
(24:14, 엔게디 동굴)
2) 벼룩
(26:20, 하길라 산)

3) 사무엘상 21–26장 / 다윗의 도피 여정

다윗은 골리앗을 무너뜨린 국가 영웅으로서 놀라운 신분 상승을 경험합니다. 시골 목동 출신인 그가 군대장관으로 임명되고, 왕의 사위도 되었습니다. 그러나 그는 신혼의 단꿈에서 깨어나기도 전에 장인인 사울 왕으로부터 도망쳐야 할 처지가 되어 라마 나욧(사무엘) – 놉(제사장 아히멜렉) – 블레셋(가드 왕 아기스, 미친 척함) – 아둘람 굴(4백여 명의 따르는 무리들) – 황무지 요새(그일라), 십 황무지 – 엔게디 요새(동굴 / 다윗이 사울을 죽이지 않고 옷자락을 벰) – 십 황무지(하길라 / 사울의 머리 곁에서 창과 물병만 가지고 옴) 등으로 피합니다. 다윗은 두 차례에 걸쳐 결정적으로 사울을 죽일 수가 있었지만, 사울을 왕으로 세우신 임명권자인 하나님을 존중하며 사울을 살려 줍니다.

◎ 다윗과 시편
삼상 19장-시 59편
삼상 21장-시 34편
삼상 22장-시 52편

4) 사무엘상 27–31장 / 다윗의 망명 및 사울 왕가의 패망

다윗은 사울을 피해 또다시 블레셋 땅 가드로 망명하고, 이 기간 동안 그는 블레셋 주변의 소수 민족들을 정벌합니다(27장). 이스라엘이 블레셋과 전투를 벌이고 있는 사이, 다윗은 어린아이와 약한 이들 및 부녀자들만 남아 있는 자신들의 가족이 있는 시글락을 침공한 아말렉을 급습하여 대승을 거두고 전리품들을 성에 남아 있던 사람들과도 동일하게 분배하는 인품을 보입니다(30장). 한편 사울은 블레셋과의 전쟁에서 세 아들(요나단, 아비나답, 말기수아)을 잃고, 자신도 세 아들이 죽은 전쟁터에서 80세의 나이에 중상을 입고 자살로 생을 마감합니다. 블레셋 군대는 사울과 그의 자녀들의 목이 잘린 시체를 블레셋으로 가져가 길보아 산 근처인 벧산 성벽에 걸어 놓았고, 40여 년 전에 사울로부터 은혜를 입었던 길르앗 야베스 사람들은 정성껏 사울의 시체를 장사지냅니다(31장).

삼상 24장-시 57편
삼상 24장-시 142편
삼상 26장-시 54편
삼상 27장-시 56편

3. 삶의 적용

1) 겸손함으로 왕으로 선택되었던 사울은 점차 강성해져 감에 따라 자신의 욕망을 드러내었고, 사람들의 시선을 두려워했으며, 하나님의 뜻을 따르지 않게 되었습니다. 오늘 우리 주변에 이러한 리더십이 적지 않은데, 우리 자신은 어떻습니까?

2) 다윗은 사울을 두 번이나 심판할 기회가 있었음에도 불구하고 하나님이 세우신 왕이었기에 살려 줍니다. 오늘 우리는 하나님이 세우신 임명권자들(사역자들)을 얼마나 존중하며 믿고 있습니까?

Day 18

다윗의 기름 부음 (삼하 1-10장, 대상 1-29장, 시 60편)

1. 들어가는 글

◎ 함께 정독하기
삼하 1-7장

◎ 암송구절
삼하 7:9

사울의 뒤를 이은 다윗 왕(BC 1011-971)은 세 번의 기름 부음을 받습니다. 첫 번째는 사무엘에게서(17세, 베들레헴), 두 번째는 남유다의 장로들에게서(30세, 헤브론), 세 번째는 왕이 된 7년 6개월 후에 온 이스라엘의 왕으로서(37세, 예루살렘) 기름 부음을 받는데, 이 20년 기간 다윗의 준비 내용은 크게 두 가지입니다. 하나는 '하나님 앞에서'이고, 다른 하나는 '사람 앞에서'입니다. 하나님 앞에서는 하나님께서 기름 부으신 사울을 자신이 죽이지 않음으로 말미암아 하나님의 임명권을 존중하는 것이었고, 사람들 앞에서는 자신을 괴롭히는 행악자들로 인해 불평하지 않고 참고 기다리는 자세를 보여준 것입니다.

2. 본문 여행

1) 사무엘하 1장-5:5 / 왕으로서 다윗의 등극

◎ 다윗의 애가
- 사울과 요나단을 위한 애가(활노래 / 삼하 1장)
- 아브넬을 위한 애가 (삼하 3장)

◎ 다윗의 기름 부음
- 사무엘에게서 (삼상 16:13)
- 유다 족속에게서 (삼하 2:4)
- 온 이스라엘에게서 (삼하 5:3)

다윗은 사울과 요나단의 사망 소식을 듣고 자신을 따르는 유다 지파 사람들에게 애가를 부르게 하여 슬피 울며 금식합니다(1장). 이는 사울의 출신 지파였던 베냐민 지파를 포함하여 이스라엘 민족 전체를 끌어안으려는 그의 노력이기도 했습니다. 이런 혼란 속에서 정치적 실세 중 한 사람이었던 아브넬이 사울의 살아남은 막내아들 이스보셋을 허수아비 왕으로 내세워 11지파의 정권을 마하나임에서 세웁니다. 그리고 다윗은 헤브론에서 유다 지파만의 왕이 됩니다(삼하 2:8-11). 그로부터 7년여의 세월이 흐른 후, 북쪽 왕국의 실세였던 아브넬은 자신의 안전과 좋은 지위를 조건으로 북쪽 지파의 실권을 넘겨주려고 다윗을 찾아오는데, 협상을 마치고 돌아가는 그를 다윗의 신복인 요압이 시라 우물가에서 암살합니다(3장). 자신의 신복인 아브넬의 사망 소식을 듣고 놀란 북쪽의 왕이었던 이스보셋은 또 다른 신복인 바아나와 레갑에 의해 죽임을 당하게 되고(4장), 이에 다윗은 이스라엘 모든 족속에게 추대되어 37세에 통일왕국의 왕이 됩니다(5장).

2) 사무엘하 5:6-25 / 다윗의 성, 예루살렘

남북 분단의 역사를 극복하고 세워진 새로운 통일의 현장에서 다윗은 수도를 옮기려는 계획을 추진합니다. 그곳은 남쪽의 헤브론도 아니요, 북쪽의 마하나임도 아닌 남과 북을 통합할 수 있는 지역을 선정하는데 그곳이 바로 일명 '다윗 성'이라고 불리는 예루살렘입니다. 이 예루살렘은 지리적으로 남북의 중간 지점에 위치하고 있어 신진세력을 유입하여 국가를 경영하기에 적합한 곳입니다. 그래서 다윗은 현재 예루살렘 성을 차지하고 있는 여부스 족속을 공격할 태세를 갖추게 됩니다. 난공불락의 지형적 조건으로 인하여 자신만만해하던 여부스 족속은 다윗의 빼어난 전략(기혼 샘에서 예루살렘으로 들어가는 물길을 이용)으로 인하여 예루살렘을 점령당합니다. 이로 인하여 하나님께서 모세에게 동서남북 경계를 말씀해 주실 때(민 34:3-12)의 땅에 대한 경계가 마침내 실현됩니다. 이렇게 해서 다윗이 예루살렘을 새 수도로 정하자, 이웃 나라 두로 왕 히람이 사절을 보냄과 동시에 다윗의 궁궐을 지어 주기 위해서 백향목, 목수, 석수 등을 보냅니다.

◎ 예루살렘
예루살렘에는 오래전부터 가나안 7족속 중 여부스 족속이 거주하고 있었다. 이곳은 해발 640-770m의 난공불락의 성으로서 여호수아를 앞세우고 가나안을 점령했던 만나세대들조차도 정복하지 못했던 곳이다.

3) 사무엘하 6장 / 예루살렘으로 돌아오는 법궤

예루살렘으로 수도를 옮기는 다윗의 첫 번째 프로젝트가 끝나고, 이제 두 번째 프로젝트인 하나님의 법궤를 예루살렘 성으로 옮기는 일이 남았습니다. 블레셋으로부터 되찾은 법궤가 아비나답의 집에 오랫동안 방치되어 있었으므로 다윗은 온 백성의 뜻을 하나로 묶어 법궤를 옮기는 국가적 대사를 치르기 위하여 군사 3만 명을 동원하고 좋은 수레도 만들었습니다. 그런데 수레에 실려서 온 법궤가 나곤의 타작마당에서 법궤가 흔들리는 것을 보고 법궤를 붙든 웃사가 죽자, 다윗은 '멈춤' 명령을 내리고 궁으로 돌아와 3개월을 숙고합니다. 그 후 법궤는 레위 지파의 '고핫 자손이 어깨에 메고 옮기는 것'(민 4:15)임을 깨닫고, 가드 사람 오벧에돔의 집에 잠시 보관하였던 법궤를 율법에서 정한 대로 고핫 자손들을 모아 옮깁니다. 조심조심 여섯 걸음을 걸어본 다윗은 하나님이 법궤 운반을 허락해 주셨음을 믿고, 번제와 화목제를 드리면서 에봇을 입고 춤을 추며 기뻐합니다(6:14-15).

◎ '메고' & '싣고'
법궤는 고핫 자손이 메어야 하는데, 이스라엘은 이 '메라'는 규정을 소홀히 한 채 '싣고' 온 것이다. 블레셋 사람들이 법궤를 수레에 실어 보낸 것을 그대로 따라 한 것이다. 이것은 모세에게 있어 바위를 '치라'는 것과 '명하라'는 것의 차이와 같다.

4) 사무엘하 7-10장 / 다윗의 선정(善政)

법궤를 옮긴 후 평안히 왕궁에 거하게 된 다윗은 마음 깊은 곳에 성전을

◎ 시 60편
삼하 8:13의 에돔과의 전투를 배경으로 함.

짓고 싶은 마음이 생깁니다. 다윗은 이 계획을 나단 선지자에게 밝히고, 하나님은 나단 선지자를 통하여 다윗의 아들이 성전을 건축하게 해주시겠다는 응답을 주십니다(7장). 이 약속의 말씀을 듣고 다윗은 자신을 11번이나 종이라고 고백하며 기쁨과 감격을 표현합니다. 이후 아브라함을 통해서 약속하신 동서남북의 경계대로 국가의 기틀을 갖춘 다윗은 그의 내각(8:15-18)과 협력하는 가운데 하나님께서 원하시는 '공'과 '의'의 정치(창 18:19; 대상 18:14)를 하게 되는데, 이것은 바로 하나님과의 바른 관계, 이웃과의 올바른 관계(요나단의 아들 므비보셋을 예우)를 의미합니다(9장). 또한 사무엘하 10장은 다윗 시대 이스라엘이 국제 외교관계에서 얼마나 높은 위상을 얻게 되었는지를 보여줍니다.

3. 삶의 적용

1) 30세에 왕으로 선택(남유다)되어 온 이스라엘로부터 왕으로 인정받기까지 다윗은 7년 6개월을 기다렸습니다. 나는 하나님이 주신 꿈을 이루기 위하여 얼마나 기다리며 준비하고 있습니까?

2) 다윗은 항상 우선순위(예루살렘 수도 옮기기, 법궤 옮기기, 성전 세우기 등)를 염두에 두고 일을 처리하였으며, 매순간 하나님의 뜻을 물었습니다. 오늘 나의 우선순위는 무엇이며, 나의 일하는 방식은 어떠합니까?

Day 19

다윗의 실수와 회복 (삼하 11–왕상 2장, 시편 5개, 그 외 시편)

1. 들어가는 글

다윗은 사울 정권의 어두운 시대 흐름을 하나님 중심으로 바꿔 놓으며, 이스라엘 역사상 가장 강성한 국가의 기초를 놓았습니다. 그런데 그가 여기서 큰 죄를 범하게 됩니다. 지금까지 남의 허물로 인해 괴로움을 당했던 그가 이제 자신의 허물로 괴로워하게 됩니다. 밧세바 사건은 다윗 인생 전체의 숲에서 본다면, 그 스스로의 선택에 의해 자신을 큰 위기 속으로 몰아넣는 일이었습니다. 아울러 사무엘하 전체의 숲에서 볼 때도 이 사건으로 말미암아 다윗은 또다시 고난의 시간을 보내야 했습니다.

◎ 함께 정독하기
삼하 11-12,
15-17장
왕상 2장

◎ 암송구절
삼하 22:2-3

2. 본문 여행

1) 사무엘하 11장–15:29 / 다윗의 실수와 피난길

어느 날 우리아 장군의 아내 밧세바를 범한 다윗은 그녀의 임신 소식을 듣자 자신의 잘못을 감추기 위해 여러 가지 방법을 동원하며 끝내 충성스러운 부하 장수 우리아를 전쟁터에서 죽도록 유도합니다(11장). 이후 나단 선지자는 다윗의 죄에 대한 처벌로 세 가지를 말합니다. 첫째, 다윗의 집에 칼이 끊이지 않을 것과, 둘째, 그의 처를 다른 사람에게 줄 것이라는 것, 셋째, 지금 태어난 아들이 죽을 것이라는 내용이었습니다(12장). 이러한 책망을 들은 후, 사울과는 달리 다윗은 곧바로 자신의 죄악을 인정하고 회개의 무릎을 꿇고, 자신의 죄를 우슬초로 정결하게 씻어 달라고 기도합니다(시 51편).

이후 다윗은 밧세바로부터 얻은 첫 번째 아이를 잃은 슬픔에 이어 다윗의 딸 다말이 첫째 아들 암논에게 강간을 당하는 비극을 경험하고, 셋째 아들 압살롬으로부터는 반역을 당하고 피난길에 오릅니다(13장). 요압의 책략으로 3년 만에 귀향했던 압살롬이 2년 동안 예루살렘에 거하며 아버지 다윗의 얼굴을 보지 못하자 헤브론에서 반역을 꾀함으로 결국 다윗은 압살롬을 피해 도망의 여정을 보내게 된 것입니다(14장–15:29).

◎ 다말에 대하여
1) 유다의 장자 엘의 아내로 유다와 동침하여 베레스와 세라 출산(창 38:12-15)
2) 다윗의 딸로 이복 오빠인 암논에게 겁탈당함 (삼하 13:1, 12-14)
3) 압살롬의 딸(삼하 14:27)

2) 사무엘하 15:30-17장 / 아히도벨과 후새의 모략

급하게 예루살렘을 빠져나와 피신 길에 오른 다윗에게 자신의 오랜 동지이자 시대의 전략가였던 아히도벨이 압살롬의 반역세력에 넘어가게 되었다는 청천벽력 같은 소식이 들립니다. 급기야 다윗은 아히도벨의 모략을 어리석게 해달라고 하나님께 기도하며, 자신의 오랜 친구 후새를 반역군에게 거짓 투항하도록 합니다(15:30-37). 한편 이 도망 길에서 다윗은 두 부류의 사람을 만나게 됩니다. 베냐민 왕가의 복원을 꿈꾸며 아직도 다윗의 정통성을 인정하지 않고 있던 반체제 세력의 우두머리 시므이를 만나 저주를 듣게 되며, 촌로인 바르실래를 통해서는 좋은 것으로 공궤받습니다. 이때 왕궁에서는 모략이 이어집니다. 아히도벨은 압살롬이 다윗의 후궁들과 동침하게 하여 왕권을 든든히 세우고자 합니다(16장). 그리고 자신이 군사 만 명을 데리고 가서 다윗을 죽이고 올 것을 제안합니다. 바로 이때 다윗이 거짓 투항하여 보낸 후새는 위장된 계획으로 압살롬을 설득하게 되고, 결국 압살롬은 후새의 의견을 채택합니다. 반면에 자신의 모략이 채택되지 않은 것을 깨달은 아히도벨은 압살롬의 반역이 실패로 끝날 것을 예견하며, 모든 것을 정리하고 고향으로 돌아가서 스스로 목숨을 끊습니다(17:23). 이와 같이 다윗은 치열한 현실 한복판에서 정치를 펼치고 있었습니다.

◎ 후궁(後宮)
일반적으로 후궁은 전임 왕이 죽거나 물러날 경우에 후임 왕의 소유가 된다. 그래서 압살롬의 후궁 동침 행위는 자신의 왕권 획득을 과시하려는 의도적인 행동이었다. 이전에 이스보셋이 자신의 아버지인 사울의 첩을 아브넬이 통간하자 이것에 대해 자신을 무시하는 처사로 여겼던 것도 같은 경우에 해당한다(삼하 3:7).

3) 사무엘하 18-24장, 왕상 1-2장 / 다윗의 복귀와 유언

아히도벨의 예견대로 압살롬의 반역은 실패로 끝나고 다윗은 예루살렘 궁궐로 복귀합니다. 이때 피난길에서 자신을 저주하였던 시므이가 1천 여 명의 자신의 추종세력을 데리고 와서 다윗에게 살려 달라고 애원하자 그들을 체제 안으로 끌어들입니다(삼하 19:16-23). 또한 유다 지파로 하여금 사태 수습에 앞장서도록 함으로써 나라를 다시 견고히 세우고자 하지만 민족 내의 갈등은 쉽사리 사그라지지 않습니다(삼하 20장). 이때 또다시 다윗에게 위기가 찾아오는데, 다윗은 자신이 이룬 업적을 과시하고 싶은 마음에 인구조사를 강행합니다. 그 뒤 자신의 잘못을 깨닫고 선지자 갓의 말에 따라 여부스 사람 아라우나의 타작마당에 단을 쌓습니다(삼하 24장; 대상 21장). 그리고 이곳에 그를 이은 솔로몬이 성전을 건축합니다(대하 3:1). 국가의 기틀을 다지고, 영토를 확장했으며, 하나님 신앙에 투철했던 다윗은 아도니야가 스스로 왕이 되려 하는 반역의 위기 가운데서 솔로몬에게 왕권을 물려주겠다고 선언합니다(왕상 1:28-30). 그리고 마침내 다윗은 아들 솔로

◎ 왕정 초기 3인방
* 사무엘
  -'여호와께 구원'
  - 에브라임 지파 (삼상 1:1)
  - 레위 지파(고핫) (대상 6:28)
  - 율법교육, 우상타파
* 사울
  - '희망'
  - 베냐민 지파
  - 통일왕국 첫 왕
* 다윗
  - '사랑받는 자'
  - 유다 지파
  - 이스라엘 역사상 가장 위대한 왕

몬에게 신앙적 유언(왕상 2:2-4)과 정치적 유언(왕상 2:5-9)을 하며 70세에 파란만장한 생을 마감합니다.

4) 다윗의 시편 총 73편(삶을 노래하는 인생철학)

- 감사 예배시(시 8, 29, 65, 68, 103, 124, 131, 133, 145편)
- 찬양시(시 11, 18, 20, 21, 23, 30, 34, 40, 41, 108, 138, 139편)
- 비탄시(시 3, 4, 5, 7, 13, 17, 25, 26, 27, 28, 31, 35, 54, 55, 56, 57, 59, 61, 62, 63, 64, 69, 70, 86, 140, 141, 142편)
- 민족 애가(시 60편)
- 신정시(시 101, 144편)
- 시온시(시 122편)
- 저주시(시 58, 109편)
- 참회시(시 6, 32, 38, 39, 51, 143편)
- 메시아 예언시(시 16, 22, 24, 110편)
- 지혜시(시 9, 12, 14, 15, 19, 36, 37, 52, 53편)

◎ 시 18편
삼하 22장과 유사

3. 삶의 적용

1) 다윗처럼 어떤 잘못으로 인하여 위기에 처한 적이 있습니까? 그 위기를 어떻게 극복하셨습니까?

2) 치열한 삶의 한복판에서 위기가 찾아올 때마다 하나님께 부르짖었던 다윗처럼, 어떤 위기 가운데 하나님께 간절히 부르짖어 응답 받고 회복한 경험이 있습니까?

Day 20

솔로몬의 치정 (왕상 3-10장, 대하 1-9장, 시 72, 127편)

1. 들어가는 글

◎ 함께 정독하기
왕상 3, 6-9장

◎ 암송구절
시 127:1

하나님의 공의가 실현되는 나라, 다윗 왕국을 계승한 솔로몬(BC 971-931), 그는 즉위 후 3년 정도의 체제 정비 기간을 보낸 후, 곧 부친 다윗이 하나님께 서원하였던 성전 건축을 시작합니다. 이 성전은 단지 이스라엘 민족을 위한 것이 아닌 열방을 위한 성전이었습니다. 이 모든 일을 주도한 솔로몬의 봉헌기도(왕상 8장; 대하 6장)는 당시 이 일을 함께 목도한 백성들뿐만 아니라 오늘 우리 모두를 감격하게 합니다. 솔로몬 왕은 정치적으로는 종래의 부족제도에서 12개의 행정구역을 설치하고, 군사적으로는 이집트로부터 말과 전차를 도입하고 상비군을 두었습니다. 그리고 경제적으로는 세계 교역의 요지를 차지하여 통행세를 징수한 것 외에 이집트나 아라비아 등과 통상을 활발하게 하였습니다.

2. 본문 여행

1) 열왕기상 3-4장 / 솔로몬의 지혜

◎ 다윗과 솔로몬의 제사
1) 다윗(삼하 16:7)
- 법궤를 되찾은 후 번제와 화목제
2)솔로몬(왕상 3:15)
- 꿈에서 깬 후 번제와 수은제

다윗의 뒤를 이은 솔로몬 왕은 기브온에서 하나님께 일천 번제를 드릴 때 눈에 보이는 그 어떤 것이 아니라 백성을 판결할 수 있는 지혜를 구합니다. 또한 솔로몬은 아버지 다윗처럼 이스라엘 백성을 '주의 백성'이라고 여기며, 아버지의 유언(2장)에 따라 하나님 나라와 의를 위해 고민하는 노력을 보여줍니다. 이런 솔로몬의 행동은 하나님의 마음을 흡족하게 하였습니다. 하루는 창기 두 여자의 한 아이에 대한 싸움을 판결하는데, 온 이스라엘이 솔로몬 왕의 판결을 듣고 왕을 두려워하며 그를 신임하게 됩니다(3장). 열왕기상 4장은 이스라엘의 역사상 가장 번영했던 시기를 묘사하고 있는데, 솔로몬의 통치 범위가 이스라엘을 넘어 그 주변 전역에 이르렀습니다. 솔로몬의 지혜와 그를 돕는 많은 관료들에 의해 시대가 이렇게 꽃을 피운 것은 그의 아버지 다윗이 이루어 놓은 기반 위에 다윗의 신앙이 계승되었기 때문입니다.

2) 열왕기상 5–8장 / 솔로몬의 성전 건축

솔로몬은 다윗으로부터 물려받은 정치적, 물질적 유산의 기반 위에서 안정을 이루자 회막 시대를 종결하고 성전 시대를 열어갑니다. 회막이 이스라엘과 함께하시려는 하나님의 의지의 소산이었다면, 하나님의 성전은 이스라엘을 떠나지 않겠다는 하나님의 의지의 재확인입니다. 성전이 건축되기까지 오랜 기간 많은 이들의 헌신이 있었는데, 다윗의 정성스러운 준비, 솔로몬의 성실한 실행, 그리고 백성들의 수고가 함께 어우러진 작품이었습니다(5장). 마침내 이스라엘이 출애굽한 지 480여 년이 되던 해(BC 961/ 솔로몬 왕 4년 2월–솔로몬 왕 11년 8월), 하나님의 성전이 완성되었습니다(6장). 이 성전이 세워짐으로 말미암아 시온 성, 곧 예루살렘 성은 정치적 수도일 뿐 아니라 종교적인 성지로서 온 이스라엘 백성의 중심이 됩니다. 7년 6개월간의 성전 건축이 끝나고 이어지는 13년 동안 솔로몬은 자신의 왕궁을 건축합니다(7장). 한편 성전을 통한 꿈의 내용은 성전 건축 이후 낙성식(봉헌식)을 행하며 솔로몬이 백성들 앞에서 하늘을 향하여 손을 펴고 드리는 기도 가운데 잘 나타나 있습니다(8:22–53). 이 기도의 핵심은 성전을 통해 열방이 하나님께 돌아오기를 원한다는 것입니다. 한마디로 세계 열방을 위한 기도입니다.

◎ 성전이 건축된 곳
하나님은 아브라함에게 모리아 산에서 이삭을 제물로 바치라고 하셨다(창 22:2). 또한 그곳은 다윗 왕이 아라우나의 타작마당을 돈을 주고 사서 거기에 제단을 쌓고 하나님을 경배하였던 장소이다. 바로 이곳에 솔로몬은 대성전을 건축하였다.

3) 열왕기상 9–10장 / 솔로몬의 부와 영광

솔로몬이 성전과 왕궁을 다 건축하여 나라의 기반을 다져갈 때 하나님께서 또다시 솔로몬을 찾아오셔서 그에게 약속을 주십니다. 솔로몬이 성전을 중심으로 하나님 앞에서 의롭게 행한다면 그의 왕위를 영원히 견고히 해주시겠다는 약속입니다. 회막을 중심으로 하나님만 섬기는 이스라엘을 꿈꾸셨던 하나님께서 다시금 성전을 중심으로 하나님만 섬기는 이스라엘을 꿈꾸고 계셨던 것입니다(9:3–5). 솔로몬 시대는 주변 나라들이 부러워할 만큼 풍요로운 시대였습니다. 국모로서 부러울 것 없이 누리고 사는 스바 나라의 여왕이 감탄사를 연발할 만큼(10:4–10), 솔로몬이 다스리는 이스라엘은 화려하고 풍요로운 나라였습니다. 솔로몬 시대에 이렇게 큰 풍요를 이룰 수 있었던 것은 그의 지혜가 뛰어나서이기도 했지만, 그의 아버지 다윗의 노력이 기반이 되었기 때문입니다.

◎ 솔로몬의 타락 원인 (왕상 10-12장)

1) 교만(10:24-25)
2) 재물(10:16-18)
3) 허영심(10:22)
4) 사치(10:28)
5) 이방여인(11:1-4)
6) 우상숭배(11:4-8)
7) 하나님 버림(11:9)
8) 백성 억압(12:4)

3. 삶의 적용

1) 하나님의 마음에 합한 것을 구했던 솔로몬은 하나님으로부터 지혜를 얻었습니다. 오늘 우리가 드리는 기도의 내용은 하나님의 마음에 합한 것들입니까?

2) 솔로몬이 건축한 예루살렘 성전이 열방을 위한 성전이었던 것처럼, 우리 공동체와 교회도 이웃과 열방을 위해 열려 있습니까?

Day 21

지혜와 사랑 (잠언, 아가서)

1. 들어가는 글

솔로몬은 기브온 산당에서 일천번제를 드린 후, 하나님으로부터 지혜를 얻게 되는데 그의 지혜는 동양과 애굽의 모든 지혜보다 뛰어났으며, 그 지혜로 말미암아 잠언 3,000개를 말하였고 노래는 1,005개를 지을 정도로 문학적인 재능을 갖추고 있었습니다(왕상 4:29-32). 잠언은 지혜롭지 못한 사람, 즉 어리석은 사람은 자신의 욕망에 갇혀 있다고 말하면서 욕망의 노예에서 지식의 세계로, 지식의 세계에서 지혜의 세계로 나아가라고 권면합니다. 솔로몬은 엄중하게, 때로는 풍자적으로 지혜를 설명합니다. 잠언에서는 의인화된 지혜가 잔치를 벌이고, 우리를 초대하기도 하며, 지혜가 있는 사람과 없는 사람이 어떻게 다른지 재미있고 실감나게 이야기해 주기도 합니다. 그리고 그 모든 이야기의 핵심은 다름 아닌 "하나님을 경외하라"는 것입니다. 한편, 아가서에는 솔로몬의 아름답고 애절한 사랑 노래를 통해 서로를 향한 사랑의 마음이 얼마나 풍성한지를 볼 수 있습니다. 솔로몬과 술람미 여인의 순결한 사랑을 보면서 우리 인간을 한없이 사랑하시는 하나님을 떠올리지 않을 수 없습니다. 하나님의 사랑의 시선은 이미 인간들, 바로 우리에게 닿아 있습니다.

◎ 함께 정독하기
잠 1-4장
아 1-2장

◎ 암송구절
잠 3:5-6

◎ 잠언의 저자
1) 1-29장(솔로몬)
2) 30장(아굴)
3) 31장(르무엘)

2. 본문 여행

1) 잠언 1-31장 / 지혜란 무엇인가?

잠언의 중심 주제는 '지혜'라는 한마디 단어로 요약될 수 있습니다. 솔로몬은 "내 아들아"라는 표현을 자주 사용하면서 인생 경험이 많은 아버지가 앞으로 살아야 할 날이 많이 남은 아들에게 삶의 방식을 이야기하는 형식으로 글을 씁니다. 세상의 지혜롭다는 어떤 사람보다도 지혜가 많았던 솔로몬이 그의 아들들에게 지혜의 비결을 숨김없이 드러내고 있는 것입니다.

(1) 지혜는 여호와를 경외하며 의뢰하는 것(잠 1:7, 3:5-6, 15:33, 16:3, 19:23)

◎ 지식과 지혜
지식은 깊은 연구를 통해서나 자신의 명철로 파악되는 노력의 산물이고, 지혜는 하나님을 의뢰하고 그분만을 신뢰하려는 마음 자세를 통해서 얻어지는 것이다.

◎ 피해야 할 것
- 포도주와 독주의 미혹
- 다툼을 일으키는 것
- 자기를 자랑하는 것
- 한결같지 않은 언행
- 잠자기를 좋아하는 것
- 말하기 좋아하는 것
- 자랑하기 좋아하는 것
- 부모를 저주하는 자

(2) 지혜는 인간의 부족함과 약함을 아는 것(잠 30:2-3)
(3) 정직한 마음을 갖는 것(잠 11:6, 20:23)
(4) 가난한 이웃을 돌아보는 것(잠 3:27, 11:25, 14:31)
(5) 훈계와 징계 받기를 즐겨 하는 것(잠 3:12, 12:1, 13:1)
(6) 입술의 말을 조심하는 것(잠 10:11, 19, 20:15, 21:23)
(7) 부지런한 삶의 자세를 갖는 것(잠 6:6, 10-11, 10:5)
(8) 친구를 잘 사귀는 것(잠 13:20, 22:24-25, 27:17)
(9) 악인의 형통을 부러워하지 않는 것(잠 24:1, 19-20)
(10) 어리석은 유혹을 물리치는 것(잠 4:27, 5:8)
(11) 노하기를 더디 하는 것(잠 16:32, 25:15, 29:11)

2) 아가 1-8장 / 사랑이란 무엇인가?

◎ 술람미
갈릴리 바다 남서쪽 잇사갈 지파의 땅에 있었던 수넴 마을

'아가'는 '노래들 중의 노래' 또는 '가장 아름다운 노래'를 의미합니다. 아가는 솔로몬과 포도원지기였던 술람미 여인 사이에서 이루어진 신분을 뛰어넘은 순결하고도 아름다운 사랑을 보여주고 있습니다. 말초신경을 자극하는 육감적인 사랑이 아닌 마음에서 마음으로 이어지는 진실한 사랑에 관한 노래입니다. 특히 아가서는 이스라엘 백성을 향한 하나님의 사랑과 그리스도의 신부인 교회를 향한 그리스도의 사랑을 비유하고 있기도 합니다. 이 사랑은 일방적인 것보다도 쌍방으로 통할 때 아름다운 열매를 맺게 됩니다. 다시 말해, 사랑은 서로 화답하는 것입니다. 아가서에서의 사랑의 정의는 다음과 같습니다.

◎ 하나님 단어가 한 번도 등장하지 않는 구약성경
에스더, 아가

(1) 사랑은 한계를 넘어서는 것입니다(아 1:5-6)
(2) 사랑은 서로에 대한 집중입니다(아 2:2-3)
(3) 사랑은 세밀한 관심과 배려입니다(아 2:7, 4:1)
(4) 사랑은 동행하는 것입니다(아 2:10-13)
(5) 사랑은 서로의 허물을 덮는 것입니다(아 4:7)
(6) 사랑은 서로에게 속하는 것입니다(아 2:16, 6:3)
(7) 사랑은 죽음까지도 이기는 것입니다(아 8:6-7)

3. 삶의 적용

1) 여러분이 알고 있는 지혜란 무엇입니까? 지혜와 연관된 실천적 동사를 찾아 이야기해 봅시다.

2) 여러분이 알고 있는 사랑이란 무엇입니까? 사랑과 연관된 실천적 동사를 찾아 이야기해 봅시다.

Day 22

솔로몬의 실패와 깨달음 (왕상 11장, 전도서)

1. 들어가는 글

◎ 함께 정독하기
왕상 11장
전 1, 3, 7, 11-12장

◎ 암송구절
전 12:13

솔로몬이 이스라엘을 통치한 40년(BC 971-931)은 크게 두 시기로 구분됩니다. 전기는 솔로몬이 왕위에 오른 후 내각 정비(3년), 성전 건축(7년 6개월), 궁전 건축(13년)을 마치기까지의 약 23년간입니다. 그리고 후기 17년간은 솔로몬의 마음이 분산됩니다. 다윗이 세운 기초 위에 하나님이 주신 지혜로 이스라엘 최고의 번영기를 누렸던 솔로몬의 시대는 솔로몬이 잠언에서 그토록 강조했던 하나님을 경외하는 지혜가 떠나자 그 모든 것이 무너지기 시작합니다. 솔로몬은 뒤늦게서야 다시 한 번 하나님의 크신 경륜 안에서 인생이 얼마나 보잘것없는지를 깨닫고 전도서(BC 935)에서 하나님 없는 인생의 허무함을 역설하였습니다.

2. 본문 여행

1) 열왕기상 11장 / 솔로몬의 타락

◎ 이방신
1) 시돈 사람의 여신 (아스다롯)
2) 암몬 신(밀곰, 몰록)
3) 모압 신(그모스)
4) 가나안 신 (바알, 아세라)

솔로몬 후기에 솔로몬은 하나님을 사랑했던 마음의 중심을 잃어버리고 어느덧 이방의 많은 여인들에게로 그 마음을 돌리고 맙니다. 당시 외교정책의 중요한 방법이었던 정략결혼으로 솔로몬에게는 1천여 명의 후궁이 있었습니다. 그 각국의 이방 공주들을 위해 예루살렘에는 호화스런 궁전들이 건축되었고, 그들이 사치하는 데 어마어마한 국민의 세금이 들어갔습니다. 예루살렘엔 그모스, 밀곰, 몰록, 아스다롯을 비롯한 수많은 우상들의 신전이 세워짐으로써 하나님의 도성이 일종의 우상 박물관이 되어 버립니다. 그러자 이스라엘 백성들이 그 이방 공주들이 섬기는 우상들을 따라서 섬기는 죄를 범하기 시작합니다. 하나님은 두 번이나 솔로몬에게 나타나셔서 그의 아버지 다윗의 길로 행하며 다른 신을 좇지 말라고 명하신 바 있습니다(11:9-11). 그런데 이렇게 그의 마음이 이방 여인들에게 흔들리자, 이제 솔로몬에게 있던 모든 것이 그를 떠나게 되고 그의 말년은 평안하지 못합니다. 결국 하나님께서는 이스라엘 나라를 남과 북으로 나누시고, 북이스라엘은 여로보암에게, 남이스라엘(남유다)은 그의 아들 르호보암에게 맡겨야겠다는 계획을 품으십니다.

2) 전도서 1-7장 / 인생의 헛됨

넘치는 혈기로 "하나님을 경외하라. 이것이 지혜다"라고 외쳤던 솔로몬의 우렁찬 목소리는 어느덧 파란만장했던 삶을 뒤로한 채 이 땅에서의 삶을 마감해야 하는 한 노인의 힘없는 목소리로 바뀌었습니다. 자신의 힘으로 모든 것을 할 수 있는 것처럼 앞뒤 가리지 않고 달려가는 수많은 인생들에게 솔로몬은 하나님의 크신 경륜 안에서 '우리 인생이 얼마나 보잘것없는 허무한 인생인지를 깨닫는 것'이 참된 지혜임을 역설하고 있습니다. 솔로몬은 인류 역사의 그 누구보다도 많은 물질을 가져 보았고(물질주의), 그것을 만끽할 수 있는 갖가지 쾌락과 향락도 즐겨 보았으며(향락주의), 그리고 종국에는 그 모든 것이 허무하다는 것까지(허무주의) 다 경험해 보았습니다. 그의 인생고백은 다음과 같습니다. '해 아래 새 것이 없다'(1:9), '모든 수고가 헛되다'(2:11), '모든 것에는 때가 있다'(3:1), '두 사람이 한 사람보다 낫다'(4:9), '소득으로 만족함이 없다'(5:10), '재물과 부요와 존귀를 다른 사람이 누린다'(6:2), '형통한 날에는 기뻐하고 곤고한 날에는 생각하라'(7:14).

◎ 더 낫게 여길 것 (전 7장)
* 재물보다 명예(1절)
* 출생보다 죽는 날(1절)
* 잔칫집보다 초상집에 가는 것(2절)
* 웃음보다 슬픔(3절)
* 우매자의 노래보다 지혜자의 책망(5절)
* 일의 시작보다 끝(8절)
* 교만한 마음보다 참는 마음(8절)

3) 전도서 8-12장 / 창조주를 기억하라

"헛되고 헛되며 헛되고 헛되니 모든 것이 헛되도다"(1:2)라는 말씀으로 그의 가르침을 시작했던 전도자가 그의 마지막 교훈을 전하고 있습니다. 하나님을 경외하는 자가 잘될 것이며(8:12), 모든 인생이 행하는 일이 다 하나님의 손에 있으며(9:1), 모든 일에 하나님의 심판이 있을 것임을 알라는 것입니다(11:9). 하나님의 일이 어떻게 계획되고 실현되는지를 인간으로서는 다 알 수 없지만 우리가 한 가지 알고 있는 것은 우리에게 주어진 삶이 반드시 하나님의 주권 아래 있다는 것입니다. 그러므로 " 곤고한 날이 이르기 전에, 나는 아무 낙이 없다고 할 해들이 가깝기 전에"(12:1), 즉 청년의 때에 창조자 하나님을 기억하라고 당부합니다. 단지 하나님을 기억할 뿐만 아니라, "하나님을 경외하고 그의 명령들을 지킬지어다"(12:13)라고 선포합니다. 이것을 듣고 행하는 것이 바로 사람의 본분이기 때문입니다.

◎ 인생의 허무한 것들
* 세속적 쾌락(전 2:1)
* 세속적 소유(전 2:4-11)
* 세상의 수고(전 4:4)
* 세속적 부유(전 4:8)
* 재물 사랑(전 5:10)
* 인간의 의(사 57:12)
* 세상 지혜(고전 3:19)
* 형식적 종교(히 13:9)
* 어리석은 분쟁(딛 3:9)
* 사악한 행위(벧후 2:18)

이처럼 '헛되다'는 표현을 할 수 있다는 것만으로도 인생은 매우 중요한 것을 깨달은 것입니다. 그런데 문제는 시기입니다. 하늘의 양식이 아닌 땅의 양식을 위해 수고하며 깨닫지 못하다가 마지막 숨이 넘어갈 때에야 비로소 그 사실을 깨닫는다면 얼마나 불쌍한 일입니까? 모든 일에는 때가 있는 법입니다.

3. 삶의 적용

1) 우리 주변의 리더십 중에 처음부터 마지막까지 변하지 않고 선하고 의로운 삶을 산 사람이 있습니까?

---

2) 유한(有限)한 인생을 살아가는 우리가 하나님 앞에서 어떠한 삶의 철학과 내용을 가지고 살아야 하겠습니까?

Day 23

하나님의 주권 (욥기)

1. 들어가는 글

인간의 관점에서 때로는 이해할 수 없는 고난의 상황들이 발생합니다. 그런데 지나고 보면 이 모든 일들이 하나님의 섭리 가운데 있었음을 깨닫게 됩니다. 욥(BC 2000년경) 또한 하나님과의 일대일의 깊은 만남 속에서 그의 고난 가운데 함께하시는 하나님의 마음을 깨달아 갑니다. 결국 욥은 논리를 넘어서는 하나님의 섭리(주권)에 관하여, 실존적 고난과 영원한 지혜에 관하여 고백하게 됩니다. 고난의 문제는 인간에게 쓸모없는 어떤 것이 아니라, 하늘 보석을 만드는 과정입니다. 하나님은 인간의 아픔과 함께 눈물 흘리시며 많은 것을 사랑으로 이해시켜 주십니다. 어떤 상황에서도 하나님께서 그 모든 것을 주권적으로 다스리시며, 그 안에서 우리의 인생은 하늘 보석이 되어 갑니다. 결국 욥기의 주제어는 '고난'이 아니라 '하나님의 주권'입니다.

◎ 함께 정독하기
욥 23, 38-42장

◎ 암송구절
욥 42:5

◎ 우스 땅(욥 1:1)
애굽과 블레셋의 중간 지역(애 4:21)

2. 본문 여행

1) 욥기 1–2장 / 욥에게 닥친 재앙

의인의 고난이 시작됩니다. 성경 전체의 숲에서 면면히 흐르는 주제인 의인의 고난이 이제 욥의 경우를 통해 우리 눈앞의 문제로 대두됩니다. 욥은 우스 땅에서 "온전하고 정직하여 하나님을 경외하며 악에서 떠난 자"(1:1)라는 큰 평가를 받던 사람입니다. 그는 자신뿐 아니라 자식들까지도 하나님 앞에 바로 세우고자 애쓰며 조금의 흠도 없이 모범적인 인생을 살고 있었습니다(1:5). 그런데 난데없이 그에게 큰 슬픔의 사건이 벌어졌습니다. 위기의 상황에 처했을 때 욥의 처신이 어떠한지 하나님과 사탄이 지켜보고 있습니다(2:3). 하나님과 욥의 신뢰관계를 깨뜨려 보려는 사탄의 내기가 벌어지고 있습니다. 이미 그의 아내는 인내의 한계를 드러냈습니다(2:9). 그러나 욥은 하나님의 기대를 저버리지 않고 하나님께 복을 받은 사람이 재앙도 받을 수도 있다고 하면서 자신의 비참한 현실을 그대로 받아들입니다(2:10).

◎ 욥기를 가장 위대한 시(詩)라고 평가하는 이유
1) 무대를 하늘과 땅으로 하는 웅장함
2) 위대한 예술과 위대한 신
3) 영구적 주제인 인생의 고통을 다룸.
4) 재물, 건강, 인간관계를 적나라하게 다룸.

◎ 욥기의 질문들

1) 인간의 고통은 그가 지은 죄에 정확히 비례하고 있는가?

2) 욥이 어찌 까닭 없이 하나님을 경외할까?

3) 의로우시고 전능하신 하나님이 어찌하여 의인으로 하여금 모든 재산과 건강을 잃고 고통을 당하게 하실까?

◎ 하나님의 뜻을 아는 길(36:5-23)

1) 성경 (딤후 3:16-17)
2) 그리스도 (갈 1:12)
3) 성령 (엡 1:17)
4) 믿음 (롬 1:17)
5) 선지자들 (단 10:1)
6) 사도들 (갈1:16)
7) 천사 (창 18:1-22)
8) 자연 (암 5:8)
9) 환상과 꿈 (창 15:12-16)
10) 역사적 사건 (출 6:6-7)

2) 욥기 3-37장 / 욥과 세 친구

시간이 흐르면서 욥은 자신이 처한 상황을 놓고 한탄하며 탄식합니다(3장). 부지불식간에 찾아온 인생의 고난을 처음 맞닥뜨렸을 때 보여준 믿음의 모습(1:21-22, 2:10)과는 사뭇 다른 모습입니다. 자녀와 재산을 잃고 사랑하는 아내까지 등을 돌린 고통의 순간을 맞이하는 욥에게 있어서는 삶의 그 어떤 것도 의미가 없습니다. 짓무른 살을 기왓장으로 긁어야만 하는 비참한 현실만이 그에게 놓여 있을 뿐입니다. 이제 절규와 탄식만이 남아 있는 욥에게, 그의 세 명의 친구들(엘리바스, 빌닷, 소발)이 오랜 침묵을 깨고 욥을 위로하려고 찾아옵니다.

(1) 엘리바스, 빌닷, 소발의 첫 변론(욥 3-14장)

욥은 자신의 생일을 저주합니다(3:1). 욥을 위로하기 위해 찾아온 욥의 친구들은 욥과 변론을 하지만 '죄인은 분명 망하는 법이며 악을 심으면 악을 거두게 된다'는 지극히 흑백논리적 사고로 욥에게 위로는커녕 고통을 더합니다.

(2) 엘리바스, 빌닷, 소발의 두 번째 변론(욥 15-21장)

욥은 자신을 불쌍히 여겨 달라고 친구들에게 애원하고 주께서 친히 나의 보증이 되어 달라고 하나님께 기도하지만, 그의 친구들은 그의 마음을 조금도 이해하지 못하고 자기들의 이해를 그에게 강요하고 있습니다.

(3) 엘리바스, 빌닷의 세 번째 변론(욥 22-31장)

욥의 친구들은 욥이 당하는 재앙이 그의 죄악의 결과라는 주장에서 한 걸음도 물러서지 않습니다. 욥이 이것을 받아들이지 않자 그들은 욥이 교만한 마음 때문에 하나님으로부터 벌을 받았다는 확신에 이르게 됩니다. 그러나 욥은 친구들의 말에 동의할 수가 없었습니다.

(4) 엘리후의 변론(욥 32-37장)

욥이 스스로를 의롭게 여길 때에 엘리후가 나타나서 욥과 친구들의 오류를 지적하기 위해 하나님의 광대하심을 이야기합니다. 그러나 인간의 삶의 자리를 넘어선 하나님의 광대하심은 하나님에 대한 믿음으로밖에는 답할 수가 없습니다.

3) 욥기 38–42장 / 욥의 질문과 하나님의 대답

지금까지 해결의 기미도 보이지 않고, 자기가 하나님을 대신하는 듯, 자신들의 신앙적 입장만을 고집해 오던 욥과 친구들의 끝날 줄 모르는 논쟁에 하나님께서 개입하십니다. 고통의 원인을 도저히 이해할 수 없는 욥에게 하나님께서는 당신의 뜻대로 운행되는 자연의 섭리를 말씀하십니다. 우주의 큰 법칙(38장)에서부터 작은 별 지구의 가축과 동물들의 삶의 법칙(39장)에 이르기까지 하나님의 입김이 작용하지 않는 대상이 없습니다.

욥의 고난과 회복도 모두 하나님의 입김 아래 있습니다. 그 크신 하나님의 주권을 바라보며 욥은 자신의 짧은 생각으로 표현했던 하나님의 넓음과 깊음과 높음에 대하여 아무런 대답도 할 수가 없어 자기의 입을 가릴 뿐입니다(40:4–5). 몇 마디의 말로 하나님에 대하여 규정하고 하나님께서 하시는 일에 이렇다 저렇다 하는 것이 얼마나 어리석은 행동인지를 깨달은 것입니다. 이후 욥은 고백합니다. "내가 이제는 눈으로 주를 뵈옵나이다"(42:5). 온 세상을 만드신 하나님을 깊이 체험한 것입니다. 이로써 욥과 하나님의 깊은 만남이 이루어지면서 욥이 이전의 영광을 회복하고, 욥기는 그 막을 내립니다.

◎ 욥의 회복과 갑절의 축복(42장)

1) 친구관계 회복(10절)
2) 형제와 지인과의 관계 회복(11절)
3) 재물의 회복(12절)
4) 자녀의 회복(13-15절)

3. 삶의 적용

1) 욥의 참담한 상황 속에서 그의 아내와 친구들은 욥에게 참 위로가 되지 못하였습니다. 오늘 우리는 어디에서 위로를 얻고 있습니까?

---

2) 고난 속에서 하나님을 깊이 체험한 욥은 "내가 이제는 눈으로 주를 뵈옵나이다"(욥 42:5)라고 고백하였습니다. 나는 지금 어떻게 하나님을 고백하고 있습니까?

Day 24

분열왕국 (왕상 12-22장, 대하 10-20장)

◎ 함께 정독하기
왕상 12, 18-19장

◎ 암송구절
대하 20:12

◎ 분열왕국 시대
(북 / BC 931-722)
(남 / BC 931-586)
왕상 12-22장, 왕하 1-25장, 대하 10-36장

1. 들어가는 글

솔로몬의 정치적, 신앙적 실패로 결국 이스라엘은 솔로몬의 아들 르호보암 중심의 남유다와 여로보암 중심의 북이스라엘로 분열되고 말았습니다(BC 931). 북왕국을 중심으로 살펴보면, 오므리 왕조(BC 885-842 / 오므리, 아합, 아하시야, 요람)와 예후 왕조(BC 842-753 / 예후, 여호아하스, 요아스, 여로보암 2세, 스가랴)가 큰 골조를 이룹니다. 북왕국의 초대 왕이었던 여로보암(1세)은 벧엘과 단에 금송아지를 두어 하나님 아닌 우상을 섬겼습니다. 이후 그 뒤를 이은 수많은 왕들이 다윗의 길을 가기보다는 여로보암의 악한 길을 따릅니다. 특히 오므리의 아들 아합 왕의 시대(BC 874-853)는 북이스라엘 전체를 바알과 아세라 우상의 집으로 만들어 버렸던, 이스라엘 역사상 가장 어두운 시대였습니다. 이 시기에 엘리야 선지자가 사역을 합니다.

2. 본문 여행

◎ 엘리야 시대의 위기들(12, 16장)
1) 왕국 분열
2) 우상숭배 만연
3) 지도자들 타락
4) 결혼율법 어김
5) 여리고 성과 관련된 말씀 어김

1) 열왕기상 12장-16:14 / 남북 왕국의 분열

솔로몬은 신앙에 기반한 다윗의 정치적 성공을 계승하지 못하고, 정치적이고 신앙적인 실패로 인해 남북 분단의 씨앗을 잉태시킵니다. 솔로몬의 아들 르호보암 역시 아버지의 신앙과 정치적 폐단들을 그대로 계승하고 정국을 분열로 몰아갑니다. 이때 하나님께서는 여로보암을 준비시켜 국가의 새로운 길을 모색하십니다. 그에게 10지파를 떼어 맡기시며, 다윗처럼 하나님 안에서 공의의 정치를 행해 견고한 집을 세우라고 당부하십니다(11:38). 그러나 여로보암은 정치적 성공에 집착한 나머지 이러한 하나님의 기대에 미치지 못하고, 이스라엘 모든 성인 남자들이 절기를 지키기 위해 1년에 세 차례씩 예루살렘에 가게 되는 것에 대하여 우려합니다. 그래서 자기 마음대로 절기와 제사장을 세우고, 벧엘과 단에 금송아지 우상을 세움으로써(12:28-33), 신앙을 정치에 종속시켜 버린 것입니다. 이 일로 인하여 북이스라엘은 남유다와 더 멀어질 뿐만 아니라 하나님과도 멀어집니다. 급기야 북이스라엘의 여로보암 왕조(여로보암, 나답, 아비야)와 그 이후 바아

사(3대), 엘라(4대)는 그들의 죄로 인하여 멸망으로 치닫습니다.

2) 열왕기상 16:15–19장 / 오므리 왕조(오므리, 아합) & 엘리야

북왕국은 계속해서 쿠데타와 쿠데타로 이어집니다. 오므리(6대)도 엘라(4대)를 배반하여 왕이 된 시므리(5대)를 쿠데타로 제거하고 정권을 잡습니다(16:22). 국제사회에서도 인정을 받은 오므리는 시돈 사람의 딸 이세벨을 며느리로 데려오고, 이세벨에 의해 북왕국 또한 바알 신앙으로 점령당해 버립니다. 이스라엘의 악이 절정에 달했던 시기, 그때가 바로 오므리 왕조의 아합 왕(7대) 시대입니다. 이때 엘리야가 등장합니다(17장). 엘리야는 험악한 상황을 바꿔 보려고 온몸을 던집니다. 그의 사역은 이스라엘 백성들이 어떻게 하나님의 백성으로서 멋지게 살 것인가를 가르치는 차원이 아니라, 바알과 하나님 중에서 '누가 참 신이냐?'의 문제를 놓고 온몸으로 싸워야 했던 사역이었습니다. 엘리야는 결국 목숨을 걸고 갈멜 산에서의 '대결'을 신청합니다(18:18–19). 바알 선지자 450명과 아세라 선지자 400명, 총 850명과 엘리야 한 사람의 대결에서 엘리야는 승리합니다. 그런데 아합의 아내 이세벨은 눈도 깜짝 안 하고 오히려 엘리야를 죽이겠다고 위협합니다(19:2). 목숨이 위태로워진 엘리야는 어쩔 수 없이 브엘세바로 도망하여 하나님께 죽게 해달라고 기도합니다(19:4). 풀이 죽어 있는 엘리야에게 하나님께서는 천사를 통해 먹을 것을 공급하시고 호렙 산으로 인도하십니다(19:8). 그리고 그곳에서 하나님은 엘리야에게 하사엘을 아람 왕으로, 예후를 북이스라엘 왕으로, 엘리사를 후계자로 삼으라고 말씀하신 뒤에 바알에게 무릎 꿇지 않은 남은 자 7천 명이 있음도 알려 주어 엘리야를 격려하십니다(19:18).

◎ 북왕국(9왕조)
1왕조(여로보암, 나답)
2왕조(바아사, 엘라)
3왕조(시므리)
4왕조(오므리, 아합, 아하시야, 요람)
5왕조(예후, 여호아하스, 요아스, 여로보암 2세, 스가랴)
6왕조(살룸)
7왕조(므나헴, 브가히야)
8왕조(베가)
9왕조(호세아)

◎ 엘리야의 기적 (왕상 17-18장)
1) 가뭄
2) 사르밧 과부의 아들 소생
3) 갈멜 산에서 승리
4) 큰 비로 3년 반 가뭄이 끝남

3) 열왕기상 20–22장 / 오므리 왕조(아합)의 죄악

하나님과 맞서 대항할 만큼 교만함을 자랑하던 오므리의 아들 아합이 아람 왕 벤하닷이 쳐들어오자 한없이 약한 모습을 보입니다(20장). 그러자 하나님께서는 다시금 이스라엘의 하나님이 되고자 하십니다. 아람 왕 벤하닷과 그의 군대를 이스라엘의 손에 붙여 주신 것입니다. 이러한 하나님의 배려에도 불구하고 사울 왕이 아말렉 진멸 명령을 어겼던 것처럼 아합은 하나님의 명령을 어기고 아람 왕 벤하닷을 살려 줌으로써 다시 한 번 불순종을 저지릅니다(20:34, 42).

◎ 변장하고 싸움에 나갔다가 죽은 왕
1) 아합(왕상 22:30)
2) 요시야(대하 35:22)

한편 아합 시대가 얼마나 불의한 시대였는지를 단적으로 보여주는 사건은 '나봇의 포도원 사건'입니다(21장). 이스라엘의 모든 토지의 소유권은 근본적으로 하나님께만 있습니다. 그런데 아합 왕이 나봇의 포도원을 탐내어 사기를 원했습니다. 그러나 나봇이 율법에 따라 자신의 땅을 팔지 않자, 이세벨이 국가의 비류들, 이른바 폭력배들을 동원하여 나봇을 살해합니다. 결국 왕이 자신의 권력을 이용하여 그 땅을 강탈한 것입니다. 그러자 엘리야가 아합을 찾아가 그와 이세벨에게 하나님의 심판을 선언합니다(21:20-26). 이후 북이스라엘 왕 아합(7대)과 남유다 왕 여호사밧(4대)이 힘을 모아 아람 땅의 길르앗 라못을 되찾고자 하는데, 이 전투에서 아합은 미가야의 예언대로 죽음을 당합니다(22:15-38).

3. 삶의 적용

1) 우리 주변의 공동체(가정, 교회, 국가 등)의 분열의 원인은 어디에 있으며, 그 분열을 해결할 수 있는 방안은 무엇이라고 생각하십니까?

---

2) 엘리야는 갈멜 산에서의 위대한 승리에도 불구하고 이세벨의 위협에 도망가며 호렙 산에서 죽기를 구하기까지 하였습니다. 우리 중에도 믿음의 승리를 체험한 후 이러한 낙심(또는 어려움) 가운데 빠진 경험, 그리고 그것을 극복한 경험이 있으면 나눠 봅시다.

Day 25 멀어져 가는 사명 (왕하 1–14장, 대하 21–25장, 옵, 욜)

1. 들어가는 글

솔로몬 이후 북왕국(BC 931–722)은 계속해서 우상숭배의 늪으로 빠져들어 가며 악한 길로 달려갑니다. 아합(7대)의 뒤를 이은 그의 아들 아하시야(8대)는 아버지 아합의 길에서 조금도 벗어나지 못합니다. 엘리야의 사역에도 불구하고 아합 가문의 죄악이 온 이스라엘을 뒤덮고 있는 동안 하나님은 엘리야의 뒤를 잇는 엘리사와 선지 생도들을 통해 새로운 역사를 준비하십니다. 이 무렵 오바댜와 요엘 선지자는 남유다의 왕정 초 · 중기(BC 845–830)에, 범죄함으로 스스로 재앙을 부르고 있는 이들에게 심판을 선포합니다.

◎ 함께 정독하기
왕하 2, 4-5장
옵 1장, 욜 3장

◎ 암송구절
왕하 2:9

2. 본문 여행

1) 열왕기하 1–8장 / 오므리 왕조(아하시야, 요람) & 엘리사

패역하고 어두운 시대를 밝히기 위해 외롭고도 힘겹게 자신의 사명을 감당했던 엘리야는 이 땅에서의 삶을 마감하지만, 그는 그의 제자 엘리사와 선지자의 생도들에게 새로운 소망을 남겨 둡니다. 엘리야가 하늘로 승천하기 전 엘리사는 엘리야에게 갑절의 영감을 요청합니다(2:10; 신 21:17에 근거). 북왕국이 모압과의 큰 국가적 위기에 처할 때에 북왕국은 엘리사의 도움으로 하나님의 큰 구원을 경험합니다(6:9–7:20). 그러나 위기의 순간에만 하나님을 찾을 뿐 마음 깊은 곳에서는 하나님을 사랑하지 않았던 사사시대 때와 같이 자꾸만 하나님에게서 멀어져 가는 북이스라엘을 보시며 하나님께서는 새로운 왕조를 준비하십니다(9:1–10). 한편, 시대에 대한 하나님의 관심은 계속해서 많은 선지자 생도들을 이끌며 그들을 교육하고 있던 엘리사를 통하여 수차례 기적으로 나타나지만, 이스라엘의 지도층들은 하나님께 불순종하며 여전히 자신들의 안위에만 집중합니다. 반면 북이스라엘을 침공한 아람군의 포위로 인해 사마리아 성 안의 백성들은 오랜 시간 굶주리게 됩니다. 이로 인해 백성들은 자신들의 자녀를 먹는 지경에까지 이릅니다(7:24–29).

◎ 엘리사의 기적
(왕하 4-6장)
1) 죽은 선지 생도 아내의 기름을 채움.
2) 수넴 여인 아들의 소생
3) 독이 든 국물 해독
4) 보리떡 20개로 100명을 먹임.
5) 나아만 문둥병 치유
6) 물에 빠진 도끼를 떠오르게 함.
7) 아람 군대를 눈멀게 함.

◎ "내 아버지여 내 아버지여 이스라엘의 병거와 마병이여"라고 말한 사람들
1) 엘리사가 엘리야에게(왕하 2:12)
2) 요아스가 엘리사에게(왕하 13:14)

2) 열왕기하 9–14장 / 예후 왕조(예후, 여호아하스, 요아스, 여로보암 2세) & 엘리사

엘리사는 선지자 생도 중 하나를 길르앗 라못으로 보내어 예후에게 기름을 붓게 합니다(9:1–3). 예후는 즉시 그의 추종자들에 의해 왕으로 선포되었으며, 북왕국의 아합 가문을 진멸하고 역사의 새로운 전기를 마련합니다. 특히 북왕국의 모든 바알 선지자를 처단하는 결단과 용기를 보여주지만, 그의 철저한 숙청에도 불구하고 단과 벧엘에 있는 금송아지들은 제거되지 않습니다(10:29). 그런가 하면 남유다 여호람(요람, 5대)이 오므리의 손녀, 즉 북왕국 아합(7대)의 딸인 아달랴를 아내로 삼은 것을 시작으로 북왕국의 죄악이 남북 이스라엘 전체로 확대되어 버립니다(8:25–27). 후에 여왕이 된 남유다 아달랴(7대)는 남편 여호람(5대)과 아들 아하시야(6대)를 자기 마음대로 움직여 유다 내에 바알 숭배를 퍼뜨리고 왕의 씨, 즉 다윗 후손들을 진멸하려 합니다(11장). 이 무렵 제사장 여호야다의 주도 아래 유다는 다시금 하나님과 언약을 맺고, 국가의 주도권이 아하시야의 아들 요아스(8대)에게로 되돌아갔습니다(12:1–3). 그러나 아쉽게도 요아스가 성전 창고에 있는 모든 것들을 아람 왕 하사엘에게 바치는 어이없는 장면이 연출됩니다(12:17–18).

◎ 남유다 선한 왕
1) 아사(3대)
2) 여호사밧(4대)
3) 요아스(8대)
4) 아마샤(9대)
5) 웃시야(아사랴, 10대)
6) 요담(11대)
7) 히스기야(13대)
8) 요시야(16대)

북이스라엘이 멸망을 향해 달려갑니다. 바알 우상을 섬긴 아합 왕가를 멸망시키며 개혁의 칼날을 휘두르던 예후 집안도 얼마 가지 못하여 이전의 북이스라엘 왕조보다 별로 나을 것이 없었습니다. 여호아하스(11대), 요아스(12대), 여로보암 2세(13대)로 이어지는 예후 왕조는 다윗의 길이 아닌 여로보암 1세의 악한 길을 따릅니다. 남유다 요아스(8대) 왕 때 시대의 죄악과 정면으로 맞서던 선지자 엘리사가 세상을 뜨자(13:20) 어둠의 그늘은 더욱 짙어가게 됩니다. 여로보암 2세는 북이스라엘 역사상 매우 번영했던 시대였으나 하나님을 향한 신앙이 부패하였고, 하나님의 공의가 실현되지 못했던 시대입니다.

◎ 오바댜의 활동시대 - 여호람 왕

3) 오바댜 1장 / 에돔의 멸망

에돔 족속은 에서(야곱의 형)의 후손으로서 이스라엘과 형제 나라라고 할 수 있습니다. 그러나 에서와 야곱이 서로 불화했듯이 그들의 후손인 에돔 족속과 이스라엘 백성들도 그리 좋은 관계가 아니었습니다. 출애굽 당시 에돔 땅을 가로지르는 문제에서의 갈등이 한 예입니다(민 20:14–21). 또한 남왕국 여호람(5대) 때에는 에돔이 배반하며(왕하 8:20), 급기야 BC 586년 바

벨론에 의해 예루살렘이 파괴될 때, 에돔은 그 흐름에 편승해 이스라엘을 망하게 하는 바벨론을 도와줍니다. 오바댜 선지자는 이러한 에돔에게 하나님의 심판과 장차 있을 이스라엘의 회복을 선언하고 있습니다. 결국 이 에돔 심판은 성취되었는데, 오늘날 요르단 남서쪽의 페트라(Petra) 지역은 붉은 암석의 벼랑을 깎아 건설된 고대 도시로서 한때 에돔의 수도로 번성했지만, 지금은 일부 베두인들 외에 여우와 독수리들이 사는 유적지로 변했습니다.

4) 요엘 1-3장 / 여호와의 날

요엘의 말씀은 범죄함으로 스스로 재앙을 부르고 있는 남유다에게 회개를 재촉하는, 시대를 초월한 하나님의 말씀입니다. "팥중이가 남긴 것을 메뚜기가 먹고 메뚜기가 남긴 것을 느치가 먹고 느치가 남긴 것을 황충이 먹었도다"(1:4). 요엘은 하나님께서 이 자연재해보다 더 극심한 재난을 내리실 것을 선포합니다. 그 땅은 떼로 몰려오는 군대의 침략을 받을 것이라는 말씀입니다(2:11). 그러나 곧 이어지는 말씀은 그들이 금식하고 울며 회개하면 그 재앙을 돌이키시겠다는 것입니다(2:13). 하나님은 모든 사람들에게 하나님의 영을 부어 주어 여호와의 이름을 부르는 그곳에 하나님의 구원이 실현되기를 원하십니다(2:28-32). 각 나라들의 죄에 대한 심판이 있겠지만, 하나님은 당신의 백성들에게 피난처와 산성이 되셔서(3:16) "유다는 영원히 있겠고 예루살렘은 대대로 있으리라"(3:20)는 약속의 말씀을 이루실 것입니다.

◎ 요엘서 재앙
- 메뚜기 재앙

3. 삶의 적용

1) 오늘 우리 공동체에 하나님의 공의가 실현되지 못하도록 방해하는 장애물들은 어떤 것이며, 이를 제거하기 위한 노력은 무엇입니까?

2) 예후는 바알을 섬기는 자들을 제거하는 데는 성공하였으나 금송아지를 만들어 섬기는 행위에서는 떠나지 못했습니다. 오늘 우리 자신과 공동체를 부패하게 하는 것들은 무엇이라고 생각하십니까?

Day 26

마지막 호소 (아모스, 호세아, 요나)

◎ 함께 정독하기
암 1-2, 5장
호 1-4장
욘 1-4장

◎ 암송구절
암 5:24

1. 들어가는 글

북이스라엘 예후 왕조의 마지막 왕인 여로보암 2세(13대) 시대(BC 793-753)는 국가 전체가 '거룩한 백성 제사장 나라'의 사명과는 너무 동떨어져 있었습니다. 이 역사의 어둠이 깊어만 가던 그 시대에 하나님께서는 타는 듯한 마음으로 아모스, 호세아, 요나 같은 선지자들을 보내십니다. 최강의 국력으로 가장 번성했던 시대이기도 하지만, 막상 뚜껑을 열어 보면 화평해 보이는 정치적, 경제적 성공 내부에는 부익부 빈익빈 현상이 극으로 치닫고 있었고, 신앙적으로도 우상숭배가 만연했습니다. 그러자 하나님께서는 아모스 선지자를 보내셔서 사회 정의와 공의가 이렇게 무너져서는 안 된다고 말씀하십니다. 또한 호세아 선지자를 통해 그들의 종교적 간음에 대해서 질타하십니다. 한편, 하나님께서는 이방, 즉 당시 세계의 패권을 쥐고 있던 앗수르의 수도 니느웨 성을 향해서도 요나 선지자를 보내 새로운 구원계획을 실행하십니다. '마지막'이란 말은 아무 때나 쓰지 않습니다. 그러나 이들의 외침은 그야말로 마지막 호소였습니다.

2. 본문 여행

1) 아모스 1-9장 / 하나님의 공의와 사회정의

◎ 하나님의 시대 평가
하나님은 부자들이 누리는 풍요의 수준으로 그 시대를 평가하지 않고, 가난한 자들이 느끼는 삶의 행복도로 공동체의 수준을 평가하신다.

당시 시대적 상황은 이스라엘 북쪽에는 아람, 북동쪽에는 앗수르, 남쪽에는 남유다와 애굽이 있었습니다. 북왕국은 남쪽과 북쪽을 잇는 길목이며 중간지대입니다. 당시 남유다는 아마샤(9대)의 아들 웃시야(10대) 왕이 다스리고 있었고, 북왕국의 왕은 여로보암 2세(13대)였습니다. 이때 북왕국의 수도인 사마리아에서 아모스는 하나님의 심판과 회개를 촉구합니다. 특히 아모스는 이스라엘 주변 나라들에게 선포하는 심판의 말씀으로, 그들을 심판하시는 것처럼 이스라엘도 그들의 죄악에 따라 심판당할 것임을 암시하고 있습니다(1-5장).

아모스는 부자들과 가난한 사람들의 삶을 대조시켜 예언하는데, 부한 자들은 동시대의 가난한 사람들을 전혀 돌보지 않고 여름궁, 겨울궁을 따로 지어 놓았습니다. 뿐만이 아닙니다. 부자들은 상아 침대에 누워서 살찐 양들을 잡아 요리하고 포도주를 대접에 부은 후 비파와 수금을 타며 행복의 노래를 불렀습니다(6:4-6). 이는 레위기나 신명기에 나타난 약자보호법이 전혀 실현되지 못하고 있는 현실을 극명하게 드러내 줍니다. 이에 대하여 하나님의 심판 예언을 하지만, 오히려 제사장 아마샤를 비롯한 이스라엘의 지도자들은 아모스에게 이스라엘에서 예언하지 말라고 협박하며 조롱합니다(7:12-13). 이에 하나님께서는 메뚜기, 불, 다림줄, 여름 과일 한 광주리, 부서지는 성전 문지방의 환상들을 보여주시면서 끝까지 회개하지 않는 이스라엘을 향해 결국 최종 선고를 하십니다(7-9장).

◎ 예언서 기자들
역사서는 지난날의 역사적 사실을 기술하지만 예언서는 현재 이 자리에서 과거의 시간과 미래의 예언까지도 포함한다. 그런 만큼 예언서의 기자들은 그 시대를 꿰뚫어 볼 수 있는 지적, 영적인 능력을 가진 사람들이었다.

2) 호세아 1-14장 / 이스라엘의 배신과 하나님의 사랑

아모스를 통해 북이스라엘로 하여금 공의와 정의를 행하게 하고자 하셨던 하나님께서는 그들을 향한 사랑으로 다시금 북이스라엘에게 호소하십니다. 이스라엘 땅에는 이미 진실도 없고, 사랑도 없고, 하나님을 아는 지식도 없습니다(4:1). 이에 하나님은 호세아가 음란한 여인 고멜과 결혼할 것을 말씀하셨고, 그들은 로루하마(긍휼히 여김을 받지 못하는 자)와 로암미(내 백성이 아니다)를 낳습니다(1장). 그러나 고멜은 다시 음행의 길로 집을 나가고 호세아는 고멜을 속량하기 위하여 은 15개와 보리 15호멜의 값을 치릅니다(2-3장). 호세아와 고멜의 관계처럼 이스라엘 역시 하나님께 영적 간음인 우상숭배와 거짓 제사, 각종 사기, 거짓, 도둑질, 노략질 등의 죄악의 자리에서 떠나지 않습니다(4-8장). 거짓 선지자들은 자기 소견에 옳은 대로 행하였고, 교만함으로 하나님을 잊어버렸습니다(7-13장). 호세아 선지자의 북이스라엘에 대한 '하나님께 돌아오라'는 간절한 호소에도 불구하고(14장) 그들은 끝내 죄에서 돌이키지 못하고 열 지파는 앗수르에 의해 철저하게 망합니다(왕하 17:6). 그리고 북이스라엘의 수도 사마리아는 뿌리가 뽑혀서 다 흩어집니다(BC 722).

◎ 아모스서와 호세아서 비교
1) 아모스서(남쪽 출신)
- 경제, 사회적 부패
- 이웃과의 바르지 못한 관계 회복

2) 호세아서(북쪽 출신)
- 신앙적 부패
- 하나님과의 바르지 못한 관계 회복

3) 요나 1-4장 / 열방을 향한 하나님의 사랑

요나는 북왕국 여로보암 2세(13대) 때 당시 열강인 앗수르의 수도인 니느웨에 가서 '회개와 구원'에 대한 하나님의 말씀을 선포하는 사명을 받습니다. 그는 여타의 선지자들과는 다른 모습을 보여줍니다. 다른 하나님의 선

◎ 죽기를 구한 사람
- 엘리야, 요나

◎ 자기의 생일을
저주한 사람
- 욥, 예레미야

지자들은 하나님의 말씀에 전폭적으로 순종하였습니다. 그런데 요나는 하나님의 마음을 헤아리기는커녕 불순종하고 하나님이 말씀하신 니느웨가 아닌 다시스로 가는 배를 탑니다(1장). 물고기 뱃속에서 참회하고 회복한 요나는(2장) 이제 니느웨로 가서 회개운동을 벌입니다. 요나의 선포를 듣고 회개한 니느웨 백성들은 하나님의 심판에서 제외됩니다(3장). 그러나 바로 이때 동족의 원수인 앗수르의 니느웨 백성들이 회개하고 돌이키자 요나는 죽기를 구하는 태도를 보입니다. 요나의 왜곡된 선민사상으로는 이스라엘을 위협하는 대적이 당연히 멸망해야 하며, 일고의 가치도 없는 대상으로 생각되었기 때문입니다. 그러나 니느웨에 대한 하나님의 사랑은 요나의 시기 이상이어서 결국은 니느웨 성을 구원하시며 '박 넝쿨'을 통하여 요나에게 열방의 회복을 향한 하나님의 마음을 보여주십니다(4장).

3. 삶의 적용

1) 아모스와 호세아, 요나 선지자는 죄악이 만연한 때(여로보암 2세)에 하나님의 심판을 선포하였습니다. 오늘날 동성애, 음란, 탐심, 폭력, 우상숭배 등 죄악이 만연해 가는 이때에 '평안'과 '행복'을 외치는 거짓 선지자들은 누구입니까? 그들에게서 돌이키십시오.

2) 시대마다 각각의 선지자들은 조금씩 다른 메시지를 받고 그것을 선포하였습니다. 오늘 이 시대 성경에서 하나님이 우리 공동체 가운데 선포하시는 말씀은 무엇입니까?

Day 27 북왕국의 멸망 & 이사야의 등장 (왕하 15-17장, 사 1-12장, 대하 26-28장)

1. 들어가는 글

BC 8세기에 북쪽의 중심은 앗수르, 남쪽의 중심은 애굽이었고, 북쪽의 앗수르가 그 세력을 팽창하고 있었습니다. 제국주의를 표방하며 남하정책을 펴기 시작한 것입니다. 이에 북쪽과 남쪽 세력의 균형이 깨져 버리고 이는 전쟁으로 귀결될 것이 분명합니다. 그리고 그 틈에 끼어 있는 이스라엘은 이 세력 균형이 깨짐과 동시에 전쟁에 휩싸일 가능성이 농후한 지리적 조건에 놓여 있는 것입니다. 그런데 이 큰 숲을 보지 못하는 북이스라엘은 일시적인 평안 속에서 사치스러운 '상아궁'(상아로 지은 궁전)과 '여름궁'(여름을 지내는 궁전)을 짓고 있습니다. 이때 하나님의 예언자들은 세계의 큰 흐름을 보면서 이들의 어리석음과 죄악을 지적하며 하나님의 마음을 전하였습니다. 그러나 이스라엘 백성은 하나님의 이러한 마음을 거부합니다. 결국 아모스와 호세아 같은 선지자들이 활동했던 여로보암 2세 시대가 끝나자 북이스라엘은 큰 혼란 속에서 급격하게 멸망을 향해 치닫고 이 예민한 시대에 이사야가 사명을 받습니다.

◎ 함께 정독하기
왕하 15, 17장
사 6장

◎ 암송구절
사 1:3

2. 본문 여행

1) 열왕기하 15장, 역대하 26-27장, 이사야 1-6장 / 북왕국의 쇠락과 이사야의 소명

여로보암 2세(13대)의 뒤를 이은 스가랴(14대) 왕은 왕이 된 지 6개월 만에 살룸(15대)에 의해 살해되었습니다. 이때부터 이스라엘은 모반과 배신이 계속되는 혼란 속으로 빠져듭니다. 살룸의 재위기간은 스가랴보다도 짧았습니다. 그는 왕이 된 지 한 달 만에 므나헴(16대)에 의해 살해되었기 때문입니다. 므나헴의 뒤를 이어 그의 아들 브가히야(17대)가 왕위에 오르는데, 또 2년 만에 장관 르말랴의 아들 베가(18대)가 반역을 일으키고, 그 후에 엘라의 아들 호세아(19대)가 베가를 죽이고 왕이 되는데, 그가 바로 북이스라엘의 마지막 왕입니다. 이처럼 혼란에 혼란이 거듭되는 국가 상황은 일촉즉발 위기 그 자체입니다. 그러나 그런 상황 속에서도 백성들은 하나님을

◎ 이사야서의 주제
이스라엘의 고난(하나님의 심판)과 영광(메시아를 통한 구원)

◎ 이사야가 예언한 시대의 왕들(남)
1) 웃시야(10대)
2) 요담(11대)
3) 아하스(12대)
4) 히스기야(13대)

* 약 60년간 예언 (BC 739-680)

찾지 않습니다. 한편 남유다에서는 52년간 나라를 통치했던 웃시야(10대)가 죽고 그의 아들 요담(11대)이 왕위를 물려받습니다(왕하 15:32; 대하 26:23). 그리고 이 시기에 이사야가 선지자로 소명을 받습니다(사 6장).

◎ 자기 아들을 불 사이로 지나게 한 왕(남유다)
1) 아하스(왕하 16장)
2) 므낫세(대하 33장)

2) 열왕기하 16-17장, 역대하 28장, 이사야 7-12장 / 북왕국의 멸망

남유다 주변의 국제 정세가 한치 앞을 내다볼 수 없을 정도로 혼돈 속에 빠져 있습니다. 이 혼돈의 가장 큰 이유는 앗수르가 남하정책을 펴기 시작한 데 있습니다. 앗수르는 가장 먼저 아람, 그다음으로 북이스라엘, 그리고 남유다를 거쳐 애굽을 정복하려는 속셈을 가지고 있습니다. 그러자 그들의 정복 대상이 된 아람과 북이스라엘이 힘을 합해 앗수르에 대항하는 동맹체를 결성합니다. 이 두 국가는 혹시 남유다가 앗수르와 협력하여 그들의 뒤를 공격할지도 모른다고 판단하고 먼저 남유다를 치기로 계획을 세운 것입니다(왕하 16:5; 사 7:1). 위험에 처한 남유다 왕 아하스(12대)의 마음과 백성이 "숲이 바람에 흔들림같이"(사 7:2) 될 때, 이사야는 아하스를 만나 걱정하지 말라는 하나님의 메시지를 전합니다.

◎ '남은 자' 사상
하나님은 심판 중에도 택한 백성을 남기셔서 당신의 구속역사를 계속 이루어 가신다. 예를 들면, 노아 시대에 노아와 가족들, 엘리야 시대에 바알에게 무릎 꿇지 않은 7천 명, 북이스라엘과 남유다 멸망 시대에 살아남은 거룩한 씨들, 현 세대 가운데 선택되어 천국에 들어가는 모든 성도들이 남은 자들이다.

이사야 선지자의 외침은 북이스라엘과 아람이 동맹해 유다를 쳐들어올 것처럼 보이지만, 북이스라엘과 아람은 그들의 죄로 말미암아 곧 멸망할 테니 이 두 나라가 쳐들어올 것을 두려워하지 않아도 된다는 것이었습니다(사 7:5-9). 그러나 남유다의 아하스 왕은 북쪽의 두 나라가 동맹하여(아람 왕 르신과 이스라엘 왕 베가) 쳐들어오자 이사야의 충고를 무시하고 앗수르에게 솔로몬 왕 때부터 보관해 온 왕궁의 모든 좋은 것과 함께 사신을 보내어 도움을 청합니다. 이에 앗수르 왕 산헤립은 마치 정의의 사자라도 된 것처럼 북이스라엘과 아람을 정복하고 도움을 요청한 남유다까지도 침략할 기회를 호시탐탐 엿봅니다. 비록 앗수르에 의해 북이스라엘은 호세아 왕(19대) 때 교만과 완악한 마음, 회개하지 않고 망령되이 행함, 우상을 숭배하고 음란하고 방자한 행동으로 멸망하지만(사 9:8-21), "남은 자"들은 앗수르의 침략에서 보호될 것이며 앗수르 역시 머지않아 패망하게 될 것입니다(사 10장).

3. 삶의 적용

1) 북이스라엘은 마지막 왕인 호세아 때까지 하나님을 온전히 찾지 않습니다. 북한 정권의 현실을 논하고 북한의 회복을 위하여 기도합시다.

---

2) 남유다의 아하스 왕은 나라가 위기에 처할 때 선지자(이사야)의 충고를 무시하고 이방 나라(앗수르, 애굽)에게 도움을 요청하였습니다. 우리도 삶 가운데 위기가 찾아올 때 하나님이 아닌 다른 사람(부자 또는 권력자)을 찾아 헤맨 적이 있습니까? 그 결과는 어떠했습니까?

Day 28

남유다 책망 & 메시아 구속 (왕하 18–20장, 사 13–66장, 대하 29–32장)

1. 들어가는 글

◎ 함께 정독하기
왕하 18-20장
사 36-40장

◎ 암송구절
사 41:10

이사야서는 성경의 축소판이라고 불립니다. 성경이 구약 39권, 신약 27권이듯이 이사야서도 전반부(1–39장/ 죄에 대한 심판)와 후반부(40–66장/ 축복과 소망의 메시지)로 나뉘어 있습니다. 구약의 첫 부분이 인간의 타락으로 시작되듯이 이사야서의 첫 부분도 죄의 지적으로 시작되며, 구약의 마지막이 메시아 대망으로 끝나듯이 이사야서의 마지막도 메시아 왕국이 임할 것으로 마감합니다. 이것을 좀 더 세분화하면 다음과 같습니다. 유대에 대한 책망(1–12장), 열국들에 대한 책망(13–23장), 하나님의 심판과 승리(24–27장), 이스라엘과 유대에 대한 책망(28–35장), 산헤립에 대한 책망(36–39장), 하나님의 위대하심(40–48장), 메시아의 구원(49–57장), 하나님의 평화의 계획(58–66장).

2. 본문 여행

◎ 히스기야 시대
1) 왕하 18-20장
2) 대하 29-32장
3) 사 36-39장

1) 열왕기하 18–20장, 역대하 29–32장, 이사야 13–23장 / 히스기야의 행적

결국 북이스라엘과 아람을 집어삼킨 앗수르는 굶주린 사자처럼 남유다까지 삼키려고 으르렁거리고 있습니다. 바로 이런 시국에 히스기야(13대)가 왕위를 물려받았습니다. 처음에 히스기야는 다윗의 모든 행위와 같이 하나님 보시기에 정직히 행합니다(왕하 18:1–8). 그런데 나중에 히스기야는 조공에 대한 앗수르의 지나친 요구를 받아들이는 것이 힘에 부치자, 남쪽에 있는 애굽과 손을 잡으려고 합니다. 이때 하나님은 히스기야의 이러한 계획을 막으시고, 그 뜻을 온 백성에게 상징적으로 보여주기 위해 이사야에게 벗은 몸으로 예루살렘을 돌아다니라고 명하십니다. 히스기야가 의지하려는 애굽과 구스가 앗수르의 포로가 되어 벗은 몸으로 끌려갈 것을 보여주는 것입니다(사 20장). 애굽과 구스 이외에도 이사야 선지자는 바벨론, 모압, 다메섹, 두마, 아라비아와 같은 나라들에 대하여 경고와 심판 예언을 선포합니다(사 13–23장).

2) 이사야 24–39장 / '환상 골짜기' 예루살렘

이사야 22장에 나오는 '환상 골짜기'는 예루살렘을 지칭한 것으로, 이사야 24장부터는 본격적으로 남유다와 예루살렘에 대한 경고가 등장합니다. 당시 이스라엘의 위정자들은 안으로는 군국주의 정책, 밖으로는 애굽동맹 정책을 쓰고 있었는데, 위의 경고는 그 군국주의에 대한 비판입니다. 남유다는 앗수르를 막아 보기 위하여 가난한 사람들의 집을 다 헐어 버리면서까지 예루살렘을 요새화합니다. 그러나 히스기야는 왕부터 먼저 회개하고 공동체가 하나 되어 오직 하나님을 찾거나 의지하지 않고, 이사야 선지자의 메시지에 응답하지 않습니다. 그러다가 결국 히스기야는 애굽에 도움을 요청하다가 앗수르 왕 산헤립에게 점령당합니다. 그나마 예루살렘 성은 난공불락(難攻不落)의 성이 되어 쉽게 점령당하지 않았습니다. 이에 앗수르의 랍사게는 유다 방언으로 이스라엘과 심지어 하나님을 모욕하고, 이러한 극한 상황에서 히스기야가 하나님을 찾아 하나님의 사자가 앗수르 왕(산헤립)의 주력 부대 18만 5천 명을 하루아침에 무너뜨립니다(왕하 19:1–35; 사 37:36–38). 이 사건 후, 하나님의 권위에 도전한 교만한 나라인 대제국 앗수르는 에살핫돈이 왕이 되지만, 그들의 운명은 점차 쇠락해 갑니다.

◎ 토기장이
1) 사 29, 30, 45, 64장
2) 렘 18장
3) 롬 9장

앗수르의 운명이 쇠약해짐에 따라 또 한 나라 신(新) 바벨론 제국이 역사의 무대에 등장합니다. 므로닥발라단(느부갓네살의 아버지)이 예전 고(古) 바벨론의 영화를 꿈꾸며 메소포타미아와 고대 근동 전체를 다스리려는 야망을 품게 됩니다. 이 무렵 히스기야는 중병에 걸리게 되고(왕하 20장; 사 38장), 이사야 선지자가 곧 죽을 것이라고 통보하자 히스기야는 얼굴을 벽으로 향하고 하나님께 기도하며 통곡합니다. 이에 하나님은 그 기도를 들으시고 히스기야의 삶을 15년 연장해 주십니다. 이때 히스기야가 병들었다는 소식을 듣고 바벨론 왕 므로닥발라단이 예루살렘에 사신을 보내어 앗수르를 물리친 것에 대해 칭송하는 편지와 적절한 예물을 보냅니다. 이때 히스기야는 하나님께 영광을 돌리지 못하고, 자기가 전에 갖추어 놓았던 군사 시설과 무기창고들을 보여줌으로써 은연중에 자신과 예루살렘의 튼튼한 자주 국방력을 자랑하는 기회로 삼습니다. 그리고 이사야는 히스기야에게 얼마 후 바벨론에 의해 나라가 망할 것이라고 예언합니다(사 39:5–7).

◎ 태양과 관련된 기적들(사 38:8)
1) 모세가 애굽에 흑암 재앙을 내림.
2) 여호수아가 아모리와의 전투에서 태양을 멈춤.
3) 병든 히스기야가 기도할 때 일영표(해시계)가 10도 물러남.
4) 예수님이 십자가에서 운명하시기 전 해가 빛을 잃고 온 땅에 어둠이 임함.

◎ 금식에 대하여
1) 사 58장
2) 슥 7장

◎ 여호와의 종의 노래들
1) 사 42장
2) 사 49장
3) 사 50장
4) 사 52-53장

3) 이사야 40-66장 / 하나님의 구원계획

이사야의 심판 예언이 이사야 40장을 분기점으로 구원의 약속으로 이어집니다. 하나님의 심판으로 풀이 마름같이 말라 버린 유다가 그 심판의 때를 마치고 구원을 맞이하게 될 것이라는 약속입니다. 그런데 다시 선언되는 구원의 말씀에도 불구하고 이스라엘 백성들이 현실적인 고통으로 인해 힘들어하는 모습을 보신 하나님은 궁극적인 구원자인 메시아를 통한 회복, 즉 주의 종을 통한 회복을 노래하며 구원의 확신을 주고 계십니다(사 49장). 이러한 예루살렘을 회복하시는 하나님의 능력은 바로 고난받는 종을 통하여 나타납니다(사 53장). 이 고난받는 종의 모습은 온 인류의 영원한 구원을 성취하실 예수 그리스도의 그림자로서 인류 전체를 구원할 하나님의 청사진이기도 합니다. 그의 사명은 가난한 자, 마음이 상한 자, 포로 된 자, 갇힌 자들을 위로하고 해방시키는 것입니다. 한편, 하나님은 이스라엘에게 출애굽 직후에 가장 먼저 안식일 지키는 것을 훈련시키셨듯이(출 16장), 바벨론 포로에서 해방된 후에는 안식일 계명을 지킬 것을 강조하고 계십니다(사 58:13-14).

3. 삶의 적용

1) 탁월한 지식인으로 사회적 지위가 높았던 이사야는 남유다를 깨우치시기 위하여 벗은 몸으로 돌아다니라는 하나님의 말씀을 순종하였습니다(3년간). 우리 중에도 때로는 망설임과 수치를 감수하고 하나님의 말씀 앞에 순종한 경험이 있습니까?

2) 히스기야는 큰 병에 걸렸을 때 찾아온 바벨론 왕의 사신에게 군사시설과 무기창고를 보여주면서 은연중에 자신의 노력과 자주 국방력을 자랑하는 기회로 삼습니다. 여러분도 하나님이 하신 일을 마치 내 능력과 노력으로 이룬 것처럼 자랑한 적은 없습니까?

Day 29 악한 길로 나아가는 남유다 (미가, 왕하 21-23:30, 대하 33-35장)

1. 들어가는 글

범죄한 유다가 돌아오기만을 기다리시는 하나님의 또 다른 노력이 시작되고 있습니다. 미가는 이사야보다 약간 후대이기는 하지만, 거의 동시대에 활동한 선지자로 그 예언내용에 있어서도 이사야와 비슷합니다. 50여 년 전에 북이스라엘에서 아모스가 정의를 외쳤다면, 미가는 남유다에서 정의를 외친 예언자입니다. 북이스라엘 멸망(BC 722) 후 남유다의 히스기야 왕(13대, BC 726-697)은 뒤늦게 하나님을 의지하여 기도로 개인과 국가의 상황을 건강하게 바꿉니다. 그러나 그의 아들 므낫세(14대)는 55년 동안 왕 노릇 하며 나쁜 짓만 골라서 합니다. 결국 하나님께서는 남유다에 대한 심판을 결정하십니다. 비록 므낫세의 손자이자 아몬(15대)의 아들인 요시야(16대)가 왕이 되어 종교개혁을 이루지만, 므낫세와 아몬의 사악한 통치를 완전하게 뿌리 뽑기에는 요시야의 종교개혁 세력이 너무 약했고, 그 개혁의 시기 또한 너무 늦은 것이었습니다.

◎ 함께 정독하기
미 1, 3장
왕하 21-23장

◎ 암송구절
미 6:8

◎ 미가서의 주제
사회정의

2. 본문 여행

1) 미가 1-7장/ 남유다의 심판과 회복

미가 선지자는 하나님의 말씀을 떠나 패역하고 불의한 길에 서 있는 예루살렘과 사마리아를 향해 심판의 말씀을 선포하며, 그 시대 백성들에게 하나님의 마음에 귀기울일 것을 간절하게 호소합니다. 유다를 향한 하나님의 심판의 중심에는 예루살렘이 있습니다. 미가는 불의와 악을 즐기는 치리자들, 삯을 위하여 교훈하는 제사장들, 돈을 위하여 점치는 선지자들과 같은 지도자들의 죄상을 구체적으로 경고합니다(2-3장). 또한 백성들은 불의한 재물을 쌓았고, 저울 눈금을 속였으며, 부자들은 강포와 거짓을 행했습니다(6장). 따라서 사마리아와 예루살렘은 하나님의 은혜 가운데 성장 발전해 가는 도시가 아니라 백성들의 피를 빨아서 세운 도시가 되어 갔습니다. 이곳에서 하나님에 대한 관심은 찾아볼 수가 없었습니다. 이에 미가 선지자는 남유다를 회복시키고자 하시는 하나님의 간절한 소망을 선포하였

◎ 응답 받지 못하는 기도(미 3:4)
1) 외식적인 기도
2) 중인부인하는 기도
3) 회개가 없는 기도
4) 의심하는 기도
5) 정욕으로 구한 기도
6) 말씀을 떠난 기도
7) 겸손치 않은 기도
8) 악인의 기도

습니다(4, 5, 7장). 그리고 그곳에서 그들이 행해야 하는 '거룩'이라는 것은 다름 아니라, 그들에게 비추는 하나님의 빛을 열방에 전하는 것입니다. 구체적으로는 하나님과 동행하며, 공의를 행하며, 주린 자에게 양식을 나누어 주며, 유리하는 빈민을 집에 들이며, 헐벗은 자를 입히는 것 등입니다(미 6:8-구약의 황금률, 사 58:7).

2) 열왕기하 21장-23:30, 역대하 33-35장 / 패망으로 가는 유다

히스기야(13대)의 뒤를 이은 므낫세(14대)는 나라 곳곳에 우상을 만들고 이방 신 앞에 엎드리고 말았습니다(왕하 21:2-9). 12살에 왕이 되어 55년간 왕 노릇 하였던 므낫세는 아버지 히스기야가 기도하여 생명을 연장받은 후 낳은 아들인데도 불구하고 그는 도무지 아버지의 길을 따르지 않습니다. 므낫세는 왕이 가지고 있는 힘, 즉 왕정제도가 뒷받침하는 힘을 가지고 권력자가 얼마나 효과적으로 악행을 저지를 수 있는지를 보여주었습니다.

◎ 유월절 계승
히스기야가 실행한 유월절은 성결예식을 치른 제사장이 부족하고 백성들이 다 모일 수 없는 이유로 한 달 연기되어 진행된다. 이에 사무엘 시대 이후 유월절을 처음으로 제대로 지킨 것은 히스기야 시대의 유월절이 아닌, 그의 손자 요시야 시대의 유월절이다(대하 35:18).

므낫세가 죽고 그 아들 아몬(15대)이 왕위에 올랐는데, 그 아버지의 행위를 따라 악을 행하자 신복들이 반역을 일으켜 그를 죽입니다. 그러자 국민들이 다시 그 반역 세력들을 폐하고 아몬의 아들 요시야(16대)를 왕으로 삼습니다. 요시야는 8세에 왕위에 올라 31년간 국가를 치리합니다. 요시야는 그의 조부나 아버지와는 달리 하나님의 뜻대로 국가를 치리하고자 노력한 훌륭한 왕이었습니다. 요시야는 두 번의 종교개혁을 이루는데, 첫 번째 종교개혁은 그의 통치 12년째 되던 해에 일어났습니다(대하 34:3-7). 이때 그는 바알의 신상을 헐고 이방 신의 분향단을 파괴하고, 거짓 선지자들의 뼈를 그들의 제단 위에서 불사르며 아세림(새겨 만든 우상들)과 부어 만든 우상들을 깨뜨리는 등 우상 대청소를 시행합니다. 그로부터 6년 후, 제사장 힐기야가 성전에서 율법책을 발견했을 때, 두 번째 종교개혁이 일어났습니다(대하 34:8-35:19). 이때 요시야는 사무엘 시대 이후 한 번도 제대로 지켜지지 않았던 유월절을 처음으로 지킵니다.

◎ 요시야 시대
1) 왕하 22-23장
2) 대하 34-35장

요시야 왕은 이스라엘 전체 39명의 왕들 가운데 가장 성실하게 율법을 지키려고 노력하였으며 다윗의 길로 간, 몇 안 되는 선한 왕 중 한 명이었습니다. 바로 이 요시야 왕이 애굽 왕 바로느고와 므깃도에서 싸우다가 죽자(왕하 23:29) 유다 백성들은 곧 예전의 우상숭배와 거짓 가르침으로 돌아

가고 맙니다. 그 후 남유다 역사를 개괄적으로 살펴보면, 요시야의 뒤를 이어 그의 아들인 여호아하스(17대)가 왕위에 오르나 그도 애굽으로 끌려가고, 요시야의 다른 아들 엘리아김(여호야김, 18대)이 나라를 맡습니다. 엘리아김(여호야김) 역시 애굽에 많은 조공을 바치기 위해 국민들로부터 과다한 세금을 거둬들이는 등 하나님 보시기에 악한 왕이었습니다. 남유다의 멸망이 멀지 않아 보입니다.

3. 삶의 적용

1) 미가 선지자 시대처럼 각 지역의 두령이나 방백들이 그 지역이나 주민들을 위한 행정이나 정치를 하는 것이 아니라 그 지역의 좋은 것들을 자기 출세를 위해서 사용하는 경우가 있습니다. 그 예를 들어 보십시오.

---

2) 남유다 말기에는 신앙이 잘 전수되지 않습니다. 히스기야(선한 왕)–므낫세(악한 왕)–아몬(악한 왕)–요시야(선한 왕)–여호아하스, 여호야김(악한 왕). 오늘 우리 공동체(가정, 교회)에서는 신앙이 잘 전수되고 있습니까?

Day 30

하나님의 공의의 날 (스바냐, 하박국, 나훔)

1. 들어가는 글

◎ 함께 정독하기
습 1, 3장
합 1-2장
나 1장

◎ 암송구절
습 3:17-18

요시야 왕(BC 640–609)의 종교개혁으로 남유다에 대대적인 종교개혁이 있었고, 바벨론과 메대 연합군에 의하여 니느웨는 함락(BC 612)되는 시점의 일입니다. 이 무렵 유다의 죄악된 역사 흐름은 조금도 그 방향이 바뀌지 않았습니다. 이에 히스기야 왕의 4대 손인 스바냐 선지자는 사람들의 죄로 인해 모든 땅 위에 임하게 될 여호와의 큰 날, 즉 여호와의 분노의 날에 대해 이야기합니다. 스바냐의 예언의 내용은 초지일관 '심판'이었습니다. 더 이상 그냥 내버려둘 수 없는 유다의 죄악이 하나님의 심판을 선언하게 만들었던 것입니다. 이때 하박국 선지자는 악인들의 죄악상과 하나님의 침묵에 대하여 하나님께 호소합니다. 한편, 스바냐와 비슷한 시대에 활동하였던 나훔 선지자는 150여 년 전 요나가 선포하였던 나라인 이방의 앗수르가 세월이 흘러 다시 교만해지자 앗수르의 수도 니느웨에 대하여 멸망을 선포합니다.

2. 본문 여행

1) 스바냐 1–3장 / 공의와 겸손을 구하라

◎ 회개의 본질
(습 2:1-3)
1) 죄로 인한 근심
2) 하나님을 찾음.
3) 죄를 자백함.
4) 죄악된 길 버림.
5) 지속되어야 함.
6) 삶의 변화로 드러남.
7) 선한 열매 맺음.

스바냐 선지자는 하나님의 임박한 진노에 대한 무서운 선포로 시작한 후, 유다 백성들에 대한 하나님의 징계를 선포합니다(1:4–18). 이어서 하나님의 맹렬한 심판이 이스라엘을 넘어 주변의 이방 나라로 이어질 것을 선포합니다(2:4–15). 블레셋과 모압, 암몬, 구스, 앗수르 등 주변 나라들에 대한 벌을 선고한 후에 다시 하나님의 징계의 중심 대상인 예루살렘에 초점을 맞춥니다(3:1–7). 그러나 이 모든 심판의 선포 후에 스바냐는 온 열방이 심판을 받을 수밖에 없는 역사의 어두움 속에서도 주의 명령을 따른다는 이유로 온갖 고난을 당하는 이들에게 끝까지 인내하기를 권하고 있습니다. 하나님께서는 여전히 다윗과의 약속을 기억하시면서 구원을 베푸실 전능자로서 예루살렘을 사랑하시며, 예루살렘을 인하여 기뻐하실 것을 말씀하십니다(3:17).

2) 하박국 1-3장 / 의인은 믿음으로 살리라

하박국 선지자는 의인(남유다)의 고난과 악인(바벨론)의 형통이 불공평하다고 말합니다(1:2-4). 이에 대하여 하나님은 유다의 죄악을 해결하고 고치기 위해 바벨론을 준비하셨음을 밝히십니다(1:5-11). 그러자 하박국은 하나님을 향해 유대인보다 더 나쁜 바벨론 사람들이 와서 유다를 징계하는 것이 옳은가라는 질문을 다시 던집니다(1:12-17). 여기에 대하여 하나님은 하박국에게 역사 속에 실현될 하나님의 공의를 다시 한 번 강조하시며, 하나님의 "정한 때"(2:3)를 말씀하시고 "의인은 그의 믿음으로 말미암아 살리라"(2:4)고 말씀하십니다. 하나님의 이 대답을 듣고, 하박국의 입술에서 마침내 찬미의 노래가 터져 나옵니다. 바로 유실수에서 과실이 없을지라도 그로 인하여 실망하지 않을 것이며, 우리에 양이나 소가 없을지라도 그로 인하여 괴로워하지 않을 것이며, 도리어 "하나님으로 말미암아 기뻐하리라"(3:17-18)는 것입니다.

◎ 하박국은?
레위 지파 제사장 또는 성전 찬양대원이었을 것이며, 시편의 '셀라'라는 용어가 등장(3번)한다.

3) 나훔 1-3장 / 화 있을진저 피의 성이여

요나의 심판 설교로 회개하였던 화려하고 강력했던 앗수르의 니느웨가 다시 죄악에 빠집니다. 이에 하나님은 엘고스 사람 나훔 선지자를 통하여 다시 한 번 니느웨에 대하여 심판을 선포하십니다. 하나님은 인생들을 사랑하시고 아끼시지만 동시에 공의로우신 분이기 때문에 악에 대해서는 반드시 심판을 하십니다. 요나를 통해 회복의 기회를 주시며 사랑으로 안으려 하셨지만, 그들은 죄악의 관성대로 나아가다가 결국 멸망에 이릅니다. 역사적으로 보면, 앗수르는 남유다 히스기야 왕 때 예루살렘에서 패한 후에 점차 세력이 약해져서 바벨론의 느부갓네살에 의하여 점령당합니다. 그리고 니느웨가 범람한 물(홍수)로 멸망할 것이라고 나훔 선지자가 예언한 대로(1:8), 니느웨 성은 홍수로 인해 일부가 파괴되었고, 그 성벽의 무너진 틈으로 바벨론인들이 침략함으로써 그 성은 완전히 무너지고 말았습니다(2장). 앗수르가 이렇게 멸망하게 된 이유는 그들이 강포와 늑탈로 이웃 국가들에게 악행을 행하였고, 마술과 음행으로 열국을 유혹하였기 때문이었습니다(3장).

◎ 나훔서 & 요나서
- 니느웨 예언
- 구원(요나서)
- 멸망(나훔서)

3. 삶의 적용

1) 하박국의 이야기처럼 비록 우리 앞에 나타난 현실이 이해하기 힘들지라도 하나님은 정하신 때에 당신의 일을 이루실 것입니다. 우리 안에 이러한 믿음과 소망이 있습니까?

2) 니느웨가 회개하였을 때는 구원을(요나서), 다시 죄악 가운데 빠졌을 때는 심판을(나훔서) 받았습니다. 우리 주변에서 구원의 메시지를 선포할 대상은 누구입니까?

Day 31 예루살렘 함락 & 예레미야 (왕하 23:31-24장, 대하 36:1-10, 렘 1-31장)

1. 들어가는 글

남유다 요시야 왕(16대, BC 640-609)은 그의 삶을 던져 뒤틀려 버린 국가와 종교를 개혁해 나갔습니다. 그러나 할아버지인 므낫세(14대)의 기나긴 통치기간 동안에 행해진 죄악으로 말미암아 하나님은 유다에 대한 진노를 돌이키지 않으시겠다는 말씀을 하십니다(왕하 24:3-4). 그래서 요시야 왕이 므깃도에서 애굽과 싸우다가 전사한 후 남유다는 급격히 쇠퇴해 갑니다. 이 무렵 이스라엘을 괴롭혔던 앗수르는 바벨론에 의해 멸망당합니다(BC 612). 이때 남유다는 요시야 이후 둘째 아들인 여호아하스(17대)가 석 달을 통치하지만, 애굽 왕 바로느고에 의해 폐위됩니다. 그리고 요시야의 첫째 아들인 여호야김(엘리아김은 애굽 왕 바로느고가 개명한 이름)이 통치합니다. 여호야김(18대, 11년 통치) 4년 때는 갈그미스 전투에서 애굽을 물리친(렘 42:2) 바벨론 왕 느부갓네살이 그의 통치 원년에 침략(1차 / BC 606, 다니엘 포로)하여 성전기구를 약탈해 갑니다. 그 후 여호야김의 아들 여호야긴(19대)이 통치(100일)하지만 바벨론 왕 느부갓네살이 다시 침략(2차 / BC 597, 에스겔 포로)하여 여호야긴을 비롯하여 군사와 기술자, 그리고 대장장이 등이 잡혀갑니다. 이후에 남유다는 요시야의 셋째 아들인 시드기야(20대, 11년 통치)가 통치하지만, 바벨론이 다시 침략(3차 / BC 588)하고 약 2년 뒤에 예루살렘을 함락(BC 586)하여 시드기야와 남은 백성이 포로로 잡혀갑니다. 바로 이 시기에 예레미야의 예언은 국가의 깃발을 내리고 바벨론에게 항복하라는 것이었습니다.

◎ 함께 정독하기
왕하 24장
렘 1, 20, 25, 29장

◎ 암송구절
렘 29:12-13

◎ 예레미야서 주제
유다의 포로 됨과 귀환

2. 본문 여행

1) 예레미야 1장 / 예레미야의 소명

격동의 40여 년, 예레미야가 활동했던 시기는 유다 역사상 가장 암울했던 시대입니다. 이미 오랜 세월 하나님의 경고를 무시해 온 예루살렘의 멸망이 불가피하기 때문입니다. 하나님의 심판은 이미 결정되었고, 곧 임할 심판에 앞서 하나님의 말씀을 대변할 한 사람, 예레미야가 부름을 받습니

◎ 예레미야가 예언한 시대의 왕들(남)
1) 요시야(16대)
2) 여호아하스(17대)
3) 여호야김(18대)

4) 여호야긴(19대)
5) 시드기야(20대)
* 약 40년간 예언
(BC 627-586)

다(1:5). 처음에 예레미야는 "아이라 말할 줄을 알지 못하나이다"(1:6)라는 이유로 하나님의 부르심을 두려워합니다. 그러나 하나님께서 직접 메시지를 주시겠다고 약속하시며 살구나무 환상(1:11-12)과 끓는 가마(1:13-19)를 보여주시면서 사명에 대한 확신을 더해 주십니다. 말씀대로 하나님의 뜻이 이루어지는 것을 목도하게 될 것과 북쪽 세력을 통하여 자신의 동족 유다 백성과 예루살렘에 심판이 임할 것을 알려 주신 것입니다.

2) 열왕기하 23:31-24장, 역대하 36:1-10, 예레미야 2-23장 / 유다에 대한 심판과 설득

◎ 필요한 의인의 수
1) 소돔 성(창 18장)
- 의인 10명
2) 예루살렘 성(렘 5장)
- 의인 1명

하나님은 이스라엘 백성들을 하나님의 백성 삼고 하나님은 그들의 하나님이 되시는 언약의 말씀을 전하여 주셨지만, 그들은 하나님과의 언약을 버리고 멀어져만 갔습니다. 예루살렘의 죄악상은 백성들의 일상생활에서부터 하나님을 섬기는 모든 예식에 이르기까지 두루 퍼져 있었습니다. 그들은 고아와 과부를 압제하였고, 죄 없는 사람을 상해하였으며, 우상숭배로 하나님의 분노를 일으켰습니다(렘 5:20-31). 그러면서도 그들은 성전에 나가기만 하면 재앙을 피할 수 있다고 스스로 위로하였습니다.

◎ 토기장이 비유
(렘 18장)
하나님은 토기장이의 비유를 통해 비록 이스라엘이 택한 백성이라 할지라도 그들이 순종치 않으면 멸망할 수 있다는 사실을 알려 주신다. 그러나 예레미야의 예언을 깨닫지 못하는 유다 백성들은 이후 성경의 숲에서 볼 때 신약시대에도 하나님의 주권을 끝까지 인정하지 않는다(롬 9장).

이러한 어리석고 완고한 지도자들과 백성들을 향하여 예레미야는 혹독한 비판의 설교를 합니다(렘 7장). 그리고 하나님의 심판이 결정되었으니 이제 회개하고 국가의 깃발을 내리라고 합니다. 더 이상 나라를 유지한 채로는 새로운 기대를 할 수 없기에 이미 기울어진 민족의 운명을 직시하고 민족의 장래를 위해 북방으로부터 내려오는 강력한 힘을 지닌 바벨론에 항복하라고 외칩니다(렘 21장). 다시 말해, 이제 바벨론으로 옮겨가 거기서 시간을 보내면서 다시 시작할 기회를 얻자는 것입니다. 이 같은 하나님의 말씀을 전하기 위해 예레미야는 입술만이 아닌 삶 전체를 바치는데, 결혼을 하지 말라는 명령(렘 16장), 항아리를 장로들 앞에서 깨버리는 일(렘 19장) 등을 합니다. 그러나 예레미야의 외침에도 불구하고 유다의 지도자들, 즉 왕과 제사장들은 백성들을 아첨과 축복의 말로써 잘못된 길로 인도하여 하나님으로부터 멀어지게 하였습니다. 이에 하나님은 그들(여호아하스, 여호야김, 여호야긴)을 폐하시고(렘 22장; 왕하 23:31-24:17; 대하 36:1-10), 새로운 대안으로 메시아를 보내서 희망의 나라를 세우시겠다고 약속하십니다(렘 23장).

3) 예레미야 24-31장 / 끌려간 유다 백성들에 대한 설득

유다가 멸망할 당시 거짓 선지자들도 유다의 회복을 전합니다. 그러나 그들이 말하는 회복은 70년의 고난의 세월을 빼버린 회복입니다(렘 28장). 바벨론의 침략(2차)으로 여호야긴 왕과 유다의 고관들을 비롯한 여러 기술자들이 바벨론으로 끌려가는 모습을 보면서 이스라엘 땅에 남아 있는 백성들이 안도의 한숨을 쉬었을지 모르지만, 실은 바벨론에 끌려간 이들은 극히 좋은 무화과요, 남아 있는 백성들은 극히 나쁜 무화과입니다(렘 24장). 고난의 시기, 훈련의 기간을 인내하고 견디는 가운데 하나님의 은혜를 깨닫고 다시 세움을 받을 수 있기 때문입니다. 이 사실을 모른 채 포로로 끌려가 실망과 좌절 속에서 나날을 보내고 있을 동포들에게 예레미야는 편지를 보내어 바벨론에서의 행동지침을 알려 줍니다. 그 내용의 핵심은 바벨론 포로생활의 기간이 결코 짧지 않은 70년의 세월이 될 것이라는 점입니다(렘 25:11-14). 그리고 예레미야는 바벨론에 포로로 잡혀간 여호야긴 왕을 비롯한 남유다 백성들에게 유다 왕국의 회복을 말씀합니다(렘 29장; 왕하 24:12-16). 또한 재앙의 때가 지나가고 은혜의 때가 올 것이며(렘 30장), 무너진 성벽이 재건되고 모든 땅이 여호와의 성지가 되리라고 예언합니다(렘 31장).

◎ 한 국가의 국민으로서 성도의 의무

1) 평화를 도모하며 기도할 것(렘 29:7)
2) 하나님을 섬길 것(느 2:3)
3) 위정자들을 존경할 것(출 22:28)
4) 통치자들을 위해 기도할 것(딤전 2:1)
5) 선을 행하며 의롭게 살 것(벧전 3:17)

3. 삶의 적용

1) 하나님은 예레미야를 열방의 선지자로 세우시기까지 모태에서부터 구별된 오랜 돌보심과 계획이 있었습니다. 지나온 세월을 돌이켜볼 때, 지금 이곳에 있기까지 하나님의 특별한 계획과 부르심은 무엇입니까?

2) 예레미야는 하나님의 말씀을 전하기 위해 입술만이 아닌 그의 삶 전체를 바쳤고, 그로 인하여 핍박 역시 온몸으로 받아야 했습니다. 오늘 우리가 전하는 메시지는 입술의 메시지입니까, 삶으로 전하는 메시지입니까?

Day 32

남유다 왕국의 멸망 & 예레미야

(왕하 25장, 대하 36:11-23, 렘 32-52장)

◎ 함께 정독하기
왕하 25장
렘 38-39장

◎ 암송구절
렘 46:28

1. 들어가는 글

남유다의 마지막 왕인 요시야(16대)의 셋째 아들인 시드기야(20대, 11년 통치) 9년 10월에 예루살렘 성은 바벨론의 느부갓네살에 의해 포위됩니다(3차 침입, BC 588). 남유다는 극심한 기근에도 불구하고 1년 6개월을 저항하지만 바벨론 왕의 시위대 장관 느부사라단이 예루살렘 성벽에 구멍을 뚫고 진입하는 바람에 점령을 당합니다. 결국 시드기야 왕은 도망 중에 잡혀 두 눈이 뽑히고 그가 보는 앞에서 두 왕자가 죽임을 당하며 본인은 결박을 당한 채 바벨론의 포로가 됩니다(BC 586). 예레미야를 통해 피해를 줄이고 후일을 도모하기 위해 바벨론에 순종할 것과 항복할 것을 말하였으나 듣지 않은 시드기야와 남유다는 결국 완전히 멸망하게 됩니다. 그 후 바벨론의 꼭두각시인 그달리야(그다랴)가 남은 유다 백성을 통치하지만, 3개월 만에 반바벨론주의자들인 이스마엘과 10인에 의해 죽임을 당합니다(왕하 25:25). 이에 대하여 분노한 느부갓네살은 즉위 23년에 시위대 장관 느부사라단을 보내어 남은 유다 백성들을 포로(4차, BC 581)로 잡아갑니다(렘 52:30). 이에 남유다는 바사와 고레스의 조서에 의해 본국으로 돌아오기까지 70년(BC 606-536)을 바벨론 포로생활을 하였습니다. 그 후 예루살렘의 멸망을 기점으로 예레미야의 사역은 이스라엘 땅에 남아 있는 백성들을 위한 것이 됩니다.

2. 본문 여행

◎ 예레미야가 받은 핍박
1) 자신의 고향인 아나돗에서의 위협
2) 제사장들과 예언자들에 의한 위협

1) 열왕기하 25장, 예레미야 32-38장 / 포위 중에 항복을 설득하는 예레미야

예루살렘 성이 바벨론에 포위되었을 때 예레미야는 왕궁 시위대 뜰에 갇힙니다(시드기야 10년). 바벨론이 예루살렘을 에워싼 후에도 예루살렘은 1년 반을 버텼습니다(왕하 25:2). 위기일발의 상황에 예레미야는 시드기야 왕과 마주 앉습니다. 비록 유다의 죄악으로 예루살렘이 멸망한다는 사실은 뒤바뀔 수 없지만, 인명 피해와 성전과 성내의 파괴를 최대한 막을 수 있는 기회이기에 예레미야는 시드기야 왕에게 '지금 항복하면 성도 살아남고, 왕과 왕의 가족들도 살아남을 것이지만 항복하지 않으면 모두 죽는다'(렘 38:17-18)고 말합니다. 그런데 시드기야는 자기가 항복하면 이미 느부갓네살에게 잡혀간 유대인들이 자신을 놀릴까 봐 두려워하고, 또한 애굽의 군대를 의지하면서 예레미야의 간절한 설득을 무시합니다.

3) 족쇄에 매임
4) 여호야김 왕의 위협
5) 거짓 선지자 하나냐에 의한 위협
6) 웅덩이에 던져짐

2) 열왕기하 25장, 예레미야 39–52장 / 잠깐의 징계에 대하여 설득하는 예레미야

예레미야의 간절한 설득을 거절한 시드기야와 그의 지도층들은 그들의 선택에 대한 결과를 맞이하게 되는데, 시드기야 11년 4월에 바벨론 왕 느부갓네살에 의해 예루살렘이 마침내 함락됩니다. 바벨론 왕은 시드기야와 유다 백성들을 포로로 잡아가고, 그달리야(그다랴)를 유다 총독의 자리에 앉혀서 남아 있는 유다 백성들을 다스리게 합니다(왕하 25:22; 렘 40:7). 그러나 반바벨론주의자들이 곳곳에 숨어 있고 거짓과 암살이 난무하는 가운데 그달리야는 이스마엘과 무리들에게 암살을 당하고 유다 땅의 총독은 이스마엘, 요하난으로 계속 이어지게 되었습니다(41장).

◎ 바룩(렘 36:4)
바룩은 예레미야의 서기로서 예레미야와 동행하며 그가 말한 모든 예언을 기록하는 충성스러운 사명을 맡았으며, 외경인 '바룩서'를 쓴 저자이기도 하다. 이름의 뜻은 '축복받은 자'이다.

유다 백성들은 바벨론을 두려워하였고, 이때 바벨론을 피해 애굽으로 도망하려는 그들에게 하나님은 이스라엘 땅에 남으라고 명령하십니다(렘 42:19). 그러나 그들은 여전히 하나님의 말씀을 받아들이지 않고 애굽으로 피해 갑니다(렘 43장). 애굽으로 도망간 이스라엘 백성들의 생각에는 애굽 군대가 그들이 두려워하는 바벨론 군대를 막아낼 수 있는 방패였습니다. 그러나 하나님은 그 애굽의 멸망을 예고하십니다(렘 46장). 바벨론을 세우신 하나님의 크신 경륜 가운데서 블레셋, 모압, 암몬, 에돔, 그리고 바벨론까지도 멸망할 것을 선언합니다(렘 47-51장). 예루살렘은 마침내 바벨론에 의하여 함락당합니다(렘 52장; 왕하 24-25장). 그리고 하나님의 말씀대로 바벨론도 메대와 바사의 연합군에 의하여 멸망하고, 바사 왕 고레스의 칙령에 의하여 유다 백성들은 예루살렘에 성을 건축하기 위해 유다 땅으로 돌아가라는 명령을 받습니다(대하 36:22-23; 스 1:1-3).

◎ 말씀 묵상의 기본 원칙(렘 36:8)
1) 말씀을 낭독(렘 36:6)
2) 주야로 묵상(시 1:2)
3) 성경은 하나님의 말씀(딤후 3:16)
4) 하나님의 말씀은 살아 있음(히 4:12)
5) 말씀을 앎과 동시에 실천이 필요(요일 5:3)
6) 성경의 주제는 예수 그리스도를 통한 구속(눅 24:44)

예루살렘의 현재 모습은 절망 그 자체입니다. 그럼에도 불구하고 예루살렘의 현실을 직시하고 있는 예레미야가 놀라운 희망으로 부풀어 오를 수 있었던 것은 역사의 앞날을 향한 하나님의 계획을 바라보고 있었기 때문입니다. 하나님은 '포로기간 70년'을 유다 백성들의 몸에 배어 버린 죄악의 사슬을 끊을 수 있도록 교육하는 기간으로 계획하셨습니다.

3. 삶의 적용

1) 예레미야 선지자는 시드기야 왕을 수차례 설득하지만 그는 끝내 고집을 부리고 자신과 나라(남유다)를 패망케 합니다. 하나님께서 오늘 나와 우리 공동체를 향해 설득하시는 내용은 무엇입니까?

---

2) 이스라엘(남유다) 백성들이 바벨론에서 보내게 될 70년의 세월은 영원한 멸망이 아닌 잠깐의 징계(하나님의 특별교육기간)입니다. 오늘 우리가 과거에 경험한 잠깐의 징계는 무엇이며, 그 기간을 어떻게 극복하면서 보냈습니까?

Day 33

예루살렘 멸망에 대한 통곡 (예레미야애가)

1. 들어가는 글

시드기야 왕 때 남유다를 침략(3차)한 바벨론 왕 느부갓네살 군대의 분노는 쉽게 그치지 않았습니다. 남유다의 다른 곳은 모두 점령이 끝났는데, 예루살렘 성 하나만 정복하지 못한 채 1년 6개월을 끌어야 했으니 군인들의 약이 오를 대로 올랐던 것입니다. 그래서 그들은 여호와의 전과 왕궁을 불사르고, 예루살렘의 모든 집을 불살랐으며, 예루살렘의 사면 성벽을 모두 헐어 버렸습니다(왕하 25:8-10). 또 여호와의 전에 있던 기구들을 깨뜨리거나 금, 은, 놋그릇들은 모두 바벨론으로 가져가 버립니다(왕하 25:13-17). 사실 예레미야는 시드기야 왕과 권력을 가진 사람들이 미리 항복함으로써 백성들에게 닥칠 피해를 조금이라도 더 줄여 보려고 애를 썼지만 그의 수고는 거절당하고 수많은 사람들이 죽었습니다. 이러한 바벨론 포로시대에 하나님의 심판 현장을 바라보는 예레미야의 눈에는 눈물이 하염없이 흘러내리고 있습니다. 그러나 그는 성이 불타는 모습과 죽어 가는 노인들과 아이들을 바라보며 힘들어하면서도 하나님의 깊은 경륜에 한 가닥 소망을 두면서 희망을 노래하고 있습니다.

◎ 함께 정독하기
애 1-5장

◎ 암송구절
애 3:40

2. 본문 여행

1) 예레미야애가 1장 / 예루살렘의 황폐를 통곡

예레미야는 만일 항복하면 이 성이 살아남을 것이라고 오랜 기간 동안 예언하였습니다. 그러나 예레미야의 말을 듣지 않은 시드기야 왕과 신하들 때문에 솔로몬이 13년 동안 지은 왕궁과 7년 동안 지은 성전이 모조리 불에 타서 없어져 버리고 말았습니다. 그 건물들도 불타고 그와 함께 바벨론 군인들에게 죽임당한 사람들의 시신도 타고 있었습니다. 열방을 향한 성전, 그 성전을 통해 열방을 주의 백성 삼고자 하셨던 하나님의 기대가 이스라엘 백성들의 교만과 불순종으로 인해 이렇게 허물어지고 말았습니다. 왕도 끌려가고, 백성들 중 많은 이들이 끌려갔습니다. 많은 사람들이 죽임을 당했습니다. 이방 원수들은 비웃으며 조롱하였고, 백성들은 식량이 없어 비

◎ 포로왕국시대
1) 사람
(BC 606-536)
2) 성전
(BC 586-516)
3) 활동장소 및 시기
- 다니엘(바벨론-바사, BC 606-534)
- 에스겔(바벨론, BC 597-571)
- 예레미야애가
(유다, BC 586)

참하게 죽어 갔으며, 거리는 나뒹구는 시체들로 가득하게 되었습니다. 이렇게 무너져 버린 예루살렘을 바라보면서 예레미야는 하나님의 마음으로 슬피 울고 있습니다. "밤에는 슬피 우니 눈물이 뺨에 흐름이여 사랑하던 자들 중에 그에게 위로하는 자가 없고 친구들도 다 배반하여 원수들이 되었도다"(1:2). 그는 나이 20세에 부름 받아서 평생을 이렇게 울었습니다.

2) 예레미야애가 2장 / 시온의 여자를 위한 통곡

◎ 예레미야 & 예레미야애가
예레미야가 예루살렘의 멸망을 미래에 일어날 일로 예상한 반면에, 예레미야애가는 예루살렘의 멸망을 과거의 일로 회상함.

예레미야 선지자는 동족 유다의 처절한 형편을 바라보니 가슴이 아프고 백성들의 울부짖는 소리에 그의 심장은 미어집니다. "내 눈이 눈물에 상하며 내 창자가 끊어지며 내 간이 땅에 쏟아졌으니"(2:11). 관례상 정복전쟁에서는 사령관이 군인들에게 피정복지 약탈을 허용하였습니다. 바벨론 군인들은 그 관례대로 예루살렘 성에 달려들어 닥치는 대로 사람을 죽이고, 여인들을 폭행하고, 성에 불을 질렀습니다. 예레미야의 슬픔은 바로 이런 힘없는 백성들이 당하는 기가 막힌 고통과 아픔에 대한 통한이었을 것입니다.

3) 예레미야애가 4장 / 예루살렘 참상의 원인

◎ 히브리 성경의 5개의 두루마리
아가서(유월절 낭독)
룻기(오순절 낭독)
에스더(부림절 낭독)
전도서(초막절 낭독)
예레미야애가
(아브월 9일 낭독)
- BC 586, AD 70년 예루살렘 멸망(성전 파괴)을 애통

하나님의 눈물을 흘렸던 예레미야는 예루살렘 성전의 함락 이후 이스라엘 백성들이 당하는 고통을 자신의 한 몸에 고스란히 채우고 있습니다. 예레미야는 포위 당시 예루살렘의 처참한 광경을 "젖먹이가 목말라서 혀가 입천장에 붙음이여 어린아이들이 떡을 구하나 떼어 줄 사람이 없도다"(4:4)라고 묘사합니다. 동시에 종교 지도자들(제사장, 선지자)의 타락이 예루살렘이 이방 나라에 포위당한 이유라고 지적합니다. "그의 선지자들의 죄들과 제사장들의 죄악들 때문이니 그들이 성읍 안에서 의인들의 피를 흘렸도다"(4:13). 그리고 유일한 회복의 길은 바로 공의의 심판과 긍휼의 자비를 신실히 베푸시는 하나님만을 의지하는 것이라고 말합니다.

4) 예레미야애가 3, 5장 / 회복에 대한 간구

◎ 유대 월력 명칭 / 종교(민간) / 양력
니산 / 1 (7) / 3-4
이야르 / 2 (8) / 4-5
시완/ 3 (9) / 5-6
담무즈/ 4 (10) / 6-7

예레미야는 예루살렘 성의 기가 막힌 상황으로 밤새워 슬퍼하면서도 아침에 눈을 뜨며 그래도 하나님의 긍휼로 인해 살아남은 사람들을 소망으로 여깁니다. 그리고 인간의 절망 앞에서 하나님의 희망을 노래합니다. "입을 땅의 티끌에 댈지어다 혹시 소망이 있을지로다, 주께서 인생으로 고생하게 하시며 근심하게 하심은 본심이 아니시로다"(3:29, 33). 예레미야는 여호와

의 긍휼과 자비하심에 소망을 둡니다. 예루살렘의 멸망이 하나님의 실패를 의미하지 않습니다. 다 멸절된 것이 아니고, 남은 자들이 있습니다. 예루살렘이 최종적으로 함락되기(BC 586) 전에, 1차(BC 606)와 2차(BC 597)로 바벨론에 끌려간 자들이 있습니다. 하나님께서는 이미 새로운 씨앗을 준비하고 계셨던 것입니다. 이것이 예레미야가 바라보는 절망 앞의 희망이었습니다. 더욱이 이러한 선지자의 확신 속에는 구원을 이루는 회개 또한 하나님의 은혜로 말미암는 것이라는 성숙된 신앙고백이 뚜렷이 드러납니다.

아브/ 5 (11) / 7-8
엘룰/ 6 (12) / 8-9
디스리/ 7 (1) / 9-10
헤스완/ 8 (2) / 10-11
기슬르/ 9 (3) / 11-12
데벳/ 10 (4) / 12-1
스밧/ 11 (5) / 1-2
아달/ 12 (6) / 2-3

3. 삶의 적용

1) 우리는 주로 무엇으로 근심과 슬픔의 주제를 삼습니까? 예레미야 선지자처럼 시대와 민족의 아픔을 보며 가슴 아파하시는 하나님의 눈물이 나의 눈물이 된 적이 있습니까?

____

2) 예레미야 선지자처럼 진정한 소망이라면 절망 앞에서도 희망을 노래할 수 있어야 합니다. 하나님 안에서 나에겐 어떤 소망이 있습니까?

____

Day 34

그발 강변에서의 사명 1 (겔 1–24장)

1. 들어가는 글

◎ 함께 정독하기
겔 1, 3, 18,
22, 24장

◎ 암송구절
겔 18:23

예루살렘이 완전히 패망(BC 586)하기 11년 전인 BC 597년, 에스겔의 나이 25세에 바벨론 왕 느부갓네살(2차 침략)은 남유다 왕 여호야긴(19대)을 비롯하여 약 1만 명의 포로들을 바벨론으로 잡아갑니다. 바로 그 무리에 에스겔이 포함되어 있었습니다. 이 무렵 본토 유대 땅에서는 예레미야가 그 사역을 감당하고 있었고, 바벨론에는 바벨론의 1차 침략(BC 606) 때 포로로 끌려온 다니엘이 이미 있었습니다. 에스겔의 바벨론 거주지인 그발 강가(유브라데 강 지류의 선박용 운하)에서 다니엘이 있는 바벨론 성읍까지는 약 80km 정도여서 에스겔은 궁전에 있는 다니엘을 종종 방문하였을 것이라 짐작됩니다. 에스겔이 바벨론으로 끌려간 지 5년이 지날 무렵(30세), 그는 제사장으로서 이스라엘 백성들을 하나님께 중보해야 할 사명을 다했지만, 그의 현재 모습은 포로민에 지나지 않았습니다. 바로 이때 하나님은 포로민 가운데 있는 에스겔을 찾아오셔서 그로 하여금 얼마 남지 않은 조국의 운명을 바라보며 심판(남유다)을 예언하게 하십니다.

2. 본문 여행

1) 에스겔 1–3장 / 에스겔의 소명

◎ 에스겔과 예레미야
예루살렘에서는 예레미야가 국가의 종말을 고하고, 이곳 바벨론에서는 에스겔이 유다 왕국의 마지막을 선언한다. 에스겔은 하나님의 영광이 성전을 떠나시는 것을 보고 있다. 현재 에스겔의 마음은 하나님의 영광이

바벨론에 포로로 잡혀온 에스겔을 하나님은 예언자로 부르시고 사명을 주시는데, 그것은 바로 이스라엘 백성들의 파수꾼 역할을 하는 것입니다(1–2장). 그가 받은 사명은 남유다에서 자신과 함께 2차로 끌려온 사람들이 바벨론에서 몇십 년을 살아야 한다는 사실을 알리는 것과 예루살렘이 완전히 멸망한 후 3차로 끌려온 사람들을 위로하는 것이었습니다. 또한 1, 2, 3차로 끌려온 사람들에게 그들이 왜 끌려와야 했는지 설명하는 일이었습니다. 하나님은 에스겔이 전하는 하나님의 말씀을 백성들이 무시할 것이라는 사실을 이미 알고 계셨습니다(3:27). 그러나 에스겔은 백성들이 그의 말을 듣든지 아니 듣든지 말씀을 선포해야 했습니다. 하나님의 말씀을 자꾸 부정하려는 백성들에게 하나님은 에스겔을 보내셔서 계속 당신의 뜻을 밝히

십니다. 그들에게 하나님의 말씀이 끊이지 않게 하시려는 의도였습니다. 인간 역사의 어둠이 짙어 가더라도 구원 역사에 신실하시려는 것이요, 보다 큰 숲에서 소망의 씨앗을 심으시려는 하나님의 깊으신 계획이었습니다.

사라진 예루살렘 성 앞에서 애통했던 예레미야의 슬픔과 다를 것이 없다.

2) 에스겔 4-24장 / 남유다와 예루살렘에 대한 예언

에스겔은 먼저 이스라엘이 멸망해 가고 많은 백성들이 두 번에 걸쳐 포로로 끌려온 원인이 바로 이스라엘 백성들의 죄에 있음을 단호하게 지적합니다(5장). 이스라엘 백성들의 가증한 행위와 성전을 더럽히는 죄악들로 인하여 예루살렘은 도저히 그 최후를 피할 수 없었고, 하나님의 영이 우상으로 가득한 예루살렘에 더 이상 거할 수 없었습니다(10장). 하나님의 영광은 성전 문지방에서 성전 동문으로 옮겨가고, 성을 떠나 산 위에서 예루살렘의 멸망을 바라보고 있습니다(11:22-23).

◎ 네 생물의 환상
1) 사람, 사자, 소, 독수리(1:10)
2) 그룹, 사람, 사자, 독수리(10:14)

에스겔은 하나님이 보여주신 이상 가운데 포로 된 백성들에게 이 사실을 가르치며 설득합니다. 바벨론에 끌려와 있는 것이 이스라엘을 위한 하나님의 배려요, 이후 새 예루살렘을 건설하기 위한 하나님의 경륜이라고 설명합니다. 그런데 끌려온 사람들은 그 사실을 도무지 받아들이지 않고, 아직 나라가 멸망하지 않았는지라 어떻게든 빨리 돌아갈 궁리만 하고, 팔을 걷어붙이고 생업에 달려들 생각은 하지 않고 있었습니다. 또한 예루살렘 사회 어느 것 하나 제대로 되는 것이 없음에도 불구하고 거짓 예언자들의 내용은 '잘된다 잘되어 간다'고만 하는 값싼 위로였는데(13:10), 어처구니없게도 이스라엘 백성들은 그들의 이러한 거짓 예언을 믿고 있었습니다. 게다가 "아버지가 신 포도를 먹었으므로 그의 아들의 이가 시다"(18:2)고 말하면서 조상들의 잘못 때문에 자신들이 벌을 받는다고 발뺌을 합니다. 이에 하나님은, 이스라엘 백성들에게 내리시는 벌은 각 사람이 범한 죄악 때문이라고 분명히 말씀하십니다(18장). 계속되는 심판의 메시지가 예루살렘의 멸망 환상을 통해 그 절정에 다다르고 있습니다. 에스겔 선지자는 예루살렘을 끓는 가마 속의 고기에 비유하여 심판으로 인한 참상의 필연성과 임박성을 동시에 보여주고 있습니다(24장).

◎ 에스겔서 속담
1) 날이 더디고 모든 묵시가 사라지리라(12:22).
2) 그가 보는 묵시는 여러 날 후의 일이라(12:27).
3) 어머니가 그러하면 딸도 그러하다(16:44).
4) 아버지가 신 포도를 먹었으므로 그의 아들의 이가 시다(18:2).

3. 삶의 적용

1) 에스겔 예언 당시 우상으로 가득한 예루살렘 성에 하나님의 영이 더 이상 거하실 수 없었습니다. 오늘 우리 가정과 교회, 국가 공동체에 제거해야 할 우상의 요소는 무엇입니까?

2) "아버지가 신 포도를 먹었으므로 그의 아들의 이가 시다"(겔 18:2)와 같이 조상에게서 온 죄악은 무엇이고, 나 스스로가 범한 죄 때문에 당한 하나님의 징계는 무엇이 있었습니까?

Day 35

그발 강변에서의 사명 2 (겔 25-48장)

1. 들어가는 글

에스겔 선지자의 그발 강변에서의 예언은 계속됩니다. 이스라엘 백성들의 죄로 인해 하나님의 징계가 그들에게 임한다는 것을 예언(1-24장)한 후 에스겔은 이방 나라들에 대한 심판(25-32장)도 선포합니다. 그리고 예루살렘 함락 이후에는 이스라엘의 회복을 예언합니다(33-48장). 앞부분이 하나님의 '떠남'을 상징하고 있다면, 뒷부분은 하나님의 '돌아오심'을 상징하고 있습니다. 그런데 이 책의 핵심은 예루살렘 '성전'입니다. 사람들에 의해 더럽혀진 성전으로부터 하나님의 영이 떠나셨을 뿐 아니라 백성들도 고향을 등지고 타국으로 향해야 했습니다. 곡(Gog)과 마곡(Magog)은 하나님께 대적하여 하나님의 백성들을 멸망시키려는 악의 세력을 상징하는데(38:1-39:16), 향후 세계 역사 속에서 펼쳐질 이들과의 대대적인 전쟁은 장차 메시아의 길을 예비할 것이며, 그분의 구속받은 백성들이 고향으로 돌아와 대규모의 성전을 재건하기 위한 길을 예비할 것입니다. 이것이 오늘날 예루살렘에 있는 성전을 둘러싸고 이스라엘과 주변 열방이 갈등과 대립을 하고 있는 이유입니다.

◎ 함께 정독하기
겔 33, 36-37장

◎ 암송구절
겔 36:26-27

◎ 에스겔 시기
BC 597-571(바벨론 포로)

2. 본문 여행

1) 에스겔 25-32장 / 열방들에 대한 예언

남유다에 대한 어둡고 쓸쓸한 예언이 결국 예루살렘 멸망이라는 처참한 현실로 이루어졌습니다. 예루살렘의 멸망이 널리 알려지자 남유다 주변의 크고 작은 나라들이 예루살렘을 조롱하고 그들을 약탈하려 합니다. 그러나 자국의 힘을 과시하며 남유다와 주변국들을 괴롭히던 모든 나라들(암몬, 모압, 에돔, 블레셋)은 하나님의 공의의 심판 대상에서 예외일 수 없습니다(25장). 바닷가에 거하면서 국제무역을 통해 많은 부를 축적하였던 두로, 그리고 자신을 바다의 신이라 지칭하였던 두로 왕은 하나님의 심판의 대상이었습니다(26-28장). 또한 오래전부터 아브라함, 이삭, 야곱, 요셉, 모세를 통해 하나님의 살아 계심을 보여주었으나, 도리어 하나님의 대적자가 된 애

◎ 열방들 심판 원인
1) 암몬, 모압
 - 신성모독
2) 에돔, 블레셋
 - 선민을 괴롭힘.
3) 두로 - 세상 영광에 빠짐
4) 시돈 - 경제적 불의와 우상숭배
5) 애굽
 - 선민을 죄로 유혹

굽에 대해서도 심판을 선포하십니다(29-32장). 이들 죄악으로 가득 찬 두로와 애굽 민족을 심판하기 위해 하나님은 바벨론 왕 느부갓네살이라는 막대기를 준비하셨습니다.

2) 에스겔 33-39장 / 이스라엘의 회복에 대한 예언

◎ 70년 바벨론 포로 귀환 시 예물 통계
1) 노비 - 7,337
2) 노래하는 이들 - 200
3) 말 - 736
4) 노새 - 245
5) 약대 - 435
6) 나귀 - 6,720

에스겔은 예루살렘 멸망 전에는 죄에 따른 심판을 선언하였습니다. 그러나 에스겔의 마른 뼈 환상이 보여주듯이(37:1-10), 하나님은 약 5백 년(BC 1051-586 / 사울 왕-시드기야 왕) 동안의 나라가 멸망했지만, 그럼에도 불구하고 그들에게 놀라운 희망이 있다는 것을 보여주십니다. 에스겔의 사역으로 말미암아 이스라엘 백성들은 바벨론에서 삶의 기반을 잘 닦습니다. 그것은 그들이 바벨론 포로 70년 후 예루살렘으로 돌아올 때 가져오는 말, 노새, 약대 등의 수효를 보고 알 수 있습니다(스 2:64-69). 에스겔서의 표현대로라면 후에 바벨론에서 돌아온 사람들은 뜨거운 불에 달궈져 더러운 것이 제하여지고 녹이 소멸된, 다시 말해 '소독된 사람들'입니다(24:3-14).

◎ 하나님이 생기를 불어넣으심
1) 창조 시 인간(창 2:7)
2) 마른 뼈들(겔 37:5)
3) 죽은 두 증인(계 11:11)

이제 하나님은 에스겔을 통하여 구원과 회복에 대한 위로의 말씀을 선포하십니다. 하나님은 친히 이스라엘의 목자가 되어 주실 것이며(34장), 그들에게 새 예루살렘을 허락하시고 그곳에서 이스라엘 백성들과 동거하시며, 새 영을 부어 주실 것이라는 약속의 말씀입니다(36장). 그리고 '마른 뼈'의 환상을 통하여 북이스라엘과 남유다가 다시 연합될 것(37장)과 후에 하나님의 백성을 대적하는 악의 세력(곡)이 등장할 것이지만, 하나님이 함께하셔서 이 싸움 후에 이스라엘과 열국이 하나님을 바로 알게 될 것임을 말씀하십니다(38-39장).

3) 에스겔 40-48장 / 메시아 왕국에 대한 환상

◎ 회복된 에스겔 성전의 모습(44:2)
1) 휘장이 없음.
2) 언약궤가 없음.
3) 진설병상이 없음.
4) 등잔대가 없음.
5) 동문이 닫힘.
* 예수 십자가 사건과 성육신으로 대체

에스겔은 포로(BC 597) 된 지 25년, 예루살렘 성이 함락(BC 586)된 지 14년(BC 572)에 새 성전의 환상을 봅니다. 즉 성전의 환상 및 성전과 제사장과 제사에 대한 규례(40-46장)를 통하여 하나님의 영광이 새롭게 재건될 성전과 그 성전을 중심으로 하나님을 섬길 백성들에게 충만하게 임할 것임을 말씀하십니다. 아울러 생명수의 강이 흐르는 곳에 모든 생물이 번성하고, 이스라엘의 경계는 새롭게 확장될 것입니다(47장). 아울러 이 모든 것을 계획하고 섭리하시는 '여호와 삼마'의 하나님은, 새 성전과 새 땅에서 이스라엘과 함께 거기 거하실 것입니다(48장). 이 약속은 예수 그리스도의 성육신으로 성취되었으며(요 1:14), 장차 예수 그리스도의 재림으로 완벽하게 완성될 것임을(계 21:3, 22) 예표(豫表)하고 있습니다.

3. 삶의 적용

1) 하나님을 거역하는 남유다를 비롯하여 이방 나라인 두로와 애굽은 그들의 교만으로 심판을 받습니다. 우리 주변의 나라들 가운데 하나님께 심판을 받았거나 받고 있는 민족은 어디입니까?

2) 바벨론에서 돌아온 사람들은 뜨거운 불에 달궈져 더러운 것이 제하여지고 녹이 소멸된 '소독된 사람들'이었습니다. 오늘 나의 삶에서 소독되어야 할 부분은 무엇입니까?

이방과 유대 세계의 운명 (다니엘)

◎ 함께 정독하기
단 1-6장

◎ 암송구절
단 12:3

◎ 다니엘 시기
BC 606-534
(바벨론, 메대, 바사)
* 바벨론 멸망(BC 539)
* 메대 멸망(BC 520)
* 바사 멸망(BC 332)

1. 들어가는 글

남유다 여호야김(18대) 왕 때 바벨론의 1차 침략(BC 606)을 당하였을 때, 하나님의 성전기구들을 빼앗김과 동시에 사람들 역시 붙잡혀가는데 그들 중에 다니엘(16세)이 있었습니다. 바벨론에 2차(BC 597)로 끌려온 에스겔이 성전에 대한 기대를 진작시켜 포로로 잡혀간 백성들을 격려하고 있을 동안, 다니엘은 바벨론 왕국의 권력자들에게 이방 세계[바사(페르시아), 헬라(그리스), 로마 등]를 향한 하나님의 계획을 구체적으로 계시했습니다. 비록 이방 세력들이 일시적으로 이스라엘 땅을 다스린다고 할지라도 궁극적으로는 하나님께서 이방 세력들을 다스리실 것이라는 예언입니다. 포로 된 유대 백성들을 향한 하나님의 메시지를 극적으로 전달하기 위해 다니엘은 예언이나 비유, 표적, 상징들을 사용했습니다.

2. 본문 여행

◎ 다니엘의 신앙
(1-6장)
1) 뜻을 정함.
2) 소신 있는 행동
3) 자신을 안 더럽힘.
4) 이방관리 존중
5) 지혜로운 삶
6) 허물 없는 삶
7) 기도하는 삶

1) 다니엘 1-5장 / 꿈 해석자 다니엘

다니엘은 유능한 젊은이들과 함께 포로(1차)로 잡혀왔고, 느부갓네살 궁전에서 바벨론 식의 교육을 엄격히 받았습니다. 바벨론은 유대인이라는 그들의 의식을 바꾸기 위해 이름과 식생활을 바꾸게 하였습니다. 그러나 뜻을 세우고 왕의 진미와 포도주로 자신을 더럽히지 않은 이들의 얼굴은 진미를 먹는 다른 소년들보다 더욱 윤택하였습니다(1장). 그러나 바벨론에서 하나님에 대한 신앙을 지키며 살아가는 일이 다니엘과 사드락, 메삭, 아벳느고에게는 결코 쉬운 일이 아니었습니다. 느부갓네살의 꿈을 해석하지 못하여 바벨론의 모든 박사들이 죽임을 당할 위기에 처했을 때, 다니엘과 세 친구들도 함께 위기 속에 있었으며(2장), 왕이 세운 금 신상에 절하지 않았다는 이유로 극렬히 타는 풀무 불에 던져지기도 했습니다(3장). 그러나 이런 유혹과 시험들 앞에서 다니엘과 세 친구들은 비록 포로의 신분임에도 불구하고 하나님을 향한 신앙을 굽히지 않았습니다. 특히 하나님께서는 이들에게 지혜와 지식을 더하시며, 특별히 다니엘에게는 이상과 몽조를 깨닫는 지혜도 더하여 주십니다. 그 결과 다니엘은 느부갓네살 왕의 큰 나무에 대한 꿈(4장)과 벨사살 왕의 왕궁 촛대 맞은편 분벽의 글씨를 해석해 냅니다(5장).

2) 다니엘 7-8장 / 다니엘의 환상(네 짐승 & 숫양과 숫염소)

다니엘은 하나님께서 주신 지혜와 계시를 통해 시대를 읽을 줄 아는 안목을 가지고 있었습니다. 다니엘에게 보여주신 환상은 곧 새로운 희망의 말씀이었습니다. 네 짐승의 환상(바벨론-메대와 바사-헬라-로마 제국)으로 말미암아 다니엘은 근심합니다. 그러나 앞으로 될 일을 알아가면서 하나님의 계획과 마음을 알게 됩니다(7장). 그로부터 2년 후 다니엘은 두 뿔 가진 숫양(메대, 바사)과 숫염소(헬라), 그리고 작은 뿔(알렉산더 사후 4제국 중 셀류쿠스 왕조의 안티오쿠스 4세 에피파네스, BC 175-163)에 대한 환상을 보게 됩니다(8장). 나라와 나라들이 서로 반목하며 패권 다툼을 벌이는 모습을 은유를 통해 묘사한 이 환상은 제국들의 교만함을 통렬히 비판하고 있습니다.

◎ 4짐승의 환상(7장)

1) 사자(바벨론)
2) 곰(메대와 바사)
3) 표범(헬라)
4) 열 뿔 달린 짐승(로마)

3) 다니엘 6, 9장 / 메대와 바사 시대의 다니엘

바벨론 제국이 무너지고(BC 539) 새로운 제국 메대와 바사가 세워집니다. 메대의 다리오 왕은 120명의 도지사를 세우고 총리 3명을 세웠는데(6:1-2), 그중 하나가 다니엘이었습니다. 그러자 다니엘의 대적자들이 그를 밀어뜨리려고 기회를 찾는데 털어도 먼지가 나지 않습니다. 그러자 다니엘이 매일 세 번씩 예루살렘을 향하여 기도하는 것을 알고 '누구든지 30일 동안 왕 외에 어느 신에게나 사람에게 기도하거나 절하면 그자를 사자 굴에 집어넣도록 하자'(6:7)는 건의를 왕에게 합니다. 이에 왕은 설득을 당하고 그 조서에 어인을 찍습니다. 그러나 다니엘은 이 모든 것을 알고도 평소대로 예루살렘을 향해 기도하고, 결국 사자 굴에 던져지지만 하나님은 그를 보호하십니다(6장). 이렇게 다니엘이 시대의 한복판에서 승리할 수 있었던 것은 하나님의 사람 예레미야를 통해 신앙이 계승되었기 때문입니다. 일찍이 예레미야는 포로로 끌려간 사람들에게 편지를 써 보냈고, 거기서 70년의 기한을 밝혔습니다(렘 29장). 그런데 10대(16세)에 와서 이제 80대(84세)가 된(BC 606-539) 다니엘은 이 편지를 읽게 되었고, 그 편지에서 말했던 70년이 거의 다 차고 있는 것을 가브리엘 천사의 계시로 알게 되어 민족의 회복을 위하여 금식하며 기도합니다(9장).

◎ 이레의 절반
(9:27 / 계-1,260일, 사흘 반, 42달)

1) 이방인들의 박해기간(안티오쿠스 4세 에피파네스의 성전모독과 약탈 기간, BC 167-164)
2) 예수님의 초림(승천)과 재림 사이의 기간
3) 7년 대환란의 후 3년 반 기간
4) 예수님 재림 전의 적그리스도 통치기간

◎ 알렉산더 사후 헬라의 분열

1) 셀류쿠스(북방왕)
 - 시리아, 메소포타미아
2) 프톨레미(남방왕)
 - 이집트
3) 리지마쿠스
 - 소아시아
4) 카산더
 - 마게도니아, 헬라

4) 다니엘 10–12장 / 마지막 때의 일들

바사(페르시아) 왕 고레스 3년이 지나고 있었습니다(BC 536). 아마도 이 즈음에 예루살렘 본토에서는 스룹바벨과 여호수아의 인도로 성전 건축이 시작되었다가 여러 가지 이유로 잠시 중단된 상황이었을 수도 있습니다(BC 534). 이런 고국의 소식과 전쟁에 대한 이상이 보여지자 다니엘은 큰 근심에 싸여 힛데겔 강가에서 금식하며 기도하였습니다(10장). 이어서 다니엘 11장은 바사의 고레스 이후 네 왕이 더 다스릴 것이지만, 헬라의 알렉산더에 의해서 멸망할 것이 예언됩니다(BC 332). 그리고 그 헬라 역시 알렉산더가 32세의 나이로 급사하여(BC 323) 4명의 장수에 의해 분열되고, 북방왕(셀류쿠스)은 남방왕(프톨레미)을 물리칠 것입니다. 이어서 북방왕의 셀류쿠스 왕조의 7번째 왕인 안티오쿠스 에피파네스가 일어나 핍박하지만, 그 역시 죽을 것이 예언됩니다. 한편, 다니엘 12장은 끝 날 이후 상 받을 자의 복에 대한 약속과 소망으로 가득 차 있습니다.

3. 삶의 적용

1) 이방 나라에서, 그것도 갖은 핍박과 모함에도 불구하고 하나님을 향한 신앙의 정절을 지킨 다니엘처럼 우리가 이 시대의 삶 속에서 지켜야 할 신앙의 절개가 있다면 그것은 무엇입니까?

2) 이방 나라에서 총리로서 최고의 자리와 권력을 가지고 있으면서도 죄악으로 멸망한 예루살렘을 기억하고 그것의 회복을 위하여 금식하며 간절히 기도하였던 다니엘처럼 우리에게도 민족의 회복을 위한 간절함을 담은 기도가 있습니까?

Day 37

바벨론 포로 1차 귀환 (스 1-6장, 학, 슥, 에)

1. 들어가는 글

앗수르를 패망시킨 바벨론은 앗수르의 통치방식을 따르지 않고, 그들 나름대로 피정복지의 유능한 인재들을 바벨론 식으로 교육해 그들로 하여금 정복지역을 다스리게 하는 정책을 폈습니다. 바벨론 또한 앗수르처럼 제국이 영원히 존재하기를 꿈꾸었지만, 예레미야의 예언대로 바벨론은 제국의 깃발을 내립니다(BC 539). 바벨론의 뒤를 이어 오리엔트(지중해 동쪽지역) 세계의 새 주인이 된 바사(페르시아)는 메소포타미아 지역은 물론이고 나일강까지 다스리는 대제국을 세웁니다. 그리고 마침내 예레미야의 예언대로 BC 538년 바사 왕 고레스의 칙령에 따라 포로 귀환이 시작됩니다. 스룹바벨의 인도에 의한 1차(BC 538) 포로 귀환 후 성전 건축이 시작됩니다(BC 536). 그런데 대적자들의 성전 재건에 대한 방해로 BC 520년까지 공사가 중단됩니다. 그러나 선지자 학개와 스가랴의 권고로 성전 재건 작업을 재개해 20년 만인 BC 516년(바사 다리오 왕 6년)에 완수합니다. 그리고 바벨론 포로 1차 귀환(BC 538, 스 1-6장)과 2차 귀환(BC 457, 스 7-10장) 사이에 에스더의 이야기가 펼쳐집니다.

◎ 함께 정독하기
스 1, 4-6장
학 1장, 슥 4장
에 1, 4장

◎ 암송구절
에 4:14

2. 본문 여행

1) 에스라 1-2장 / 제1차 포로 귀환

BC 538년 바사의 고레스 왕은 유대 민족을 본국으로 돌려보내며 하나님의 성전 건축을 허락합니다. 첫 번째 귀환은 스룹바벨과 여호수아(예수아)의 인도 아래 이루어졌습니다. 남유다의 유다와 베냐민 족장들과 제사장들, 그리고 레위 사람들과 무릇 그 마음이 하나님께 감동을 받고 올라가서 예루살렘 여호와의 전을 건축하고자 하는 자가 다 일어났습니다(1장). 에스라 2장에는 이들의 귀하고 소중한 명단이 나옵니다. 즉 바벨론 포로생활에서 믿음으로 연단된 사람들로서 회중의 합계가 42,360명이었으며, 노비와 노래하는 남녀를 합하면 총 49,897명이었습니다.

◎ 회복왕국시대
(BC 538-424)
1) 에스라(바사, 유다)
(BC 538-457)
* 학개(BC 520, 유다)
* 스가랴
(BC 530-470, 유다)
* 에스더
(BC 483-473, 바사)
2) 느헤미야
(BC 444-424, 유다)
* 말라기
(BC 435-424, 유다)

◎ 에스라의 구조

* 1차 귀환(1-2장)
  : 총계 (49,897명)
* 성전 재건의 시작과 방해(3-4장)
  [학개, 스가랴서 삽입]
* 성전 재건 재시작과 봉헌(5-6장)
  [에스더서 삽입]
* 2차 귀환(7-8장)
  : 총계 (1,754명)
* 예루살렘의 부흥운동(9-10장)

2) 에스라 3-4장 / 성전 건축 준비와 방해

재건 세대들이 예루살렘에 도착한 후 먼저 제단에서 드리는 제사와 종교적 절기를 회복합니다. 그리고 그들은 예루살렘에 이른 지 2년 2월에 본격적으로 여호와의 전(殿) 역사를 시작하였고, 이에 솔로몬 성전을 보았던 노인들과 수많은 사람들도 함께 기뻐하며 즐거워하였습니다(3:10-13). 그런데 사마리아인들의 방해와 이로 인하여 낙담한 귀환한 재건 세대들은 성전 건축을 중단해 버립니다(4:6-23 = 삽입된 역사). 그러면서 16년이 흘러가 버립니다. 이때 하나님은 선지자 학개와 스가랴를 보내십니다.

3) 학개 1-2장 / 성전 재건 촉구

학개 선지자는 성전 건축이 중단되어 머뭇거리고 있는 백성들에게 우선순위로 성전이 먼저 재건되어야 함을 언급하고(학 1:7-11), 하나님의 약속을 상기시키며 그들을 격려합니다. 그리고 예루살렘 성전이 지금은 황폐하지만 이후 하나님의 영광으로 가득 차리라는 비전을 보여줍니다(2:6-9).

◎ 학개와 스가랴

* 학개(학)
- 권면 / 간결하게
- 좀 더 구체적
- 현재적 관심사
- 참여하라!
- 좀 나이 든
- 행동주의자

* 스가랴(슥)
- 격려 / 멀리 전개
- 조금 추상적
- 미래적 관심사
- 용기를 내라!
- 좀 더 젊은
- 비전의 사람

4) 스가랴 1-14장 / 성전 건축 촉구 및 메시아에 대한 준비

학개의 외침이 있은 지 2달여 기간이 지난 다리오 왕 2년 8월에 하나님은 스가랴를 통해 말씀하십니다. 비록 스가랴는 소년으로 불릴 만큼(2:4) 젊은 제사장이었지만, 8가지 환상-붉은 말을 탄 자, 네 뿔과 네 대장장이, 측량줄을 잡은 천사, 여호와 앞에 선 여호수아, 순금 등잔대와 두 감람나무, 날아가는 두루마리, 에바 안의 여인, 네 병거 등-을 통하여 메시아 강림과 심판을 선포합니다(1-6장). 특히 성전 건축이 르훔과 심새의 방해로 잠시 지연되고 있지만 그들 앞에 있는 현실에 주저앉지 말고 하나님의 가능성을 향해 전진하라고 말씀하며, 특히 총독 스룹바벨을 격려합니다(4:6-7). 계속하여 스가랴 7-8장은 금식에 대한 스가랴의 질문에 답변하시는 하나님의 네 가지 메시지를 통해서 이스라엘 백성들에게 현재 준행해야 할 하나님의 명령을 전합니다. 그리고 스가랴 9-14장에서는 마지막 날에 있을 예루살렘의 회복과 열국 심판 및 남은 자 귀환, 겸손의 왕인 예수 그리스도의 오심에 대하여 구체적으로 이야기합니다.

5) 스가랴 5-6장 / 성전 완공의 기쁨

이스라엘 백성들이 학개와 스가랴 선지자의 말을 듣고 다시금 성전 건축

을 시작하려고 할 때, 바사의 다리오 왕이 예전의 문서를 발견하고 성전 건축을 다시 허락하는 명령을 내립니다(스 6장). 이에 스룹바벨과 여호수아, 그리고 백성들이 일어나서 성전을 착공한 지 20년 만에 성전을 완공하게 되고(BC 516), 이스라엘 백성들은 유월절을 지키며 즐거움을 만끽합니다(스 6장).

6) 에스더 1–10장 / 유대인들의 구원과 부림절

바사 왕 아하수에로의 왕후인 와스디가 폐위되었습니다. 이때 비록 포로였고 부모 없이 자랐지만, 신앙으로 교육받고 품위를 갖춘 에스더가 새 왕후의 자리에 오르게 됩니다(2:16–18). 한편 아각 사람으로서 높은 지위에 오른 하만이란 사람이 자기에게 절하지 않는 모르드개가 유대인이라는 것을 알고 유대인 전부를 말살하기 위한 계획을 세웁니다. 하만은 뇌물과 거짓말을 통해 제국 내의 모든 유대인들을 지정된 하루 사이에 다 진멸할 수 있는 조서를 공포하도록 합니다(3:5–15). 이 위급한 상황에서 모르드개는 조카인 에스더에게 그녀가 이처럼 높은 지위에 오른 것은 이 일을 위함이 아니겠느냐고 말하며 그녀를 설득합니다(4:13–14). 에스더는 목숨을 잃을 수도 있는 위험을 무릅쓰고 금식하며 기도한 후, 왕과 하만을 초대한 잔치 자리에서 하만의 음모를 왕에게 폭로합니다(5–7장). 그 후 하만을 비롯한 그의 가족은 처형당하고, 모르드개는 왕 다음가는 높은 지위에까지 오르게 됩니다(8–10장).

◎ **부림절**(Purim)
유대 백성에게 가장 비극적인 날로 기억될 뻔하였던 아달월(12월, 양력 2–3월) 13일은 '기쁨과 승리의 날'로 변하였다. 부림절이란 단어는 '제비'라는 뜻의 앗수르어 puru에서 유래되었는데, 바로 하만이 유대인 살육을 위해 제비를 뽑은 데서 유래된 것이다.

3. 삶의 적용

1) 우리 사회 구석진 여기저기에 영적으로 무너진 곳이 많이 있습니다. 그곳을 재건하기 위하여 어떠한 노력이 필요하겠습니까?

2) 위험에 처한 유대인들의 구원을 위하여 에스더는 "죽으면 죽으리이다"라고 나아갔습니다. 오늘 우리가 직면한 가정적, 교회적, 시대적 상황 속에서 마땅히 해야 할 일은 무엇입니까?

Day 38

바벨론 포로 2차 귀환 (스 7–10장, 시 119편)

1. 들어가는 글

◎ 함께 정독하기
스 7-10장
시 119편

◎ 암송구절
시 119:105

새로운 삶은 하나님과의 관계 회복에서 시작됩니다. 바벨론 포로에서 이스라엘의 첫 번째 귀환(BC 538)을 인도한 사람은 다윗의 후손, 여고냐의 손자 스룹바벨이었습니다. 바로 그 스룹바벨의 인도에 의해 1차 포로 귀환 후 2년 2월에 성전의 기초공사를 시작하였고(스 3:8, BC 536), 반대자들의 방해에도 불구하고 선지자 학개와 스가랴의 권고로 BC 516년에 성전을 완공합니다. 첫 번째 귀환 후 80여 년이 지나(BC 457) 에스라가 바사의 아닥사스다 왕 7년에 4개월에 걸려서 2차로 귀환합니다. 그 후 예루살렘으로 돌아온 아론의 16대 손이며(7:1–5), 모세의 율법에 익숙한 이스라엘 역사상 세 손가락에 꼽히는 학자 중 하나로 학사 겸 제사장인 에스라에 의해 예배 공동체로서 이스라엘의 부흥운동과 공동체에 대한 정화작업이 일어납니다.

2. 본문 여행

1) 에스라 7–8장 / 제2차 포로 귀환

◎ 바사의 왕들
1) 고레스(1차 귀환)
2) 캄비세스
3) 스멜디스
4) 히스타스피스 (다리오)
5) 크세르크세스 (아하수에로)
6) 아닥사스다 (7, 20년) (2차, 3차 귀환)

에스라는 역사에 정통하였으며 율법 연구에 익숙한 학자였고, 바사(페르시아) 왕과도 친분이 두터울 만큼 높은 사회적 지위도 갖고 있었습니다. 그런 그가 예루살렘으로 혼자만이 아니고 "이스라엘 자손과 제사장들과 레위 사람들과 노래하는 자들과 문지기들과 느디님 사람들 중에 몇 사람"이 함께 가기로 결심합니다(7:7). 4개월이 걸려서 2천여 명(1,754명)의 사람들과 함께 예루살렘으로 귀환한 이유는 다름 아니라, '여호와의 율법을 연구하여 준행하며 율례와 규례를 이스라엘에게 가르치기로 결심하였기'(7:10) 때문입니다. 이 세 가지 결심, 즉 '연구', '준행', '가르침'을 가지고 귀환하는 길에 아하와 강에 도착한 에스라는 성전제사를 감당할 레위인들이 없음을 발견하고 그들을 모집합니다(8:15–20). 새 성전을 중심으로 한 이스라엘 신앙 공동체의 회복을 위해서는 반드시 사람들이 필요했고, 특히 레위인들이 필요했던 것입니다.

2) 에스라 9–10장 / 신앙개혁 운동

예루살렘에 도착한 에스라의 눈에 하나님의 명령을 거역하는 이스라엘 백성들이 들어오기 시작합니다. 이방인의 더러운 풍습을 여전히 따르고 있는 동포들을 보며 하루 동안 그저 멍하게 앉아 있던 에스라가 자기 민족의 죄를 자신의 죄로 여기며 하나님께 회개합니다(9장). 에스라는 감히 하나님께 머리를 들지 못합니다. 오랜 세월 하나님께서 어떻게 이스라엘에게 긍휼을 베풀어 주셨는지를 알고 있는 그로서는 이스라엘이 지금 저지르고 있는 죄악은 도저히 용납할 수 없는 것이었기 때문입니다. 자신이 결코 하나님께 나아갈 수 없는 죄인이라는 것을 깊이 깨닫고 회개하는 에스라를 시작으로 이스라엘에 회개운동이 일어나게 됩니다(10장). 그들은 자신들이 취한 이방 여인들을 떠나보내는 것에 모두 동의합니다(반대한 자–요나단, 야스야). 제사장들을 비롯해 레위인들, 백성들의 이방 아내들이 모두 떠나고, 이스라엘 백성들은 하나님의 말씀에 따라 살기로 언약합니다.

◎ 에스라 선지자

에스라는 느헤미야와 동시대 사람으로서 엘르아살과 비느하스와 사독의 '제사장' 계보를 이어받는 직접적인 아론의 16대 후손이었다. 에스라는 교육받은 '서기관(학사)'으로서 하나님의 율법을 공부하고 실천하며 가르친 사람이었다.

3) 시편 119편 / 율법 준수의 명령

시편 119편은 시편 중에서 가장 긴 시편입니다. 기록상 작자 미상의 시편이지만, 그 내용으로 미루어 보았을 때 에스라가 지었을 것이라고 추정되고 있습니다. 전체 176절 가운데 3구절을 제외한 모든 구절에 '하나님의 말씀'을 의미하는 '법', '율례', '법도', '계명', '명령', '말씀', '약속', '길', '도'(道) 등의 용어가 나올 정도로 하나님의 말씀의 중요성을 매우 강조하고 있습니다. "청년이 무엇으로 그의 행실을 깨끗하게 하리이까 주의 말씀만 지킬 따름이니이다"(9절). "내 눈을 열어서 주의 율법에서 놀라운 것을 보게 하소서"(18절). "고난 당한 것이 내게 유익이라 이로 말미암아 내가 주의 율례들을 배우게 되었나이다 "(71절). "주의 말씀의 맛이 내게 어찌 그리 단지요 내 입에 꿀보다 더 다니이다"(103절). "주의 말씀은 내 발에 등이요 내 길에 빛이니이다"(105절). "주의 의는 영원한 의요 주의 율법은 진리로소이다"(142절).

에스라는 재건 세대가 하나님의 말씀에 기반하여 기초부터 튼튼히 세워져 가기를 소망하였습니다. 재건은 건물만 올린다고 되는 것이 아닙니다. 진정한 재건은 하나님의 말씀에 기초하여 사람의 마음부터 다시 쌓아올려야 하는 것입니다.

◎ 에스라, 느헤미야, 에스더의 연대관계

* BC 538(6)-515
- 스룹바벨(1차 귀환)
- 바사 왕 (고레스, 캄비세스, 다리오1세)
- 에스라 1-6장
* BC 483-473
- 에스더
- 에스더서
- 바사 아하수에로 왕
* BC 457
- 에스라(2차 귀환)
- 에스라 7-10장
- 바사 아닥사스다 왕
* BC 444-424
- 느헤미야(3차 귀환)
- 느헤미야서
- 바사 아닥사스다 왕

3. 삶의 적용

1) 에스라의 세 가지 결심(연구, 준행, 가르침)을 보면서 나와 내가 속한 공동체는 어떤 부분이 약하며, 그 약함을 보완하기 위한 구체적인 방법은 무엇이라고 생각하십니까?

2) 에스라를 통하여 이스라엘에는 회개운동이 일어났습니다. 한국교회 및 내가 속한 공동체가 새롭게 되기 위하여 회개해야 할 내용은 무엇입니까?

Day 39

바벨론 포로 3차 귀환 (느헤미야)

1. 들어가는 글

바벨론 포로 1차 귀환(BC 538) 공동체가 예루살렘으로 돌아간 지는 이미 80년이 지나고 있습니다. 이어 두 번째 에스라에 의한 2차 귀환(BC 457)도 있었고, 그 후 13년이 더 지났음에도 불구하고 예루살렘 동족들이 큰 환난과 능욕을 받으며 지내고 있다는 소식은 참으로 기가 막힌 것이었습니다. 이에 느헤미야는 예루살렘 성벽 재건이라는 최종목표를 세우고 3차 귀환(BC 444)을 하였고, 52일 동안의 열띤 작업으로 무너진 성벽을 재건하였습니다. 그들에게 성벽은 외적과 짐승의 침입으로부터 약자들을 보호해 주는 안전막입니다. 이후 에스라는 하나님의 율법책을 낭독하고, 성회(聖會)를 인도합니다. 이에 백성들은 율법의 말씀을 듣고 크게 회개하며, 이방 사람들과 절교하고 율법을 준행하기로 결심합니다. 이와 같이 성벽 재건운동에서 말씀 통독운동으로, 나아가 신앙 갱신운동으로 이어지는 느헤미야서의 내용은 황폐된 예루살렘을 바꾸시고자 하나님께서 어떻게 애쓰고 일하셨는지를 보여줍니다.

◎ 함께 정독하기
느 1, 2, 4, 8, 12-13장

◎ 암송구절
느 1:5

2. 본문 여행

1) 느헤미야 1장 / 예루살렘의 파괴 소식

바벨론 수산궁에 거하고 있던 느헤미야가 예루살렘의 피폐한 상황과 동족들이 당하고 있는 고난에 대해 듣게 됩니다(1:1-3). 이 소식을 들은 왕의 술 관원이었던 평신도 느헤미야는 수 일 동안 앉아서 울고 슬퍼하고 금식하며 기도합니다(1:4-11). 그 기도의 내용은 첫째, 예루살렘이 그렇게 큰 환난을 당한 것은 조상들이 저지른 잘못의 결과라는 것입니다. 둘째, 그는 조상들의 후손인 자신들이 징계를 달게 받고 돌아서서 계명을 지키면 "쫓긴 자가 하늘 끝에 있을지라도 내가 거기서부터 그들을 모아 내 이름을 두려고 택한 곳에 돌아오게 하리라"(1:9)는 주의 약속의 말씀을 기억해 달라는 것입니다. 셋째, 그 말씀을 이루는 적임자로 자신을 써달라는 것입니다. 예레미야의 편지, 그리고 다니엘과 에스겔 같은 하나님의 사람들을 통한 위

◎ 에스라서 & 느헤미야서

1) 에스라서 (1-6 / 7-10장)
* 1차 - 성전 재건
* 2차 - 신앙 재건

2) 느헤미야서 (1-7 / 8-13장)
* 3차 - 성벽 재건
- 신앙부흥

로에 의해 이들은 소망의 씨앗으로 자라났고, 그들 중 한 사람인 느헤미야가 예루살렘에 돌아가 바벨론 침입으로 무너졌던 성벽을 다시 수축(修築)해 내려는 최종목표를 세우고 있습니다.

2) 느헤미야 2–3장 / 제3차 포로 귀환

◎ 왕의 술관원
왕의 생명과 관련 있는 사람들은 당시 왕에게 가장 신임받는 사람들로 왕은 그들과 국사도 논의하였다. 요셉이 바로에게 그러하였고, 다니엘도 고레스 왕에게 믿음직했듯이 아닥사스다 왕에게는 느헤미야가 그런 위치에 있었다.

바사 아닥사스다 왕의 술 관원이었던 느헤미야는 왕에게 자신을 보내어 예루살렘 성을 중건할 수 있도록 해달라고 요청합니다. 느헤미야는 왕으로부터 예루살렘 총독 자리를 받고, 왕의 조서를 가지고 가게 됩니다. 게다가 재목(삼림) 감독이었던 아삽에게 조서를 내려 필요한 물건을 채움 받을 수 있도록 허락해 달라고 합니다. 이에 왕은 느헤미야가 구하지 않은 군대장관과 마병까지 준비해서 줍니다.

마침내 모든 준비를 갖춰서 많은 동지들과 함께 예루살렘을 향하여 출발하여 약 반년 정도의 행보를 통해 예루살렘에 도착합니다. 예루살렘에 도착한 느헤미야는 그가 전에 들었던 대로 예루살렘의 처참한 형편을 직접 목도하고, 3일 밤 동안 은밀히 사전 답사를 실행하여 복구 계획을 세웁니다(2장). 사전 답사 후 역할분담 계획까지 세운 뒤 느헤미야는 백성들을 설득하고 동의를 구한 뒤 성벽 재건을 시작합니다(3장).

3) 느헤미야 4–6장 / 성벽 재건의 방해와 완공

◎ 여선지자
1) 미리암(출 15장)
2) 드보라(삿 4장)
3) 훌다(왕하 22장)
4) 노아댜(느 6장)
 - 거짓 여선지자
5) 여자 사역자
 - 브리스가(롬 16장)
 - 뵈뵈(롬 16장)
 - 유니아(롬 16장)
 - 빌립 네 딸(행 21장)
 - 안나(눅 2장)

이렇게 시작된 복구 일은 곧 내우외환(內憂外患)의 장애물에 부딪히고 맙니다. 첫 번째 장애물은 예루살렘의 피폐한 상황을 이용해 자신들의 이익을 챙기려는 사람들이었는데, 바로 호론 사람 산발랏과 암몬 사람 도비야입니다(4장). 이런 저런 방해물을 놓았는데도 느헤미야와 백성들이 지혜롭게 일을 해결하며 진행시켜 가자 그들은 느헤미야를 오노 평지로 불러내어 암살할 계획까지 세우지만(6:2), 느헤미야는 그들의 이런 협박에 넘어가지 않습니다. 두 번째 장애물은 이스라엘 공동체 내부에 있는 것이었습니다. 공동체 내의 가난한 자들이 세금을 내기 위해 부한 자에게 고리대금을 얻고, 이 고리대금을 갚을 수 없게 되자 자식을 종으로 팔기까지 하는 상황에 이르게 된 것입니다(5:1–5). 그러자 느헤미야는 귀인들과 민장들을 불러 잘 설득하여 종으로 팔려갈 형편의 동포들을 복귀시키도록 하였고, 아울러 자신은 12년간 총독의 녹을 먹지 않으면서 세금을 감면해 주고 공동체 지도자들을 식탁으로 초청하여 내부 결속을 다집니다(5장). 각 지파와 가족별로 나누어 성벽 재건 작업을 착실히 진행한 결과 마지막 성문을 완성함으로써 드디어 성벽 재건이 52일 만에 완료됩니다(6장).

4) 느헤미야 7-13장 / 언약의 갱신과 신앙 개혁운동

고통당하는 동족을 위해 예루살렘 성벽을 재건하기로 결심하고 작업에 착수한 느헤미야는 흔들림 없이 최종목표인 성벽 재건을 실현해 나갔습니다. 그런데 느헤미야가 지향하는 또 다른 최종목표가 있었는데, 그것은 성전 낙성식 기념으로 있었던 말씀집회를 통해 실현되고 있습니다. 이 말씀집회에서 에스라가 율법책을 1주일 동안 낭독하고 가르쳤습니다. 이 말씀집회는 새로운 신앙 공동체를 위한 가속페달과 같았습니다. 백성들은 말씀 앞에서 하나님의 뜻을 깨달으며 참회의 눈물과 하나님의 은혜에 대한 감사의 눈물을 흘리기 시작합니다(9장). 그리고 백성들은 언약의 준수를 맹세하고(10장), 신뢰와 감사하는 마음으로 하나님께 성전 봉헌식을 드립니다(12장). 이에 느헤미야는 지속적인 개혁운동을 통해서 이스라엘이 하나님의 백성으로 거듭나도록 하기 위해 노력합니다(13장).

◎ 유대교의 기원
바벨론에 포로로 잡혀간 유다 백성들은 예루살렘(시온)의 회복을 꿈꾸며 회당에 모이면서 자손들을 교육해 왔다. 이런 유대인들의 민족의식과 교육의식이 바로 에스라 때부터 확고히 세워지기 시작했다. 우리는 구약성경 전체의 역사를 유대교라고 잘못 생각하는 경우가 있는데, 사실은 바로 이 포로기에 형성된 공동체 운동이 유대교로 명명된 것이다.

3. 삶의 적용

1) 느헤미야는 평신도였음에도 불구하고 성경과 역사의식에 정통했습니다. 오늘 나는 얼마나 성경과 역사의식에 정통하며, 그것에 기초하여 기도하고 내일의 역사를 꿈꾸고 있습니까?

2) 느헤미야 시대의 에스라처럼 우리 공동체를 회개의 자리로 인도하고 하나님의 율례와 규례를 지키려는 실천운동으로 나아가기 위한 구체적인 목표는 무엇이 있을까요?

Day 40

여호와 숭배의 나태함 (말라기)

◎ 함께 정독하기
말라기

◎ 암송구절
말 4:2

1. 들어가는 글

말라기의 분위기는 쓸쓸합니다. 구약 전체에 걸친 하나님의 사랑이 이스라엘로부터 거절당했기 때문입니다. 성전(스룹바벨, 1차 귀환)과 성벽(느헤미야, 3차 귀환, BC 444)이 재건축된 이후 재건 공동체가 더 이상 우상숭배는 하지 않았습니다. 그런데 포로 귀환 후 100여 년이 지나면서 이스라엘 백성들의 영적 풍토는 외식주의와 속임수, 율법을 경시하는 등 최악의 상태에 있었습니다. 다시 말해, 이스라엘 백성들이 우상숭배를 안 하는 것은 좋은데 안타깝게도 재건 공동체는 시간이 지날수록 하나님과의 관계가 뜨거워지기보다는 오히려 냉소적으로 변해 갑니다. 본서는 이러한 상태에 있는 이스라엘 백성들에게 형식적인 신앙과 비도덕적인 생활을 회개케 하고, 미래에 대한 하나님의 약속이 반드시 성취될 것임을 다시금 확증하는 내용으로 이루어져 있습니다. 구약 전체의 숲에서 볼 때, 말라기가 지적하는 이스라엘의 죄악은 그들을 향하여 애정과 눈물을 아끼지 않으셨던 하나님의 사랑을 단호히 거절하는 그들의 패역함에 있습니다.

2. 본문 여행

1) 말라기 1:1-2:9 / 무관심 및 제사장들에 대한 책망

이스라엘 백성들의 하나님에 대한 무관심이 팽배해 갑니다. 하나님이 이스라엘 백성들에게 "내가 너희를 사랑하였노라"(1:2) 하시자 이스라엘은 "주께서 어떻게 우리를 사랑하셨나이까"(1:2)라고 반문합니다. 이뿐만이 아닙니다. 하나님은 시대를 움직여야 할 제사장의 정신이 흐려졌고, 맡겨진 중보의 역할을 제대로 감당하지 못했으며, 백성들을 잘못된 길로 인도했다고 책망하십니다.

◎ 말라기
느헤미야가 직면했던 많은 죄악들을 비슷한 시기의 말라기에서 구체적으로 비난하고 있다. 말라기와 느헤미야서에서 묘사된 하나님에 대한 냉담한 무관심은 당시 이스라엘에 흔한 풍경이었다.

특히 제사장들은 하나님께 드리는 제단에 더러운 떡을 놓고 눈먼 것, 저는 것, 병든 것을 제물로 바치는 등의 기계적 예배를 드립니다(1:6-8). 이들의 잘못된 인도로 유대 백성들은 거짓된 길을 걸을 수밖에 없었으며, 이는 하나님께서 계획하셨던 '거룩한 백성, 제사장 나라'로 가는 길을 막는 걸림돌이었습니다. 때문에 하나님은 그들을 철저히 심판하실 것을 선포하셨고(2:1-3), 덧붙여 제사장의 참된 의미와 사명을 다시 한 번 교육하셨습니다(2:4-9).

2) 말라기 2:10-3장 / 백성들에 대한 책망

이스라엘 백성들은 아브라함 이래로 하나님과 약 1,500년 이상이나 사귀었습니다(BC 2166-430). 그러나 참으로 유감스럽게도 그들은 자신들이 하나님으로부터 사랑받은 적이 없다고 말대꾸하고 있습니다. 이에 하나님께서는 말라기 선지자를 통해 구체적인 내용을 들어 그들의 말대꾸에 대답하십니다. 우상숭배(2:10-12), 이방 여인과 결혼하기 위하여 젊었을 때 취한 아내를 버리는 백성들의 이혼(2:14-16), 하나님의 공의에 대한 의심(말 2:17-3:6), 하나님의 것인 십일조와 헌물 도적질(3:7-12), 하나님을 경외하지 않고 완악한 말로 대적하는 죄(3:13-18) 등 그들의 죄악은 손으로 다 꼽을 수가 없을 정도입니다. 이러함에도 하나님께서는 그들을 사랑하셨건만 그들은 "주께서 어떻게 우리를 사랑하셨나이까"(1:2)라고 반문합니다. 그들의 매정한 반문 앞에 하나님은 분노하시면서도 동시에 '내가 너희를 이렇게 사랑하노라'(요 3:16)고 하시며, 예수 그리스도의 모습으로 이 땅에 오시기까지 하십니다.

◎ 선지서에 나오는 언약들
1) 새 언약(렘 31장)
2) 화평의 언약 (겔 34장)
3) 생명과 평강의 언약(말 2장)

3) 말라기 4장 / 엘리야(세례 요한) 파송 약속

이제 하나님은 400여 년의 긴 침묵으로 들어가십니다. 이후 이 긴 침묵을 깨고 "광야에 외치는 자의 소리"(마 3:3)인 세례 요한이 나타나기 전까지 하나님은 공식적인 선지자를 보내지 않으십니다. 하나님께서 침묵하실 수밖에 없는 것이 이스라엘의 현실이었습니다. 하나님은 "사랑하였노라"고 말씀하셨건만, "어떻게 사랑하셨습니까?"라고 반문하는 그들에게 더 이상 무슨 말이 필요하겠습니까? 책의 마지막을 회복이 아닌 심판의 메시지로 끝낸 유일한 선지자인 말라기 선지자는 특히 마지막에 그 심판을 이루실 메시아의 선구자인 엘리야(세례 요한)의 출현을 예언합니다(4:5). 이를 통하여 구약 전체를 마감하고 이후 있을 약 400여 년의 중간시대와 그 후의 신약시대의 문을 열고 있습니다.

◎ 400년 침묵기
말라기는 예언적 사역이 중단되는 4백여 년의 기간에 대한 전주곡이라고 할 수 있다. 이 기나긴 침묵은 4백여 년 후 "보라 세상 죄를 지고 가는 하나님의 어린양이로다"(요 1:29)라고 외치는 다음 선지자 세례 요한의 등장에 의해서 깨지게 된다.

3. 삶의 적용

1) 말라기 시대의 이스라엘 백성들처럼 하나님의 오래되고 깊은 사랑을 외면하며 하나님께 "언제 어떻게 사랑했습니까?"라고 원망하지는 않았습니까? 내 마음과 내 행동의 상태를 점검하고 회개합시다.

2) 하나님은 이스라엘의 끝없는 배반과 반역에도 포기하지 않는 사랑으로 예수 그리스도를 보내 구원하셨습니다. 오늘 우리가 포기하지 않는 사랑으로 예수 그리스도를 전해야 할 대상은 누구입니까?

04

구약성경 암송구절(40개)

'40일 성경통독과 함께하는' 구약성경 암송구절		
1	창 1:27-28	27 하나님이 자기 형상 곧 하나님의 형상대로 사람을 창조하시되 남자와 여자를 창조하시고 28 하나님이 그들에게 복을 주시며 하나님이 그들에게 이르시되 생육하고 번성하여 땅에 충만하라, 땅을 정복하라, 바다의 물고기와 하늘의 새와 땅에 움직이는 모든 생물을 다스리라 하시니라
2	창 12:1-3	1 여호와께서 아브람에게 이르시되 너는 너의 고향과 친척과 아버지의 집을 떠나 내가 네게 보여줄 땅으로 가라 2 내가 너로 큰 민족을 이루고 네게 복을 주어 네 이름을 창대하게 하리니 너는 복이 될지라 3 너를 축복하는 자에게는 내가 복을 내리고 너를 저주하는 자에게는 내가 저주하리니 땅의 모든 족속이 너로 말미암아 복을 얻을 것이라 하신지라
3	창 28:15	15 내가 너와 함께 있어 네가 어디로 가든지 너를 지키며 너를 이끌어 이 땅으로 돌아오게 할지라 내가 네게 허락한 것을 다 이루기까지 너를 떠나지 아니하리라 하신지라
4	창 50:20	20 당신들은 나를 해하려 하였으나 하나님은 그것을 선으로 바꾸사 오늘과 같이 많은 백성의 생명을 구원하게 하시려 하셨나니
5	출 3:14	14 하나님이 모세에게 이르시되 나는 스스로 있는 자이니라 또 이르시되 너는 이스라엘 자손에게 이같이 이르기를 스스로 있는 자가 나를 너희에게 보내셨다 하라

6	출 19:5-6	5 세계가 다 내게 속하였나니 너희가 내 말을 잘 듣고 내 언약을 지키면 너희는 모든 민족 중에서 내 소유가 되겠고 6 너희가 내게 대하여 제사장 나라가 되며 거룩한 백성이 되리라 너는 이 말을 이스라엘 자손에게 전할지니라
7	레 6:12-13	12 제단 위의 불은 항상 피워 꺼지지 않게 할지니 제사장은 아침마다 나무를 그 위에서 태우고 번제물을 그 위에 벌여 놓고 화목제의 기름을 그 위에서 불사를지며 13 불은 끊임이 없이 제단 위에 피워 꺼지지 않게 할지니라
8	레 19:2	2 너는 이스라엘 자손의 온 회중에게 말하여 이르라 너희는 거룩하라 이는 나 여호와 너희 하나님이 거룩함이니라
9	민 12:3	3 이 사람 모세는 온유함이 지면의 모든 사람보다 더하더라
10	민 23:19	19 하나님은 사람이 아니시니 거짓말을 하지 않으시고 인생이 아니시니 후회가 없으시도다 어찌 그 말씀하신 바를 행하지 않으시며 하신 말씀을 실행하지 않으시랴
11	신 28:1	1 네가 네 하나님 여호와의 말씀을 삼가 듣고 내가 오늘 네게 명령하는 그의 모든 명령을 지켜 행하면 네 하나님 여호와께서 너를 세계 모든 민족 위에 뛰어나게 하실 것이라
12	수 1:8	8 이 율법책을 네 입에서 떠나지 말게 하며 주야로 그것을 묵상하여 그 안에 기록된 대로 다 지켜 행하라 그리하면 네 길이 평탄하게 될 것이며 네가 형통하리라
13	수 24:15	15 만일 여호와를 섬기는 것이 너희에게 좋지 않게 보이거든 너희 조상들이 강 저쪽에서 섬기던 신들이든지 또는 너희가 거주하는 땅에 있는 아모리 족속의 신들이든지 너희가 섬길 자를 오늘 택하라 오직 나와 내 집은 여호와를 섬기겠노라 하니
14	삿 8:23	23 기드온이 그들에게 이르되 내가 너희를 다스리지 아니하겠고 나의 아들도 너희를 다스리지 아니할 것이요 여호와께서 너희를 다스리시리라 하니라
15	룻 1:16	16 룻이 이르되 내게 어머니를 떠나며 어머니를 따르지 말고 돌아가라 강권하지 마옵소서 어머니께서 가시는 곳에 나도 가고 어머니께서 머무시는 곳에서 나도 머물겠나이다 어머니의 백성이 나의 백성이 되고 어머니의 하나님이 나의 하나님이 되시리니
16	삼상 2:7	7 여호와는 가난하게도 하시고 부하게도 하시며 낮추기도 하시고 높이기도 하시는도다
17	삼상 17:45	45 다윗이 블레셋 사람에게 이르되 너는 칼과 창과 단창으로 내게 나아오거니와 나는 만군의 여호와의 이름 곧 네가 모욕하는 이스라엘 군대의 하나님의 이름으로 네게 나아가노라
18	삼하 7:9	9 네가 가는 모든 곳에서 내가 너와 함께 있어 네 모든 원수를 네 앞에서 멸하였은즉 땅에서 위대한 자들의 이름같이 네 이름을 위대하게 만들어 주리라

19	삼하 22:2-3	2 이르되 여호와는 나의 반석이시요 나의 요새시요 나를 위하여 나를 건지시는 자시요 3 내가 피할 나의 반석의 하나님이시요 나의 방패시요 나의 구원의 뿔이시요 나의 높은 망대시요 그에게 피할 나의 피난처시요 나의 구원자시라 나를 폭력에서 구원하셨도다
20	시 127:1	1 여호와께서 집을 세우지 아니하시면 세우는 자의 수고가 헛되며 여호와께서 성을 지키지 아니하시면 파수꾼의 깨어 있음이 헛되도다
21	잠 3:5-6	5 너는 마음을 다하여 여호와를 신뢰하고 네 명철을 의지하지 말라 6 너는 범사에 그를 인정하라 그리하면 네 길을 지도하시리라
22	전 12:13	13 일의 결국을 다 들었으니 하나님을 경외하고 그의 명령들을 지킬지어다 이것이 모든 사람의 본분이니라
23	욥 42:5	5 내가 주께 대하여 귀로 듣기만 하였사오나 이제는 눈으로 주를 뵈옵나이다
24	대하 20:12	12 우리 하나님이여 그들을 징벌하지 아니하시나이까 우리를 치러 오는 이 큰 무리를 우리가 대적할 능력이 없고 어떻게 할 줄도 알지 못하옵고 오직 주만 바라보나이다 하고
25	왕하 2:9	9 건너매 엘리야가 엘리사에게 이르되 나를 네게서 데려감을 당하기 전에 내가 네게 어떻게 할지를 구하라 엘리사가 이르되 당신의 성령이 하시는 역사가 갑절이나 내게 있게 하소서 하는지라
26	암 5:24	24 오직 정의를 물같이, 공의를 마르지 않는 강같이 흐르게 할지어다
27	사 1:3	3 소는 그 임자를 알고 나귀는 그 주인의 구유를 알건마는 이스라엘은 알지 못하고 나의 백성은 깨닫지 못하는도다 하셨도다
28	사 41:10	10 두려워하지 말라 내가 너와 함께함이라 놀라지 말라 나는 네 하나님이 됨이라 내가 너를 굳세게 하리라 참으로 너를 도와주리라 참으로 나의 의로운 오른손으로 너를 붙들리라
29	미 6:8	8 사람아 주께서 선한 것이 무엇임을 네게 보이셨나니 여호와께서 네게 구하시는 것은 오직 정의를 행하며 인자를 사랑하며 겸손하게 네 하나님과 함께 행하는 것이 아니냐
30	습 3:17-18	17 너의 하나님 여호와가 너의 가운데에 계시니 그는 구원을 베푸실 전능자이시라 그가 너로 말미암아 기쁨을 이기지 못하시며 너를 잠잠히 사랑하시며 너로 말미암아 즐거이 부르며 기뻐하시리라 하리라 18 내가 절기로 말미암아 근심하는 자들을 모으리니 그들은 네게 속한 자라 그들에게 지워진 짐이 치욕이 되었느니라
31	렘 29:12-13	3 너는 내게 부르짖으라 내가 네게 응답하겠고 네가 알지 못하는 크고 은밀한 일을 네게 보이리라

32	렘 46:28	28 여호와의 말씀이니라 내 종 야곱아 내가 너와 함께 있나니 두려워하지 말라 내가 너를 흩었던 그 나라들은 다 멸할지라도 너는 사라지지 아니하리라 내가 너를 법도대로 징계할 것이요 결코 무죄한 자로 여기지 아니하리라 하시니라
33	애 3:40	40 우리가 스스로 우리의 행위들을 조사하고 여호와께로 돌아가자
34	겔 18:23	23 주 여호와의 말씀이니라 내가 어찌 악인이 죽는 것을 조금인들 기뻐하랴 그가 돌이켜 그 길에서 떠나 사는 것을 어찌 기뻐하지 아니하겠느냐
35	겔 36:26-27	26 또 새 영을 너희 속에 두고 새 마음을 너희에게 주되 너희 육신에서 굳은 마음을 제거하고 부드러운 마음을 줄 것이며 27 또 내 영을 너희 속에 두어 너희로 내 율례를 행하게 하리니 너희가 내 규례를 지켜 행할지라
36	단 12:3	3 지혜 있는 자는 궁창의 빛과 같이 빛날 것이요 많은 사람을 옳은 데로 돌아오게 한 자는 별과 같이 영원토록 빛나리라
37	에 4:14	14 이 때에 네가 만일 잠잠하여 말이 없으면 유다인은 다른 데로 말미암아 놓임과 구원을 얻으려니와 너와 네 아버지 집은 멸망하리라 네가 왕후의 자리를 얻은 것이 이때를 위함이 아닌지 누가 알겠느냐 하니
38	시 119:105	105 주의 말씀은 내 발에 등이요 내 길에 빛이니이다
39	느 1:5	5 이르되 하늘의 하나님 여호와 크고 두려우신 하나님이여 주를 사랑하고 주의 계명을 지키는 자에게 언약을 지키시며 긍휼을 베푸시는 주여 간구하나이다
40	말 4:2	2 내 이름을 경외하는 너희에게는 공의로운 해가 떠올라서 치료하는 광선을 비추리니 너희가 나가서 외양간에서 나온 송아지같이 뛰리라

05

신약 목차

Day	통독 범위	암송구절
1	신약성경 개관	요 3:16
2	마 1-7장 (왕의 탄생과 산상수훈)	마 4:23
3	마 8-18장 (왕의 사역과 가르침)	마 10:40
4	마 19-25장 (왕으로 입성 및 종말 예언)	마 22:37-40
5	마 26-28장 (왕의 수난과 부활)	마 26:41
6	막 1-9장 (종의 사역과 제자 선택)	막 1:15
7	막 10-13장 (종의 사역)	막 10:45
8	막 14-16장 (종의 수난과 부활)	막 16:15
9	눅 1-9:50 (인자의 사역)	눅 6:38
10	눅 9:51-19:27 (인자에 대한 배척)	눅 17:20-21
11	눅 19:28-24장 (인자의 수난과 부활)	눅 21:34
12	요 1-12장 (그리스도의 계시와 배척)	요 1:14
13	요 13-17장 (그리스도의 계시)	요 13:34
14	요 18-21장 (그리스도의 수난과 부활)	요 20:23

Day	통독 범위	암송구절	Day	통독 범위	암송구절
15	행 1-5장 (예루살렘의 기독교)	행 1:8	28	딤전, 딛, 딤후 (최후 승리를 꿈꾸며)	딤전 6:11-12
16	행 6-12장 (유대와 사마리아의 교회)	행 9:15	29	히브리서 (신앙의 성숙을 위하여)	히 11:6
17	행 13-15장 (바울의 1차 선교여행)	행 15:29	30	야고보서 (행동하는 믿음)	약 2:26
18	갈라디아서 (자유를 위한 대선언)	갈 2:20	31	벧전, 벧후, 유 (인내하며 물리쳐라)	벧전 2:9
19	행 16-18장 (바울의 2차 선교여행)	행 16:31	32	요일, 요이, 요삼 (참된 사랑의 교제)	요일 2:15-16
20	데살로니가전 · 후서 (주의 재림에 대한 교훈)	살전 5:16-18	33	계 1-3장 (일곱 교회)	계 3:20
21	행 19-21장 (바울의 3차 선교여행)	행 20:24	34	계 4-11장 (일곱 인 & 일곱 나팔 재앙)	계 4:11
22	고린도전서 (고린도 교회의 문제점)	고전 3:16-17	35	계 12-14장 (악의 정체 & 마지막 호소)	계 14:12
23	고린도후서 (바울 사역과 하나님의 은사)	고후 9:7	36	계 15-16장 (일곱 대접 재앙)	계 16:15
24	로마서 (구원 과정에 대한 바른 교리)	롬 12:1-2	37	계 17-20장 (악의 세력의 멸망)	계 19:8
25	행 22-28장 (바울의 4차 선교여행)	행 23:11	38	계 21-22장 (하늘 보좌와 최후 승리)	계 22:12
26	에베소서, 빌립보서 (몸 된 교회를 위한 기쁨의 고난)	빌 4:6-7	39	신약성경 총정리	행 28:31
27	골로새서, 빌레몬서 (교회의 머리 & 용서)	골 3:2-3	40	성경을 관통하는 그리스도	딤후 3:16-17

06

신약성경 통독

Day 1 신약성경 개관

1. 들어가는 글

신약성경(27권)은 성경의 완성이다. 신약(정경: AD 397년 카르타고 회의) 없는 구약(정경: AD 97년 얌니아 회의)은 결말 없는 이야기와 같고, 피지 않는 꽃봉오리와 마찬가지이다. 구약은 역사와 예언, 그리고 준비를 강조하지만, 신약은 성도의 체험과 권면, 그리고 실천에 초점을 맞춘다. "신약은 구약 속에 감추어져 있고, 구약은 신약 속에 열려 있다"라는 말이 있다. 이렇듯 구약의 소망과 기대가 신약에 이르러 살과 피로 옷 입고(말씀이 육신이 되어) 나타났다(요 1:14).

◎ 암송구절
요 3:16

2. 본문 여행

1) 신약의 세 골격

(1) 신약의 처음 5권(사복음서 - 육신을 입고 이 땅에 오신 그리스도에 관해 기록 / 사도행전 - 교회의 형성과 사도를 통한 하나님 나라의 확장을 기록)은 그리스도와 교회의 '역사'를 '과거'에 초점을 맞추어 전해 준다.

(2) 21권의 책(로마서에서 유다서까지)은 편지 형식으로 성도의 '체험'과 '권면'에 초점을 맞추며, 사복음서와 사도행전 및 요한계시록이 주로 유대인들을 향한 하나님의 계획을 말한 반면에, 이 21권은 은혜의 시대를 살고 있는 오늘날의 크리스천들에게 많은 초점을 맞춘다.

* 바울의 교회서신(9개: 롬, 고전, 고후, 갈, 엡, 빌, 골, 살전, 살후) - 교회를 격려하고 교훈

* 바울의 목회서신(4개: 딤전, 딤후, 딛, 몬) - 교회 지도자들에게 권면

* 일반서신(8개: 히, 약, 벧전, 벧후, 요 1, 요 2, 요 3, 유) - 박해받는 유대인 신자들 훈계

(3) 요한계시록은 성경의 절정을 이루는 동시에 성경 전체의 흐름을 '미래'에 초점을 맞추어 '예언'으로 매듭짓는다.

2) 신약의 열두 시대

(1) 첫째-넷째 시대(사복음서 / 그리스도의 생애 / BC 4-6년 ~ AD 30년)

마태복음은 예수님을 유대인의 '왕'으로, 마가복음은 완전하신 '종'으로, 누가복음은 예수님을 완전하신 '인간'으로, 요한복음은 완전하신 '하나님'으로 묘사한다.

(2) 다섯째 시대(행 1-12장 / 교회의 형성 / ~ AD 48년)

오순절 성령 강림으로 그리스도의 몸 된 교회가 토대를 마련하였고, 예루살렘과 유대 땅에 제한되어 있던 복음 전파는 빌립을 통해 사마리아까지 확대되었다. 특히 다소 출신의 교회를 핍박하던 사울(바울)을 위대한 전도자로 세워 교회의 중심이 예루살렘에서 수리아의 안디옥으로 옮겨졌으며, 그곳에서 최초로 신자들이 '그리스도인'이라 불렸다.

(3) 여섯째 시대(행 13-15장 / 1차 선교여행: 2년 / ~ AD 50년)

안디옥 교회는 바나바와 바울을 선교사로 파송하였고, 이 여행에서 돌아온 직후 전도여행을 통해 회심시킨 갈라디아 지방 사람들에게 '갈라디아서'를 써서 보냈다.

(4) 일곱째 시대(행 16-18장 / 2차 선교여행: 3년 / ~ AD 53년) - 실라와 디모데 / 살전, 살후

(5) 여덟째 시대(행 19–21장 / 3차 선교여행: 4년/ ~ AD 57년) – 고전, 고후, 롬

(6) 아홉째 시대(행 22–28장 / 4차 선교여행: 5년/ ~ AD 62년) – 복음을 위하여 죽을 것도 각오하였던 바울의 변호에 의한 로마로의 여행, 로마 1차 감옥 / 엡, 빌, 골, 몬

(7) 열째 시대(로마 감옥에서 일시 석방, 로마 핍박/ ~ AD 67년) – 딤전, 딛, 벧전, 벧후, 약

(8) 열한째 시대(로마 2차 감옥, 복음 확장 / AD 67~69년) – 딤후, 히, 유

(9) 열두째 시대(역사의 종결, 교회의 확장 / ~ AD 96년) – 요 1, 요 2, 요 3, 계

3) 400년 침묵기(중간기)의 문헌들

(1) 70인역 성경 – 구약의 히브리어 성경을 헬라어로 번역(BC 250년경 이집트의 알렉산드리아에서 편찬)

번역 작업에 이스라엘 열두 지파에서 각6명씩 선발된 72명의 학자들이 참여함.

(2) 외경 – 15개의 문서(로마 가톨릭은 이중 12개를 1546년 트렌트 종교회의에서 교회의 정경으로 인정)

지혜서, 전도서, 토비트, 유딧, 마카베오상, 마카베오하, 바룩 1–5서, 바룩 6서, 에스더서 10:4–1624, 세 청년의 노래(단 3:24–90), 수산나(단 13장), 벨과 벰(단 14장) 에스드라 3서, 에스드라 4서, 므낫세의 기도

(3) 위경 – 성경 기자와 저작 연대가 허위로 구성(7개 – 솔로몬의 시편, 에녹서, 모세 승천기, 이사야의 순교와 승천, 희년서, 시빌의 신탁, 열두 족장의 유언)

Day 2

왕의 탄생과 산상수훈 (마 1-7장)

1. 들어가는 글

◎ 함께 정독하기
마 1, 4, 5-7장

◎ 암송구절
마 4:23

마태복음의 저자 마태는 매국노로 여겨지던 세리였습니다. 그런 그가 새 사람이 되어 이 복음서를 통하여 유대인들을 대상으로 왕으로 오신 예수님께 초점을 맞추며, 구약성경을 인용하면서 많은 가르침을 소개하고 있습니다. 마태복음은 "아브라함과 다윗의 자손 예수 그리스도의 계보라"(1:1)고 시작하는데, 이는 마태복음의 핵심이며 나아가 성경 전체를 한마디로 압축한 키워드입니다. 아브라함(약 BC 2100) 때부터 시작된 하나님의 구원 역사는 다윗(BC 1011)이라는 천 년의 징검다리를 건너 예수 그리스도에서 완성됩니다. 예수님께서 이 땅에 오심으로 하나님의 큰 빛이 사망의 땅과 그늘에 앉아 있는 이들에게 비치면서 하나님의 나라가 임합니다.

2. 본문 여행

1) 마태복음 1-2장 / 예수님의 탄생과 유년기

◎ 예수님의 족보
1) 하향식(마 1장)
아브라함 - 예수님
2) 상향식(눅 3장)
예수님 - 하나님

마태복음은 '유대인의 복음' 또는 '교회의 복음'으로 알려져 있는데, 마태는 구약적인 배경에 붙들려 예수님을 오해하고 있던 당시 유대인들의 오해를 풀어 주고 싶었습니다. 그래서 이스라엘 사람들이 가장 중요하게 여기는 두 사람, 즉 그들 민족의 첫 시작인 아브라함, 그리고 역사상 가장 위대했던 다윗 왕을 연결시켜서 예수 그리스도로 결론을 맺는 족보로 시작했습니다. 예수님은 오랜 세월 이어져 온 하나님의 약속(구약)의 결정체이시며, 예언의 성취자이시며, 율법의 완성자이십니다.

◎ 족보 중 여인들
다말, 라합, 룻, 밧세바(우리아의 아내), 마리아

천사가 마리아에게 수태를 알려 주자(눅 1:31) 마리아는 이에 순종합니다. 이를 알고 요셉은 마리아와의 약혼관계를 가만히 끊고자 하였으나 꿈에 주의 사자가 나타나 마리아가 성령으로 잉태되어 아들을 낳을 것과 그의 이름이 "예수"(자기 백성을 저희 죄에서 구원할 자)가 될 것임을 알려 줍니다. 예수님은 선지자의 예언대로 헤롯 왕 때 유대 베들레헴에서 태어나시고(BC 4-6), 헤롯이 두 살 아래의 사내아이를 모두 죽이라는 명령을 내리기 전에 요셉은 주의 사자의 명대로 아기 예수를 데리고 애굽으로 피신합니다. 헤롯이 죽고(BC 4) 아켈라오가 임금이 되었을 때 요셉의 가족은 나사렛으로 돌아옵니다.

2) 마태복음 3–4장 / 메시아의 사역 시작

예수님이 공생애(AD 27–30)를 시작하시기 전에 400여 년의 긴 침묵기를 깨고 '광야에서 외치는 자의 소리'로 나타난 세례 요한은 "회개하라 천국이 가까웠느니라"는 메시지를 선포합니다. 바로 이 세례 요한에게 예수님은 요단 강에서 세례를 받습니다. 예수님이 세례를 받으실 때 성령이 비둘기 같이 임하였고, 예수님은 성령에 이끌리어 마귀에게 시험을 받으러 유대 광야에 가서 40일을 밤낮으로 금식하십니다. 마귀가 시험할 때마다(돌이 떡덩이가 되게 하라 / 거룩한 성에서 뛰어내리라 / 나에게 경배하라) 예수님은 신명기 말씀을 인용하여 물리치셨습니다(신 8:3, 6:16, 6:13). 이 시험을 받으신 후 예수님은 본격적으로 갈릴리에서 사역을 시작하십니다.

◎ 공관복음 자료 (마, 막, 눅)
예수 시험 (4, 1, 4)
사역 개시 (4, 1, 4)
제자 소명 (4, 1, 5)

3) 마태복음 5–7장 / 산상수훈

예수님이 산에 올라가 선포하신 첫 말씀은 '복'에 대한 것입니다. 그것은 세상 사람들이 생각하는 '복'의 개념과는 완전히 다른 것으로, 이 땅에서 만사형통하는 자만이 복 있는 자라고 여기는 사람들에게 예수님께서는 진정한 복이란 하늘의 것, 곧 그 마음에 보이지 않는 천국을 소유하는 것이라고 말씀하십니다. 그리고 그들에게 이 땅에서 소금과 빛의 역할을 하여 하늘에 계신 아버지께 영광을 돌릴 수 있도록 하라고 하십니다(5장).

또한 예수님께서는 하늘의 하나님을 소개하십니다. 예수님이 소개하는 하나님은 '은밀한 중에 보시는 하나님'이시기 때문에 기도나 구제와 금식을 사람에게 보이기 위해서 해서는 안 됩니다. 예수님은 인생을 살면서 재물과 삶의 염려가 가득한 사람들에게 염려를 내려놓고 하나님의 나라와 의를 구하라고 하십니다(6장). 또한 "남에게 대접을 받고자 하는 대로 너희도 남을 대접하라"(7:12)는 말씀은 이웃과의 관계에서 가장 새겨들을 말씀입니다. 이 모든 것을 말씀하신 후 예수님은 산상수훈의 마지막 부분에서 우리에게 실천을 요구하시는데, 이러한 예수님의 말씀을 따라 실천하는 것은 좁은 길을 걷는 것입니다(7장).

◎ 팔복(마 5장)
1) 심령이 가난한 자 (천국)
2) 애통하는 자(위로)
3) 마음이 온유한 자 (땅을 기업)
4) 의에 주리고 목마른 자(배부를 것)
5) 긍휼히 여기는 자 (긍휼)
6) 마음이 청결한 자 (하나님을 볼 것)
7) 화평케 하는 자 (하나님의 아들)
8) 의를 위해 박해를 받는 자(천국)

◎ 황금률
1) 구약 / 미 6:8
2) 신약 / 마 7:12

◎ 예수님 당시의 치리자들
* 로마 황제
1) 아구스도(아우구스투스, BC 27-AD 14)
2) 디베료(티베리우스, BC 14-37)

* 팔레스타인 총독
- 본디오 빌라도

* 팔레스타인 분봉왕
1) 헤롯 대왕 (BC 37-4)
- 전체 지역
2) 아켈라오 (BC 4-AD 6)
- 유대, 이두매, 사마리아
3) 안티파스 (BC 4-AD 39)
- 갈릴리, 베레아

* 예루살렘 대제사장
1) 안나스(AD 6-15)
2) 엘르아살 (AD 16-17)
3) 가야바(AD 18-37)
4) 요나단(AD 37)
5) 데오빌로(AD 38)

3. 삶의 적용

1) 예수님은 공생애를 시작하시기 전에 요단 강에서 세례를 받으시고, 광야에서 마귀에게 시험을 받으셨습니다. 어떤 일을 시작하기 전에 나는 어떤 준비 과정을 밟고 있습니까?

2) 세상이 말하는 복과 예수님께서 산상수훈을 통해 들려주신 복의 차이점에 대하여 이야기해 봅시다.

Day 3 왕의 사역과 가르침 (마 8–18장)

1. 들어가는 글

팔레스타인은 1세기 당시에 유대, 갈릴리, 사마리아 등 세 지역으로 나뉘어 있었습니다. 이 세 지역은 로마 제국의 통치를 받았으며 사막, 계곡, 들판 등 다양한 지형을 포함하고 있습니다. 예수님은 이 세 지역 중 유대와 갈릴리에서 집중적으로 활동하셨습니다. 유대와 갈릴리 땅의 대부분의 사람들은 농업이나 목축업 또는 어업 등의 기초적인 생산 활동을 그들의 생업으로 삼고 있었습니다. 그래서 복음서에서 예수님은 그러한 생업에 밀접하게 관련되는 말씀을 많이 하셨는데 씨 뿌리는 비유, 포도원 비유 등 농업에 관련된 비유, 양과 목자의 비유 등이 그것입니다. 한편, 이스라엘 전체의 경제 수준은 그리 높지 않았으나 로마의 통치력이 본격적으로 이 지역에 뻗치면서 많은 세금이 징수되었습니다. 뿐만 아니라 각종 도로와 항구가 만들어짐으로 팔레스타인 지역은 국제적인 교역을 시작하게 되었습니다.

◎ 함께 정독하기
마 8-9, 14-15장

◎ 암송구절
마 10:40

2. 본문 여행

1) 마태복음 8–9장 / 예수님의 이적

산에서 산상수훈을 가르치시고 내려오신 후 예수님은 본격적으로 치유 사역을 베푸십니다. 문둥병자를 고치시고, 가버나움에서는 중풍병에 걸린 백부장의 하인을 고치십니다. 베드로의 집에서는 베드로 장모의 열병을 고치십니다. 갈릴리 호수에서는 풍랑을 잔잔케 하시고, 가다라 지방에서는 귀신 들린 두 사람에게서 귀신을 쫓아내십니다(8장). 네 사람이 데려온 한 중풍병자를 고치시고, 열두 해를 혈루증으로 고통 가운데 있는 여인을 치료하십니다. 회당장 야이로의 죽은 딸을 살리기도 하셨습니다(9장). 이러한 예수님의 이적은 "하나님 나라는 말에 있지 아니하고 오직 능력에 있음"(고전 4:20)을 실제로 보여주며 예수님의 사명을 이루어 가시는 또 하나의 중요한 사역이었습니다.

◎ 공관복음 자료
(마, 막, 눅)
장모 치유 (8, 1, 4)
문둥병자 (8, 1, 5)
풍랑 잔잔 (8, 4, 8)
거라사 귀신 (8, 5, 8)
중풍병자 (9, 2, 5)
마태 소명 (9, 2, 5)
금식논쟁 (9, 2 5)
의원 예수 (9, 2, 5)
혈루 여인 (9, 5, 8)
야이로 딸 (9, 5, 8)
제자 소명 (10, 3, 6)
제자 파송 (10, 6, 9)

◎ 12제자
1) 시몬 베드로
2) 안드레
3) 세베대의 아들 야고보
4) 요한(야고보 형제)
5) 빌립
6) 바돌로매
7) 도마
8) 세리 마태
9) 알패오의 아들 야고보
10) 가나안인 시몬
11) 다대오
12) 가룟 유다

2) 마태복음 10-12장 / 12제자 파송 및 갈릴리 사역 1

예수님은 12제자를 부르시고 그들에게 더러운 귀신을 쫓아내며 모든 병과 모든 약한 것을 고치는 권능을 주십니다. 사명을 위한 동역에 이르기까지는 동지가 되고 동행하는 시간이 필요하며, 함께하는 시간을 쌓아가는 가운데 깊은 관계에 뿌리를 둔 참 헌신이 나올 수 있기 때문입니다. 그래서 예수님은 특별히 이후 초기 교회의 기틀을 세워야 할 12명의 사도들과 함께 많은 시간을 보내셨고, 나아가 베드로, 요한, 야고보 세 명의 제자들과는 특별한 시간을 따로 보내기도 하셨습니다. 그 후 예수님은 제자들에게 "너희를 영접하는 자는 나를 영접하는 것이요 나를 영접하는 자는 나를 보내신 이를 영접하는 것이니라"(10:40)고 격려하시면서 이스라엘 집의 잃어버린 양(영혼)에게로 보내십니다. 그런데 천국복음을 전해도 예수님을 영접하지 않은 고라신, 벳새다, 가버나움 등이 있었는데, 이들에 대해서는 심한 책망을 하십니다(11장). 안식일에 대하여 시비하는 유대인들에 대해서는 "인자는 안식일의 주인"이라고 말씀하시면서 안식일에 손 마른 자를 고치십니다(12장).

◎ 7가지 천국 비유
1) 씨 뿌리는 비유
2) 가라지 비유
3) 겨자씨 비유
4) 누룩 비유
5) 감추인 보화 비유
6) 진주 비유
7) 그물 비유

3) 마태복음 13장 / 7가지 천국 비유

하나님 나라 운동을 주도해 가고 계신 예수님은 하나님의 나라를 일곱 가지 비유로 가르치십니다. 백성들이 쉽게 알아들을 수 있는 비유 속에는 하나님의 놀라운 지혜와 깊은 경륜이 들어 있습니다. 사람들의 마음속에 있는 믿음을 보며 병을 낫게도 하시고 죄도 사해 주셨던 예수님은 그 마음에 하나님 나라의 씨앗을 심고 계셨습니다. 그 씨앗은 비록 보잘것없고 작지만, 이후 그 씨앗이 자라 풍성한 하나님의 나라가 되는 것입니다.

◎ 비슷한 구절(마)
1) 네 믿은 대로 될지어다(8:13) - 백부장에게
2) 너희 믿음대로 되라(9:29) - 두 소경에게
3) 네 소원대로 되리

4) 마태복음 14-17장 / 갈릴리 사역 2

예수님의 갈릴리 주변 사역이 다시 시작됩니다. 예수님은 물고기 두 마리와 보리떡 다섯 개로 남자 어른만 오천 명을 먹이시고 열두 바구니를 거두십니다. 그 후 이른 새벽에 갈릴리 호수를 걸으신 예수님을 유령으로 생각한 제자들은 나중에 예수님을 알아보게 됩니다. 이때 베드로가 물 위를 걷다가 풍랑을 보고 빠지자 예수님은 손을 내밀어 그를 붙잡으십니다(14장). 예수님의 제자들이 떡을 먹을 때에 손을 씻지 않는 것을 보고 바리새인들과 서기관들이 트집을 잡자, 예수님은 "입으로 들어가는 것이 사람을 더럽게 하는 것이 아니라 입에서 나오는 그것이 사람을 더럽게 하는 것이니라"(15:11)며 그들을 책망하십니다. 빌립보 가이사랴 지방에서는 베드로가 "주는 그리스도시요 살아 계신 하나님의 아들이시니이다"(16:16)라는 위대한 신앙고백을 합니다. 베드로의 신앙고백 6일 후, 다볼 산(변화산)에 오르신 예수님은 영광스러운 모습으로 변형되십니다(17장).

라(15:28) - 가나안 여인에게

5) 마태복음 18장 / 공동체가 지켜야 할 것들

예수님은 천국에서 큰 사람은 어린아이와 같이 자기를 낮추는 사람이어야 한다고 말씀하십니다. 그리고 형제가 죄를 범하면 단둘이 상대하여 권고하고, 다음으로 한두 사람을 데리고 가서 두세 증인의 입으로 확증하게 하라고 말씀하십니다. 그다음에는 교회에 말하고, 그래도 듣지 않으면 그 후에는 이방인과 세리와 같이 여기라고 하십니다. 한편, 용서에 대한 베드로의 질문에 예수님은 일곱 번을 일흔 번까지라도 용서하라고 하십니다.

◎ 5대 강화(설교)
1) 산상수훈(5-7장)
2) 제자 파송(10장)
3) 천국 비유(13장)
4) 공동체 설교(18장)
5) 종말 교훈(24-25장)

3. 삶의 적용

1) 예수님은 제자들을 부르시고 귀신 쫓는 권세와 병 고치는 능력을 주셨습니다. 오늘 예수님을 따르는 우리는 어떤 권세와 능력을 가지고 있습니까?

2) 각각의 공동체는 지켜야 할 규범이 있습니다. 우리 가정과 교회 공동체가 지켜야 할 규범에는 어떤 것이 있다고 생각하십니까?

Day 4

왕으로 입성 및 종말 예언 (마 19-25장)

1. 들어가는 글

◎ 함께 정독하기
마 23-25장

◎ 암송구절
마 22:37-40

예수님의 여정의 종착역은 예루살렘입니다. 예루살렘이 중요하게 여겨지는 이유는 성전 때문입니다. 솔로몬 시대부터 예루살렘 성전은 유대인의 정신적 핵심이었습니다. 유대인인 마태는 구약성경을 자주 인용하면서 탄생, 삶, 죽음, 그리고 부활을 통해서 '기록된 것을 성취하시는' 그리스도를 주장하고, 예수님이야말로 약속의 메시아이심을 강조합니다. 이러한 약속의 메시아의 여정의 끝에 예루살렘이 있습니다. 백성들의 열렬한 환호를 받으면서 예루살렘에 입성하신 예수님은 혼인잔치에 대한 비유를 말씀하시고, 예루살렘을 보시고는 한탄하십니다. 그리고 그것에 대한 멸망을 예언하시고, 천국과 관련된 비유들을 말씀하십니다.

2. 본문 여행

◎ 마태 특수자료
1) 진주 돼지(7장)
2) 두 소경(9장)
3) 가라지(13장)
4) 값진 진주(13장)
5) 그물 비유(13장)
6) 베드로 건짐(14장)
7) 성전세(17장)
8) 무자비한 종(18장)
9) 성도 곁에(18장)
10) 같은 품삯(20장)
11) 두 아들(21장)
12) 열 처녀(25장)
13) 양과 염소(25장)

1) 마태복음 19-20장 / 예루살렘 여정

예수님은 당시 유대인이셨으며 성인 남성이셨기 때문에 율법을 지키기 위하여 예루살렘 성전에 적어도 1년에 한 번, 총 세 번은 방문해야 합니다. 그러나 공관복음서를 읽어 보면, 예수님은 '예루살렘'에 단 한 번 가신 것으로 기록하고 있습니다. 왜 예수님은 예루살렘에 단 한 번 가셨을까요? 예수님은 먼저 '갈릴리'라는 공간 안에서 사역을 시작하시고, 갈릴리에서의 활동이 끝난 이후 예루살렘을 향해 떠나십니다. 떠난 후에는 다시 갈릴리로 돌아가시지 않고, 계속 예루살렘을 향해서 나아가십니다. 그래서 공관복음은 예수님의 삶을 시간 순서가 아니라, 예수님이 우리를 구원하시기 위해서 예루살렘을 향해 가셨고, 거기에서 십자가에 못 박혀 돌아가시고 부활하셨다는 것을 보여줍니다. 그 여정 가운데서 예수님은 이혼문제에 대해 시험하는 바리새인들을 만나고, 어린아이들을 축복해 주시며, 부자 청년에게는 영생을 얻는 방법에 대하여 가르치십니다(19장). 포도원 품꾼의 비유를 통해서는 나중 된 자가 먼저 되고 먼저 된 자가 나중 될 수 있음을 보여주시고, 여리고 도상에서는 두 소경의 눈을 고쳐 주십니다(20장).

2) 마태복음 21–23장 / 예루살렘 입성과 대결

예수님은 백성들의 환호를 받으면서 나귀를 타고 예루살렘에 입성(일요일, 종려주일)하십니다. 그 후 예수님은 성전에서 "내 집은 기도하는 집이라"고 말씀하시면서 물건 파는 사람들을 강하게 꾸짖으시며 물리치십니다. 열매 없는 무화과나무를 보시면서 저주하기도 하십니다. 이에 종교지도자들은 당황하면서 예수님을 무너뜨릴 방법을 찾습니다. 그러다가 "네가 무슨 권세로 이런 일을 하느냐?"면서 예수님의 권위에 대하여 질문하지만, 오히려 예수님의 책망만 받을 뿐입니다(21장). 한편, 바리새파 제자들과 헤롯 당원들은 납세문제로 공격하고, 사두개인들은 모세를 인용하여 부활이 없다고 주장하기도 합니다. 한 율법사는 가장 큰 계명이 무엇이냐며 예수님을 공격하고, 바리새파 사람들은 예수님과 다윗의 관계에 대한 질문으로 예수님을 계속해서 공격합니다(22장). 그러나 이처럼 종교지도자들이 갖가지 질문으로 공격할 때마다 예수님은 그 질문의 의도를 간파하시고 지혜롭게 대답하십니다.

◎ 안식 후 첫날

예수님은 안식 후 첫날(일요일)에 예루살렘에 입성하셨고, 그 후 일주일 뒤인 안식 후 첫날(일요일)에 부활하셨다.

3) 마태복음 24–25장 / 종말에 관한 설교와 비유

예루살렘에서 예수님은 종말에 관한 설교(마 24장; 막 13장; 눅 21장)를 하시는데, 제자들의 두 가지 질문 중에서 하나는 '성전이 무너지는 일이 언제인가?'와 또 하나는 '주의 임하심과 세상 끝에는 무슨 징조가 있는가?' 하는 것입니다. 이에 대하여 예수님은 '돌 하나도 돌 위에 남지 않고 다 무너뜨려진다'고 말씀하시고, 말세에 있을 일들에 대해서는 적그리스도, 전쟁, 기근, 지진, 거짓 선지자, 박해 등이 있을 것이라고 말씀하십니다. 이 점에서 보면, 예수님의 대답도 어떤 것은 예루살렘(성전)의 멸망에 관련된 것이고, 어떤 것은 예수님의 재림 때에 일어나는 것임을 알 수 있습니다. 결국 이러한 종말에 우리가 지녀야 할 태도는 "깨어 있으라"는 것이며, "준비하고 있으라"는 것입니다. 이 연장선상에서 마태복음 25장에서 우리 예수님은 세 가지 비유를 말씀하십니다. '열 처녀 비유'를 통해서는 지혜로운 다섯 처녀처럼 기름과 등을 날마다 준비할 것이며, '달란트 비유'에서는 작은 일에도 충성하여 주인의 즐거움에 참여할 것이며, '양과 염소의 비유'에서는 최후에 하나님은 양과 염소를 가르시기에 오른편에서 아버지께 복을 받을 자들이 되라고 격려하십니다.

◎ 재림에 관련된 비유들(마 24장)

* 무화과나무의 비유
* 노아 때의 비유
* 충성되고 지혜로운 종 비유

3. 삶의 적용

1) 예수님은 예루살렘에 입성하셔서 성전에서 매매하는 자들을 다 쫓아내셨습니다. 오늘 우리 교회 공동체에서 우리가 배격해야 할 하나님의 거룩함을 나타내지 못하는 요소들은 무엇입니까?

2) 지금이 마지막 때임을 무엇으로 알 수 있으며, 그 마지막 때를 살아가는 여러분의 행동지침은 무엇입니까?

Day 5

왕의 수난과 부활 (마 26-28장)

1. 들어가는 글

예수님의 공생애가 막바지에 다다르면서 예수님과 제자들 사이의 동지애는 한없이 깊어졌을 것입니다. 이렇게 사랑이 짙어 가는 동안, 예수님의 괴로움도 그 깊이를 더해 갔을 것입니다. 예수님은 가룟 유다가 곧 예수님을 배신할 것을 알고 계셨기 때문입니다. 또한 베드로가 예수님을 부인할 것도 알고 계셨습니다. 그러나 가룟 유다를 향한 깊은 배신감도, 베드로에 대한 실망감도 예수님의 사랑을 멈추게 하지는 못했습니다. 예수님은 고난의 십자가의 길을 앞두고 계셨습니다. 그분에게 돌아올 십자가의 형틀은 정말 견디기 어려운 가시밭길이었습니다. 그 길을 걸어가시기에 앞서 예수님은 이제 마지막 시간을 준비하십니다. 최후의 만찬 후에 예수님은 체포되어 십자가에 달리십니다. 그러나 예수님은 약속대로 3일 만에 부활하십니다.

◎ 함께 정독하기
마 26-28장

◎ 암송구절
마 26:41

2. 본문 여행

1) 마태복음 26-27장 / 수난(고난주간)

유월절 이틀 전(주후 30년/ 유대력으로 1.13일, 수요일), 대제사장들과 장로들은 예수님을 죽이려고 음모를 꾸밉니다. 예수님의 제자인 가룟 유다 역시 예수님을 팔려고 기회를 노립니다. 무교절 첫날 저녁(유대력으로 1.14일, 목요일), 제자들과 마지막 만찬을 마치시고 감람산에 오르신 예수님은 다른 제자들은 멀리 남겨 두시고 베드로, 요한, 야고보만 그 뒤를 따르게 하십니다. 예수님은 고통과 슬픔 가운데 세 제자에게 "너희는 여기 머물러 깨어 있으라"고 당부하신 연후에 조금 떨어진 곳으로 나아가 무릎을 꿇고 기도하십니다. 예수님의 기도 후에 가룟 유다가 검과 몽치를 든 무리와 함께 다가옵니다. "랍비여"라는 말과 함께 다가온 그의 입맞춤은 고난과 죽음을 알리는 서곡과 같았습니다. 예수님은 체포되어 대제사장 가야바의 집으로 끌려가 심문을 받으십니다(26장).

◎ 십자가 시간표
1) 제3시(오전 9시)
- 십자가에 달리심.
2) 제6시(정오)
- 땅이 어두워짐.
3) 제9시(오후 3시)
- 운명하심.

◎ 휘장과 구속
인류 구원의 사건이 예수님의 십자가 위에서 드디어 완성되었다. 구약의 긴 세월 동안 제사장만 출입하던 그 성막의 휘장이 위로부터 아래까지 찢어졌다. 이제 더 이상 동물의 피를 통한 제사를 드릴 필요가 없게 되었다. 단번에 예수님이 십자가 위에서 온 인류의 모든 죄를 해방시키셨다.

날이 샌 후(유월절/ 유대력으로 1.15일, 금요일), 예수님은 공회로 끌려가시고, 또 당시 팔레스타인(유대) 총독인 빌라도에게 끌려가십니다. 그런데 빌라도는 아무 죄가 없으신 예수님과 점점 커져 가는 민중들의 아우성 사이에서 갈등하다가 정의를 왜곡하고 예수님에게 십자가 형을 선고합니다. 이에 로마 군병들은 예수님을 때리고 가시면류관을 씌우고, 침 뱉고, 갈대로 머리를 칩니다. 지나가던 자들은 자기 머리를 흔들며 모욕하고, 대제사장들과 서기관들과 유대 장로들이 십자가에 달려 계신 예수님께 "지금 십자가에서 내려오면 믿겠노라"고 희롱합니다. 같이 매달린 강도도 예수님을 욕합니다. 예수님은 열두 영이나 더 되는 하늘의 천사를 데려다가 그런 그들을 모두 굴복시킬 수도 있습니다만, 그 모든 아픔과 고통, 멸시와 조롱을 참으셨습니다. 예수님이 십자가에서 돌아가실 때(오전 9시-오후 3시) 지성소와 성소를 가로막는 휘장이 위에서 아래로 찢어지고, 무덤에서 자던 성도들이 일어났습니다. 이에 백부장과 예수님을 지키던 자들은 "이는 진실로 하나님의 아들이었도다"라고 고백합니다(27장).

2) 마태복음 28장 / 부활 그리고 사명선언

◎ 유월절과 무교절
(1.15) (1.14-21)
구약에서는 유월절과 무교절을 구분하였으나, 신약에서는 구분하지 않고 사용하였다(막 14:1; 눅 22:1). 그 이유는 유대력과 로마력(AD 70년 이후 사용됨)의 차이 때문이다.
* 유대력 달력 이해 (일몰과 일몰 사이)
14일 저녁 - 15일 밤- 15일 새벽 - 15일 아침 - 15일 낮 - 15일 저녁 - 16일 밤

안식 후 첫날(초실절, 유대력으로 1.17일, 일요일)이 되려는 미명이 되었습니다. 예수님의 십자가 위에서의 모습을 지켜봤던 여인들(막달라 마리아와 다른 마리아)은 예수님이 3일 후에 살아나리라는 말씀(마 20:17-19)을 기억하고 무덤에 가보았습니다. 바로 그곳에서 그들은 부활하신 예수님을 만났습니다. 만약 그들이 장사지내신 후 둘째 날(토)이나 넷째 날(월) 갔으면 부활하신 예수님을 만나지 못했을 것입니다. 사실 여인들은 그 황량한 상황과 처참한 현실 속에서 아무 정신도 없을 만도 합니다. 그런데 예수님의 말씀을 새기고 있다가 무덤에 가본 것입니다.

예수님의 부활은 아무리 강조해도 지나치지 않습니다. 예수님께서는 부활의 첫 열매가 되셨습니다. 선하신 하나님의 아들은 어두운 세력의 생각대로 그렇게 끝나지 않으셨습니다. 결국 승리하셨고, 사망권세를 이기셨습니다. 이로써 예수님 안에 있는 사람들은 새로운 능력 안에서 생명에 대한 희망을 넓힐 수 있고, 죽음을 넘어서는 부활의 소망을 가질 수 있게 되었습니다. 실제로 부활의 첫 열매가 되신 예수님이 계시지 않았다면, 지금 우리의 모든 수고는 헛된 것입니다. 우리의 열심, 우리의 믿음, 이 모든 것

은 아무런 소용이 없는 것입니다. 그런데 아무 흠도, 아무 티도 없으셨던 분이 죽으셨다가 부활하셨습니다. 바로 그분이 다시 수많은 영혼들을 일으키실 것입니다. 우리도 예수님이 다시 오시는 그날, 그분과 함께 부활하는 영생을 얻게 될 것입니다. 부활하신 예수님은 열한 명의 제자에게 나타나셔서 최후의 분부를 하십니다. "그러므로 너희는 가서 모든 민족을 제자로 삼아 아버지와 아들과 성령의 이름으로 세례를 베풀고 내가 너희에게 분부한 모든 것을 가르쳐 지키게 하라 볼지어다 내가 세상 끝 날까지 너희와 항상 함께 있으리라 하시니라"(28:19-20).

3. 삶의 적용

1) 예수님은 죄인 된 우리의 구원을 위하여 십자가의 고난을 묵묵히 감당하셨습니다. 이제 그 십자가를 우리가 지고 예수님의 영광을 위해 살아야 합니다. 내가 짊어져야 할 십자가는 무엇입니까?

---

2) 여인들은 예수님이 3일 후에 살아나리라는 말씀을 전해듣고 마음에 새기며, 새벽 미명에 예수님의 부활을 보려고 찾아갔습니다. 우리도 약속의 말씀으로 새벽을 깨우면서 예수님을 만나는 경험을 합시다.

Day 6

종의 사역과 제자 선택 (막 1–9장)

1. 들어가는 글

◎ 함께 정독하기
막 1-3, 7-8장

◎ 암송구절
막 1:15

마가복음의 저자 마가는 예수님의 제자가 아니라 베드로의 제자(벧전 5:13)이자 바나바의 조카로서(골 4:10) 바나바를 따라 전도여행을 떠났다가 도중하차합니다(행 13:13). 한때는 결정적인 순간에 벗은 몸으로 도망하던 청년이었지만(막 14:51–52), 하나님의 능력으로 변화되어 마가복음을 쓸 정도로 성숙하였습니다. 이런 경험을 가진 마가는 로마 제국의 힘과 권력을 피부로 경험하고 있는 그리스도인들에게 하나님의 아들로서의 예수님의 신성보다는 병을 고치시고, 인생을 변화시키며, 기적을 행하는 종의 능력에 대하여 강조하고 있습니다. 예수님께서 갈릴리 호수 주변에서 행하신 이적은 예수님의 사명을 이루어 가시는 또 하나의 사역이었습니다. 예수님께서는 이적을 통해 어려운 시대에 사는 그리스도인들의 믿음을 더욱 견고히 하셨습니다. 그리고 예수님과 함께할 12제자를 선택하고 파송하셨습니다.

2. 본문 여행

1) 마가복음 1:1–13 / 예수님의 세례

◎ 종교개혁자 루터의 세례에 대한 견해
1) 죄를 사하는 효력이 있다(행 2:38).
2) 사망과 마귀에게서 구출하여 내는 효력이 있다(롬 6:3).
3) 영원한 구원을 얻는 효력이 있다(막 16:16).

과거 제사장들은 나이 30세에 하나님의 일을 하였습니다. 출애굽기 29장을 보면 아론과 그 아들들이 제사장으로 일하기 위해 임직식(任職式)을 할 때 먼저 회막 문으로 데려다가 온몸을 맑은 물로 깨끗이 씻었습니다. 신약에 메시아로 오신 예수님은 이러한 구약의 대제사장직을 가지고 계십니다. 그는 대제사장으로, 30세가 되자 공생애 사역을 본격적으로 시작하기 전에 죄를 씻는 것을 상징하는 세례를 받으셨습니다. 사실 예수님은 죄가 없으신 분이기에 죄를 씻을 필요도, 세례를 받을 필요도 없는 분입니다. 그러나 예수님은 자신을 낮추어 세례를 받으셨습니다. 예수님이 세례를 받으셨던 것은 그분이 다른 사람처럼 죄가 있어서, 그리고 그 죄를 씻기 위해서가 아니라 하나님의 의를 이루기 위해서였습니다. 마태복음 3장 15절을 보면, "이제 허락하라 우리가 이와 같이 하여 모든 의를 이루는 것이 합당하니라"고 했습니다. 여기서 예수님이 세례를 받음으로 하나님의 의를 이룬다는 것은 첫째, '하나님의 구속사역의 뜻에 순종'하는 것이요, 둘째, '우리의 죄를 속하기 위해 예수님이 스스로를 낮추어 죄인의 자리에 서신 것'입니다. 이 세례를 통해서 셋째, '천국 백성이 되는 출발을 했다는 것'이요, 종합적으로 이 세례에 '성삼위 하나님이 직접 역사하셨다는 것'입니다.

2) 마가복음 1:14-3:12 / 갈릴리 사역 1

갈릴리는 예수님의 삶과 가르침의 대부분이 이루어지는 중요한 장소입니다. 가버나움, 가나, 나사렛, 벳새다 등은 모두 갈릴리 지방에 있습니다. 이곳 갈릴리(가나)에서 예수님은 물을 포도주로 바꾸시고, 왕의 신하의 아들을 고쳐 주십니다(요 2, 4장). 갈릴리 호숫가에서 네 제자인 베드로, 안드레, 세베대의 아들 야고보, 요한을 부르십니다. 그리고 가버나움에서는 귀신 들린 자를 쫓아내시고, 열병이 걸린 베드로의 장모와 문둥병자를 고치십니다(1장). 이곳에서 예수님은 계속해서 4명의 사람이 데리고 온 중풍병자를 고치시고, 세리 마태를 제자로 부르십니다(2장). 안식일에는 회당에서 손 마른 자를 고치십니다(3장). 이와 같이 예수님은 무리들에게 하나님 나라의 복음을 전하고 가르치실 때를 제외하고는 많은 사역으로 피곤하시면서도 늘 소외되고 지치고 병든 '한 사람'의 영혼에 관심을 가지셨습니다.

◎ 같은 상황 다른 이름

1) 세리 마태(마)
2) 알패오의 아들 레위(막)

3) 마가복음 3:13-9장 / 갈릴리 사역 2 & 제자 선택

마가는 예수님의 권능과 행위의 기록을 많이 보여주는데, 예수님은 한 영혼을 너무나 소중하게 여기셨습니다. 특별히 그분은 가난하고 병든 사람들에게 많은 위로와 회복의 기쁨을 주십니다. 예수님은 갈릴리 호수의 풍랑을 잔잔케 하시고(4장), 거라사 지방에서는 군대 귀신 들린 자를 고치십니다. 다시 가버나움으로 가셔서 열두 해 혈루병으로 앓는 여인을 고치시고, 회당장 야이로의 죽었던 딸을 살려 주십니다(5장). 또한 벳새다 빈 들(눅 9:10-12)에서는 오병이어의 기적을 베푸시고, 갈릴리 호수의 물 위를 걸으십니다(6장). 한편, 예루살렘에서 온 바리새인과 서기관들은 예수님의 제자 중 몇이 손을 씻지 않고 먹는 것을 보고 비판하지만, 예수님은 '사람 안에서 나오는 것이 사람을 더럽게 하는 것이라'며 그들을 꾸짖으십니다(7장). 데가볼리 광야에서는 떡 일곱 개와 물고기 두 마리로 남자만 4천 명을 먹이기도 하십니다. 그리고 벳새다에서는 소경의 눈에 침을 뱉으시며, 그에게 안수하시고 그가 시력을 회복할 수 있도록 도와주십니다(8장). 이처럼

◎ 오병이어 & 칠병이어

1) 오병이어(사복음서)
- 벳새다 들판
- 유대인 대상
- 남자만 5천 명
- 12바구니 남음

2) 칠병이어(마, 막)
- 데가볼리 광야
- 이방인 대상
- 남자만 4천 명
- 7광주리 남음

예수님은 많은 무리들 중에서도 한 사람의 영혼에 관심을 갖고 그들을 치료하시고 회복해 주십니다.

◎ 공관복음 자료
(마, 막, 눅)
1) 손마른 자(12, 3, 6)
2) 바알세불(12, 3, 11)
3) 성령훼방(12, 3, 12)
4) 씨뿌림 장(13, 4 8)
5) 겨자씨(13, 4, 13)
6) 요한 순교(14, 6, 9)
7) 간질병자(17, 9, 9)
8) 변화산상(17, 9, 9)
9) 아이 영접(18, 9, 9)
10) 실족죄(18, 9, 17)

예수님은 이러한 사역들을 효과적으로 감당하기 위하여 12제자를 선택하셨습니다. 그런데 제자로 선택된 이들은 대부분 학식이나 권력이 없는 사람들이었습니다. 예루살렘의 엘리트인 바리새인, 서기관, 사두개인, 율법학자들 중에서가 아니라 오히려 갈릴리 지역의 어부와 세리 등 평범하고 천대받는 사람들을 제자로 부르셨습니다. 그 이유는 하나님 나라는 '지식인 동아리'에 의해서가 아니라 '행동하는 동아리'에 의해서 확장되기 때문입니다. 세상 기준으로는 보잘것없는 인생들을 예수님은 제자로 부르셔서 그들을 가르치셨습니다. 그리고 '귀신을 내어쫓는 권세', '병 고치는 권세'를 주셔서 두 명씩 짝을 지어 파송하셨습니다. 예수님의 승천 이후 이 제자들은 예수님의 생애, 그리고 죽음과 부활의 증인이 됩니다.

3. 삶의 적용

1) 세례를 받을 때의 경험과 감격을 기억하고 있습니까? 우리 주변에서 세례받을 사람을 찾고, 그들이 세례를 받을 때 우리는 위의 의미를 기억하면서 경건한 마음으로 참석합시다.

2) 우리는 우리와 오랫동안 동지, 동행, 동역할 수 있는 사람을 가지고 있습니까? 있다면 그 사람은 어떤 사람입니까?

Day 7

종의 사역 (막 10-13장)

1. 들어가는 글

로마 제국은 세계를 휘어잡아서 정치적으로 세계적 안정에 기여했습니다. 로마 제국 통치하에서의 공통 생활언어는 헬라 시대에 전파된 헬라어였습니다. 이 언어는 복음이 유대 땅에만 머물지 않고 곳곳으로 쉽게 전파되는 데 많은 기여를 했습니다. 그러나 당시 로마 치하에 있는 지역들은 경제적으로는 과중한 로마의 세금 징수가 계속되었고, 가난한 자와 나약한 자들이 넘쳐나서 사회적인 불안감이 만연해 있었습니다. 이때 사람들은 의지할 무엇인가를 찾았습니다. 이러한 상황은 그리스도교가 꽃피기에 너무나도 적절한 시기였습니다. 세상으로부터 버려지고 억눌린 사람들이 곳곳에 가득한 이때, 이들을 위로하며 싸매어 주기 위하여 예수 그리스도께서 이 땅에 오셨습니다. 또한 예수님은 인간의 어리석음을 깨우치기 위해 끊임없이 가르치시고, 소망 없는 이들에게 기쁜 소식을 선포하셨으며, 아픔과 고통 가운데 있는 사람들을 치유해 주셨습니다. 또한 사역을 반대하는 세력들이 많았지만, 그때마다 예수님은 그들의 숨은 의도를 파악하시고 지혜롭게 대답하셨습니다.

◎ 함께 정독하기
막 11-13장

◎ 암송구절
막 10:45

2. 본문 여행

1) 마가복음 10장 / 예루살렘으로의 여행

이제 예수님의 사역은 갈릴리 주변에서 요단 건너편까지 이르렀습니다. 바리새인들은 예수님께 나아와 "사람이 아내를 버리는 것이 옳으니이까?"라고 묻습니다. 모세는 이혼증서를 써서 주라고 하였지만, 예수님께서는 헤어지지 말 것을 말씀하십니다. 그 무렵 길에서 한 사람(청년 부자 관원, 눅 18:18-30)이 예수님께 묻습니다. "내가 무엇을 하여야 영생을 얻으리이까?" 예수님이 율법의 계명을 지키라고 말씀하시자, 그는 어려서부터 이러한 것을 지켰다고 대답합니다. 이에 예수님은 그가 가진 소유를 팔아 가난한 자들에게 주고 와서 따르라고 하셨고, 그는 큰 부자인 고로 이 말씀을 듣고 심히 근심하며 돌아갑니다. 그에게 개인적 덕행을 위한 윤리는 있었을지언정,

◎ 네 믿음이 너를 구원하였다
1) 열두 해 혈루증 걸린 여인(막 5:34)
2) 소경 바디매오 (막 10:52)
3) 예수의 발에 향유 부은 여인(눅 7:50)
4) 10명의 문둥병자 중 1명(눅 17:19)

이웃을 위한 희생은 없었던 것입니다. 이후 예수님은 여리고에서 소경 거지 바디매오(디매오의 아들/ 마 20장-두 소경; 눅 18장-한 소경)를 고치십니다.

◎ 예수님의 죽음예고 (공관복음)
1) 베드로의 신앙고백 후에 (16, 8, 9)
2) 변화산에서 내려오신 후에 (17, 9, 9)
3) 예루살렘 입성하시기 전에 (20, 10, 18)

2) 마가복음 11-13장 / 예루살렘에서의 사역과 대결

지금까지 갈릴리를 중심으로 하나님 나라와 복음을 전해 오신 예수님이 이제는 예루살렘으로 입성하십니다. 이제 예수님께서 당신의 생애를 정리하시며 가장 중요한 마지막 사명을 완수하시기 위해 유대의 종교, 정치의 중심지인 예루살렘으로 들어가시는 것입니다. 즉 예수님은 십자가의 고난을 지시기 위해 예루살렘에 입성하십니다. 대제사장, 서기관, 장로들이 예수님의 권위를 문제 삼습니다. 이 질문에 그 일을 행한 권세의 정당성을 밝히지 못하면, 예수님은 성전 지키는 자들에게 당장 쫓겨날 수 있습니다. 군중들과 예수님을 분리시키는 것이 그들이 원하는 바였기 때문입니다. 예수님은 그들의 질문에 답하기에 앞서 "세례 요한의 세례가 하늘로부터냐, 사람으로부터냐?"라고 응대하셨고, 그들은 이것에 대답을 하지 못합니다(11장).

◎ 바리새인들이 베풀던 잔치
예수님 시대에 바리새인들은 잔치를 많이 베풀었다. 당시 바리새인들은 부의 물량이 경건의 도수를 재는 척도의 일환이라는 사상을 가지고 있었다. 그래서 자신의 경건함을 드러내기 위해서라도 잔치 자리를 많이 만들었던 것이다. 그러니 오늘은 저 집 가서 먹고, 내일은 자기 집으로 초대하고 하는 식으로 주거니 받거니 하고 지냈던 것이다.

이후에도 종교지도자들은 납세, 부활, 첫째 계명, 다윗 자손에 대한 질문들을 통하여 예수님께 공격적인 질문을 많이 던졌습니다. 당시 유대 종교지도자들은 사람을 생각하며 사랑을 실천하는 바는 없고, 자신의 기득권을 유지하기 위해서 말만 만들어 다른 사람을 정죄하였습니다. 이에 예수님은 그들 속에 감추어진 숨은 동기들을 파악하시고 지혜롭게 대처하시며, 그들의 겉과 속이 다른 거짓된 언행에 대해서도 비판하십니다. 특히, 가난한 과부의 두 렙돈 헌신의 모습은 종교지도자들의 외식과는 정반대되는 귀한 모범이었습니다(12장). 그리고 감람산에 가셔서는 베드로와 야고보, 요한과 안드레에게 세상 종말에 있을 사건들에 대하여 말씀해 주십니다(13장).

실제로 예수님 사역 당시, 유대 사회를 지탱하는 힘은 율법이었습니다. 유대인들은 율법이 떠받치고 있던 유대 사회가 예수님과 그분의 거침없는 사역으로 인하여 그 뿌리부터 흔들리고 있다고 생각했습니다. 그래서 그들은 지금껏 자신들이 만들고 지켜 온 그 틀이 흔들리는 것에 대해 불안해한 나머지 예수님을 흔들려는 의도를 가지고 있었습니다. 예수님이 이기면 그들의 기반이 무너지는 것이기 때문에 그들 또한 필사적이었습니다. 이와

같이 당시 사회 지도자들은 진리에 기초하여 질서를 만들어 가는 사람들이 아니라, 자신들의 기득권을 위해 진리를 이용하고 왜곡하는 사람들이었습니다.

3. 삶의 적용

1) 부자 관원은 개인적인 덕행을 위한 윤리는 있었지만, 이웃을 위한 희생(사랑)은 없었습니다. 오늘 나의 경건생활은 균형(하나님 사랑 + 이웃 사랑)을 이루고 있습니까?

2) 예수님은 바리새인과 기득권층의 겉과 속이 다른 거짓된 언행에 대해서 비판하십니다. 혹시 리더십을 행사하고 있는 우리는 가정, 교회, 사회공동체에서 이러한 언행일치가 안 되는 부분은 없습니까?

Day 8

종의 수난과 부활 (막 14-16장)

◎ 함께 정독하기
막 14-16장

◎ 암송구절
막 16:15

◎ 예수님의 아람어
* 달리다굼(막 5:41)
* 에바다(막 7:34)
* 엘리 엘리 라마 사박다니(막 15:34)
* 아바 아버지(막 10:36)
* 게바(요 1:42)

1. 들어가는 글

예수님께서는 목요일 저녁 감람산(올리브 산)에서 붙잡히시고, 다음 날 금요일 아침 십자가를 지고 골고다 언덕을 오르실 때까지 무엇을 하고 계셨을까요? 예수님은 제자들과 함께 저녁에 최후의 만찬을 지내시고, 밤에 겟세마네로 가시어 기도하십니다. 그 후 예수께서는 붙잡히시어 전직 대제사장 안나스의 집으로 가셨다가 다시 안나스의 사위 현직 대제사장 가야바의 집으로 끌려가서 심문을 받으십니다. 예수님은 가야바에게 심문을 당하시고, 이른 아침 빌라도에게 끌려갈 때까지 어두운 감옥에 홀로 남아 하나님의 침묵 속에서 고독의 시간을 보내셨을 것입니다. 자신을 따랐던 친구들은 모두 도망가 버리고, 홀로 적들의 소굴에 남아 아침이면 죽음의 길을 가야 하는 두려움 속에서 철저히 버려지고 혼자였던 시간이었을 것입니다(가야바의 감옥에는 성지 방문객들을 위해 예수님의 고독을 대변하는 시편 88편이 놓여 있음). 감옥에서 홀로 고독의 시간을 보내신 예수님은 이른 아침 팔레스타인 총독인 빌라도에게 끌려가셨다가 헤롯 안티파스(갈릴리 '분봉왕'이었으나 당시에는 예루살렘에 있었음, 눅 23:7)에게 가시고, 다시 빌라도에게 끌려와 사형선고를 받으십니다. 그 후 예수님은 오전 9시(제3시)경에 십자가에 못 박히시고, 정오(제 6시)에 온 땅에 어두움이 임하였으며, 오후 3시(제9시)경에 돌아가셨습니다. 그러나 예수님은 약속대로 3일 만에 부활하셨습니다.

2. 본문 여행

◎ 베드로의 실수 (막 14장)
1) 자만에 의함(29절)
2) 육신을 의뢰(31절)
3) 기도 부족(38절)
4) 두려워함(66-72절)

1) 마가복음 14장 / 최후의 만찬

제자들과 식탁을 함께하실 이 밤은 오랫동안 준비했던 밤이었습니다. 십자가를 지시기 전 유월절 밤 제자들과 함께한 예수님의 마지막 식사는 당신의 죽음을 상징하는 최후의 만찬이었습니다. 이는 유월절에 담긴 해방과 구속을 의미하는 만찬이기도 했습니다. 신약성경, 나아가 2천 년 그리스도교 역사의 숲에서 볼 때 눈물과 기쁨이 교차하는 이 밤은 예수님을 믿는 모든 사람들이 기억해야 할 잊을 수 없는 밤이었습니다. 그런데 예수님께서는 이 밤에 놀랍도록 충격적인 말씀을 남기셨습니다. "받으라 이것은 내 몸이니라, 이것은 많은 사람을 위하여 흘리는 나의 피 곧 언약의 피니라"(막 14:22,24). 그리고 당부하시길 "너희가 이를 행하여 나를 기념하라"(눅 22:19)고 하십니다.

5) 세상인과 어울림 (69절)

2) 마가복음 15장 / 십자가 죽음

주님의 몸, 주님의 손은 시대의 약한 자들을 위한 사랑의 도구였습니다. 그런데 그 손과 발에 못이 박혔습니다. 아무런 죄가 없으신 그분이 십자가에서 물과 피를 다 쏟아 죽으시기까지 보여주신 사랑, 그 위대한 사랑으로 말미암아 아담 이래로 인류가 짊어져 왔던 모든 죄가 단번에 해결되었습니다. 그런데 십자가에 못 박히신 예수님을 보면서 수많은 사람들이 냉소적인 비아냥거림으로, 때로는 거친 욕설로 혹은 거대한 함성으로 예수님을 헐뜯고 비방하였습니다. "네가 만일 하나님의 아들이어든 자기를 구원하고 십자가에서 내려오라"(마 27:40). "그가 남은 구원하였으되 자기는 구원할 수 없도다"(막 15:31).

"네가 만일 유대인의 왕이면 네가 너를 구원하라"(눅 23:37). "네가 그리스도가 아니냐 너와 우리를 구원하라"(눅 23:39). 그럼에도 불구하고 예수님은 침묵으로 일관하시지만, 바로 그 침묵 속에서 우리는 오히려 거친 폭도들을 압도하고도 남는 내면의 힘, 즉 폭력을 가하는 이들을 향한 사랑을 느낄 수 있습니다.

◎ 가상칠언

1) 아버지 저들을 사하여 주옵소서 자기들이 하는 것을 알지 못함이니이다 (눅 23:34; 막 15:25).
2) 오늘 네가 나와 함께 낙원에 있으리라(눅 23:43).
3) 여자여 보소서 아들이니이다, 보라 네 어머니라 (요 19:26, 27).
4) 나의 하나님, 나의 하나님, 어찌하여 나를 버리셨나이까 (마 27:46; 막 15:34).
5) 내가 목마르다 (요 19:28).
6) 다 이루었다 (요 19:30).
7) 아버지 내 영혼을 아버지 손에 부탁하나이다(눅 23:46).

3) 마가복음 16장 / 부활과 승천

예수님은 약속대로(마 20:17-19) 장사한 지 3일 만에 부활하셨습니다. 그러나 그 약속을 들었던 제자들 가운데 그 약속을 기억한 사람은 많지 않았습니다. 그 말을 직접 들은 제자들이 실제 부활의 현장에는 오지 않았기 때문입니다. 그런데 간접적으로 그 말씀을 들었던 여인들(막달라 마리아, 야고보의 어머니 마리아, 살로메)은 안식 후 첫날, 예수님께 향품을 바르기 위하여 무덤으로 달려갑니다. 그리고 부활하신 예수님을 목격하고 이 놀라운 소식을 사람들에게 알립니다. 그러나 사람들 중 몇 명은 쉽게 믿지 않았습니다. 그들은 예수님께서 인간의 몸으로 계실 때 많은 놀라운 기적들을 보여주시기는 했지만 다시 살아나실 줄은 꿈에도 몰랐던 것입니다. 이렇게 기적은 하나님의 말씀을 기억하고 믿는 자에게 일어납니다. 이후 예수님은 전도의 사명을 말씀하신 후에 승천하셨습니다.

3. 삶의 적용

1) 성만찬은 예수님의 살과 피를 기념하는 아주 중요한 예전입니다. 우리 공동체의 성찬식에 대한 준비와 참여하는 자세는 어떠한지 나눠 봅시다.

2) 예수님은 십자가 위에서 무리들이 희롱하고 비방하는 소리에 침묵으로 대응하셨습니다. 오늘 우리는 사람들의 오해와 비난에 어떤 방식으로 대응하고 있으며, 앞으로의 대응 방법은 무엇입니까?

Day 9

인자의 사역 (눅 1-9:50)

1. 들어가는 글

누가복음은 누가(바울의 동역자)가 데오빌로에게 보낸 편지입니다(눅 1:2). 누가는 데오빌로에게 예수님을 잘 소개해 주고 싶었습니다. 우리는 누가복음을 통해 누가가 살핀 예수님의 특징적인 모습을 엿볼 수 있습니다. 특별히 누가는 헬라인(그 시대의 이방인)들을 대상으로 기록했기 때문에 그들의 이해를 돕기 위해 예수 그리스도를 완전한 인간으로 묘사하고 있습니다. 그래서 누가에 의해 강조된 예수님의 관심의 대상은 세리, 사마리아인, 가난한 사람, 여인 등 소외된 계층이나 주목받지 못하던 사람들입니다. 당시의 사회적 통념으로는 죄인의 자리에 머물러 있던 사람들과 이방인들, 그 모든 사람을 위해 우리 주님이 이 땅에 오신 것입니다. 그래서 본서는 온전히 성숙하지 못하여 구원에 대한 확실성이 부족한 이방인 성도들에게 이단과 불신자들의 유혹을 물리치고 믿음을 굳게 하며 구원을 확신케 하는 지침과 증거가 됩니다.

◎ 함께 정독하기
눅 1-5, 10장

◎ 암송구절
눅 6:38

2. 본문 여행

1) 누가복음 1장-4:13 / 인자에 관하여

누가는 복음서 중에서 유일하게 세례 요한의 탄생에 대한 예고를 기록하고 있습니다. 그는 구약의 배경을 갖고 있지 못하지만, 선지자로서 메시아의 길을 예비한 세례 요한에 관해 자세히 설명해야 할 필요를 느꼈던 것입니다(1장). 세례 요한은 말라기 선지자 이후 4백여 년간 이어졌던 침묵을 깨고 등장한 사람입니다. 즉 신약시대와 구약시대 사이에 가교(架橋) 역할을 하는 주인공이라고 할 수 있습니다. 특히 누가복음은 예수님의 인성 강조를 위해 예수님의 출생과 성장에 대해서도 자세히 묘사합니다. 예수님 탄생 시에 로마 황제였던 가이사 아구스도(BC 27-AD 14)의 호적 명령에 의하여 예수님의 가족은 갈릴리의 나사렛에서 베들레헴으로 갔고, 거기서 예수님은 탄생하십니다. 출생 8일 만에 할례를 행하시고, 팔레스타인 분봉왕 헤롯 대왕을 피해 애굽으로 갑니다(마 2:13). 헤롯이 죽고 예수님의 가족은 다

◎ Power 누가
누가가 헬라파 유대인이었을지도 모르지만, 이방인이었을 가능성이 더 크다. 누가의 뛰어난 헬라어 실력과 사도행전 1장 19절의 "본 방언"(개역한글)이라는 문구는 그가 유대인이 아님을 의미한다. 누가는 로마인 가정의 헬라인 주치의로서 어느 정도 자유가 있었으

시 나사렛으로 돌아와 살며, 예수님은 그곳 성전에서 어린 시절을 보냅니다(2장). 세례 요한의 사역과 예수님의 세례가 이어지고(3장), 40일간 성령에 이끌리어 예수님은 유대 광야에서 마귀에게 시험을 받으십니다(4:1-13).

2) 누가복음 4:14-9:50 / 인자의 사역

누가는 예수님이 이사야 61장의 말씀을 인용하시는 내용으로 그분의 사역을 시작합니다. 인용된 이사야의 말씀은 가난한 자에게 복음을 전하고, 포로 된 자, 눈먼 자, 눌린 자에게 복음을 전하기 위해 메시아가 오신다는 예언입니다(4:18). 예수님은 사회적으로 소외된 문둥병자와 중풍병자를 고쳐 주십니다(5장). 예수님은 가버나움에서 이방인인 백부장의 종을 고치시고, 나인 성 과부의 죽은 아들을 살리시며, 바리새인 시몬의 집에서 죄인인 여자의 향유를 받으십니다(7장). 또한 거라사의 군대 귀신 들린 두 사람을 자유케 하시고, 죽은 회당장 야이로의 딸을 고쳐 주십니다(8장). 이와 같이 누가는 가난한 자들과 그 사회의 소외된 자들을 위해 정성을 다해 애쓰시는 예수님의 모습을 소개합니다. 예수님은 인간의 외적인 환경에 상관없이 이방인과 여성을 포함하여 모든 부류의 사람들에게 깊은 관심과 사랑을 표현하신 분입니다.

누가는 또한 예수님의 기도하는 모습을 잘 소개합니다. 예수님께서 요한의 세례를 받으시고 기도하실 때 성령님이 임하십니다(3:21-22). 예수님은 12제자들을 부르실 때에도 밤새 기도하신 후 선택하십니다(6:12), 변화산(다볼 산)에서 변화되실 때에도 기도하십니다(9:28-29). 그리고 십자가를 앞두고 감람산의 겟세마네 동산에서도 기도하십니다(22:41). 예수님은 이처럼 바쁜 공생애를 보내시면서도 기도하기를 쉬지 않으셨습니다. 기도를 가르쳐 주시기만 하지 않으시고, 항상 끊임없이 기도하는 본을 직접 보여주신 것입니다. 예수님이 한 영혼을 이렇게 깊이 사랑할 수 있으셨던 것은 아버지 하나님과 쉼 없는 기도가 있었기 때문입니다. 그리스도인이 하나님의 자녀로 살아갈 수 있는 능력도 하나님과의 끊이지 않는 기도로부터 나오는 것입니다.

한편, 누가 역시 예수님의 사역 중에서 제자 선택과 훈련을 강조합니다.

며, 로마 시민권이 주어졌을 것이라는 주장이 있다. 누가는 바울의 1차 로마 감옥 때 함께 있었고, 바울은 그를 "사랑을 받는 의사 누가"라고 부르고 있다. 바울의 2차 로마 감옥 때, 바울은 "누가만 나와 함께 있느니라"(딤후 4:11)고 썼으며, 이것은 큰 위험에 처해 있는 사도에 대한 누가의 충성심을 보여준다. 전통에 따르면 누가는 시리아의 안디옥 출신이고, 미혼이었으며, 84세에 죽었다고 전해진다.

◎ 세례 요한이 말하는 독사의 자식

1) 바리새인, 사두개인(마)
2) 세례 받으러 오는 무리(눅)

예수님께서는 동역자를 신중히 선택하실 수밖에 없었습니다. 단지 3년을 위한 동역자가 아니라 긴 앞날을 보고 30년, 나아가 300년, 3000년을 위한 선택을 해야 했기 때문입니다. 예수님은 어디든지 주님을 따르겠다던 사람에게는 "인자는 머리 둘 곳이 없도다"라고 하시며 편안한 안식의 여정이 아님을 말씀하셨고, 내 아버지를 먼저 장사지내고 와서 따르겠다던 사람에게는 영적으로 죽은 자들로 장사하게 하고 "너는 가서 하나님의 나라를 전파하라"고 하시며 복음을 위해 지체하지 말라는 복음 전파의 긴급성을 말씀하셨으며, 자신의 가족과 먼저 작별하고 따르겠다던 사람에게는 "손에 쟁기를 잡고 뒤를 돌아보는 자는 하나님의 나라에 합당하지 아니하니라"고 하시면서 하나님의 일을 위해서는 우선순위를 하나님께 두고 세상일을 희생해야 함을 단호하게 말씀하십니다(눅 9:57-62). 이들은 예수님의 3년여 공생애 기간 동안, 더위와 추위를 비롯하여 배고픔과 핍박을 함께하며 발바닥에 땀이 나도록 예수님 곁에서 경건, 삶, 믿음 등 다양한 분야에서 훈련을 받았습니다. 사명을 감당하기 위해 이러한 훈련은 거쳐야 할 필수 코스이기 때문입니다.

◎ 예수님이 세 제자 (베드로, 야고보, 요한) 와만 따로 가신 곳

1) 회당장 야이로의 집
2) 변화산(다볼산)
3) 겟세마네 동산

◎ 누가 특수 이적

1) 게넷사렛 호숫가 (5:1-11)
2) 나인 성 과부 아들 (7:11-17)
3) 18년 꼬부랑 여자 (13:10-17)
4) 고창병자(14:1-6)
5) 문둥병자 10명 (17:11-19)
6) 대제사장 종의 치유(22:51)

3. 삶의 적용

1) 예수님의 사역의 주된 대상은 사회에서 가난한 자, 억눌린 자, 상처받은 자, 이방인, 여자들이었습니다. 오늘 우리 자신과 우리 공동체의 주된 관심과 섬김의 대상은 누구입니까?

2) 예수님은 무시로 기도하는 본을 보여주셨습니다. 오늘 나의 기도생활은 다른 사람(가족이나 교인들)에게 본이 되고 있습니까? 본이 되는 기도생활의 변화를 위한 결단은 무엇입니까?

Day 10

인자에 대한 배척 (눅 9:51-19:27)

1. 들어가는 글

◎ 함께 정독하기
눅 10-13, 19장

◎ 암송구절
눅 17:20-21

바리새인들, 사두개인들, 서기관들은 재물과 권력, 그리고 지식으로 예수님의 사역을 흔들어 보고자 했습니다. 그들의 기득권을 유지하고 싶어서였습니다. 당시 종교지도자들은 사명을 위해 헌신의 자리에 가는 것이 아니라, 구약의 율법을 가지고 사람들의 흠을 찾아 넘어지게 하려고 하였습니다. 그들은 보이는 사람들의 외적인 시선에만 관심을 갖고 있었습니다. 그러나 예수님은 출애굽시대에 하나님을 섬기고 사람을 사랑하는 법으로 주신 율법이 그 본래의 의미를 잃어버린 것을 보셨습니다. 율법이 사람이 사람을 억누르는 데 악용되며 덕지덕지 때가 묻어가는 것을 보시고 그 근원적인 해결을 위해 오셨습니다. 즉 예수님은 사람을 살리고자 오신 것입니다. 그래서 종교지도자들의 부패해 가는 모습을 보시고 예수님은 따르는 사람들에게 "바리새인들의 누룩(교훈) 곧 외식을 주의하라"(12:1)고 하십니다. 그럼에도 불구하고 종교지도자들의 예수님에 대한 배척은 끊이지 않고 갈수록 그 강도가 더해 갑니다.

2. 본문 여행

1) 누가복음 9:51-11장 / 배척의 증대

◎ 예수님이 안식일에 고친 자들
1) 18년간 꼬부라진 여자(눅 13:16)
2) 고창병 든 자 (눅 14:2)
3) 손 마른 자 (눅 6:6)
4) 소경 된 자 (요 9:1)

예수님은 이스라엘의 지리적인 경계를 넘어 이방인들의 믿음을 받아들이셨습니다. 예수님의 주변에 모인 무리는 이스라엘 각 지역에서뿐 아니라 이두매(에돔), 요단 강 건너편, 두로와 시돈 근처에서 온 사람들이었습니다. 귀신 들린 자가 고침 받은 거라사 지방도 이방 지역이었고, 데가볼리도 유대인들이 거하는 곳이 아니었습니다. 유대인들, 특히나 유대 지도자들은 이 부분을 인정할 수 없었습니다. 유대인들이 마땅히 제사장 나라로서의 사명을 이행해야 한다는 책임을 망각하고, 천대받는 이방인들과 함께하는 예수님에 대해서 오히려 못마땅하게 생각했던 것입니다.

실로 다양한 부류의 사람들이 예수님을 배척했습니다. 사마리아 사람들은 예수님이 예루살렘을 향하여 가시는 것에 불만을 품고 예수님을 받아들이지 않았습니다(9:51–56). 예수님이 복음을 전하시고 기적을 많이 베푸신 갈릴리 주변의 고라신과 벳새다와 가버나움도 회개의 열매가 없었습니다(10:13–15). 예수께서 말 못하는 귀신을 쫓아내는 것에 대해서도 더러는 예수님이 귀신의 왕 바알세불을 힘입어 축사(逐邪)하신 것이라고 왜곡하였습니다. 또한 예수님이 씻지 않은 손으로 음식을 먹는 것에 대하여도 바리새인들은 트집을 잡았습니다(11:38). 그리고 매사에 서기관과 바리새인들은 "여러 가지 일을 따져 묻고 그 입에서 나오는 말을 책잡고자 하여"(11:53–54) 분주하였습니다.

◎ 무익한 종의 고백
우리는 복음을 위해 수고하고, 맡은 사역을 감당하고 나면 '수고했다', '힘들었지'와 같은 칭찬과 동정의 말을 기대한다. 그러나 하나님의 사람들에게는 맡겨진 일을 감당한 후 "우리는 무익한 종입니다. 우리의 하여야 할 일을 한 것뿐입니다"(눅 17:10)라는 겸손한 고백만이 있어야 한다.

2) 누가복음 12장–19:27 / 교훈과 가르침

우리 예수님은 회당 안에만 계시지 않았습니다. 거룩 그 자체이신 우리 하나님께서는 인간이신 예수님으로 성육신하셔서 가장 낮은 곳, 가장 천한 곳에서 행함을 통해 그 사랑을 입증하셨습니다. 행하지 않으면 '사랑'이 아닙니다. 약한 자를 고려하지 않는 개인의 삶은 풍요로울 수 없으며, 약한 자와 더불어 살지 않는 사회는 병들고 부패할 수밖에 없습니다.

누가는 어리석은 부자의 비유(12:13–21), 부자와 거지 나사로의 비유(16:19–31)를 통해서 메시아가 교만한 자를 낮추시고 약한 이웃의 친구가 되어 주신다는 사실을 강조합니다. 예수님은 자기를 초대한 바리새인들에게 누군가를 초대하여 식사를 베풀고 싶거든 벗이나 형제나 친척이나 부한 이웃들을 초대하지 말라고 합니다. 차라리 가난한 자들과 병든 자들과 다리 저는 자들과 앞 못 보는 자들을 청하여 베풀라고 하십니다(14장). 즉 갚을 능력이 없는 사람들의 몫은 하나님께서 대신 갚아 주실 것이기 때문에 그것이 더욱 복되다는 것입니다.

그렇다면 예수님이 우리에게 요구하시는 이웃 사랑의 기준은 무엇입니까? 스스로 높아지기를 원하는 이들에게 어린아이와 같이 자신을 낮추지 않으면 천국에 들어갈 수 없다고 하십니다(18:15–17). 교만한 마음으로 절대 이웃을 향해 마음을 열 수 없기 때문입니다. 먼저 약한 자들에 대한 관심을 가져야 합니다. 그러면 하나님께서 이웃을 사랑할 수 있는 힘을 주실 것입니다(18:27). 이와 같이 예수님은 하나님의 아들로서 가장 강한 권세를

◎ 겸손한 분들
1) 모세–온유함이 지면의 모든 사람보다 더함
2) 다윗–왕임에도 불구하고 스스로를 '종'이라 부름.
3) 예수님 – 하나님이시면서도 인간의 몸으로 오셔서 친히 가난하고 소외된 자들을 살피심.
4) 사도 바울 – 자신을 '모든 성도 중에 극히 작은 자보다 더 작은 자'로 여기며, '내가 죄인 중의 괴수'라고 고백

가진 분이셨지만, 그 강함을 당시 종교지도자들처럼 약한 자들을 압제하는 데 쓰시지 않았습니다. 오히려 연약하고 낮은 자들을 위하고 섬기는 데 사용하셨습니다. 진정한 강함은 자신을 겸손히 낮출 때에 더욱 강하게 나타나기 때문입니다.

3. 삶의 적용

1) 바리새인을 비롯한 유대 종교지도자들은 예수님의 행위에 트집을 잡고 그분의 말씀에 대하여 책잡고자 하였습니다. 혹시 우리도 누군가 하나님의 뜻을 좇아 사는 의로운 사람들의 행위에 대하여 색안경을 끼고 보지는 않습니까? 혹시 있다면 회개하며 서로 용서를 구합시다.

2) 나의 주변에 있는 사람들 중에 상대적으로 '약자'인 사람은 누구입니까? 그분에게 어떤 이웃이 되어 주기를 원합니까? 구체적으로 실천할 사항을 나눕시다.

Day 11 인자의 수난과 부활 (눅 19:28-24장)

1. 들어가는 글

예수님은 예루살렘에 입성하실 때 나귀를 타셨습니다. 나귀는 원래 짐을 싣는 동물인데, 예수님은 화려하고 멋진 말이 아니라 작은 새끼 나귀를 타고 입성하셨습니다. 더욱 놀라운 것은 바로 이 나귀 타는 일을 5백여 년 전에 미리 준비하셨다는 것입니다(슥 9:9). 예수님은 "나는 마음이 온유하고 겸손하니……내게 배우라"(마 11:29)고 말씀하셨습니다. 멋지고 화려한 말을 타실 자격도 있고 능력도 되시는 분이, 그러한 말을 타지 않고 나귀를 타신 이유는 모든 사람들에게 가까이 가시고자 함이었습니다. 예루살렘은 하나님의 뜻을 이루기 위하여 예수님이 가셔야 할 피할 수 없는 장소입니다. 당시 최고의 권위를 누리고 있는 자들이 우글거리는 곳, 핍박과 고통이 준비된 곳, 그런데 예수님은 자신이 그곳에서 곧 죽을 것을 아시면서도 예루살렘에 입성하여 그들과 많은 논쟁을 하십니다.

◎ 함께 정독하기
눅 20, 23-24장

◎ 암송구절
눅 21:34

2. 본문 여행

1) 누가복음 19:28-20장 / 예수님의 권위에 도전하는 세력들

당시 유대에는 예수님을 공격하는 선두주자인 바리새파, 사두개파, 서기관, 헤롯당 이외에도 다른 유대인들과 떨어져서 좀 더 충실히 율법의 계명을 준수하려 했던 에세네파가 있었습니다. 또한 당시 지배 세력인 로마를 유대 영토에서 몰아내기 위해 무력 사용을 지지했던 열심당도 있었습니다. 첫 번째로 바리새파는 약 6천여 명밖에 되지 않았지만 유대 사회에서 가장 강력한 집단이었습니다. 그래서 율법을 따르는 데 상당히 엄격한 기준을 가지고 있었고, 사회적 언어와 종교적 언어를 능숙하게 구사하는 사람들이었습니다. 서기관(랍비)과 율법사들은 이들 바리새파 출신들이었습니다. 두 번째 적대자들은 사두개파로서 제사장의 후손들 가운데 인본주의적인 헬라 사상을 일부 받아들여 종교권력을 유지했던 자들의 후손으로서, 최고 종교지도자들이며 부활과 영생을 믿지 않았습니다. 한편, 헤롯당은 헤롯과 정치적인 관계를 맺고 로마 정부를 대신해서 당시 팔레스타인을 지

◎ 예수님의 우심
1) 나사로를 살리시기 직전(요 11:35)
2) 예루살렘 파괴를 예언하시면서 (눅 19:41)
3) 겟세마네 동산에서 (히 5:7)

배한 집단입니다.

◎ 십자가에 달린 두 강도의 태도

1) 둘 다 예수님을 욕함(마 27:44).

2) 한 사람은 예수님을 영접(눅 23:39-43)

2) 누가복음 21-22장 / 종말 설교 & 붙잡히심

예수님은 낮에는 성전에서 가르치시고 밤에는 감람원이라는 산에서 쉬셨습니다. 이때 예수님은 예루살렘 성전이 "돌 하나도 돌 위에 남지 않고" 파괴될 것에 대하여 예언하시면서 말씀하십니다. "너희는 스스로 조심하라 그렇지 않으면 방탕함과 술 취함과 생활의 염려로 마음이 둔하여지고 뜻밖에 그날이 덫과 같이 너희에게 임하리라"(21:34). 제자들과 무교절 첫날(목요일), 최후 만찬을 마치시고 감람산에 오르신 예수님은 하나님께 기도합니다. "아버지여 만일 아버지의 뜻이거든 이 잔을 내게서 옮기시옵소서 그러나 내 원대로 마시옵고 아버지의 원대로 되기를 원하나이다"(22:42). 그곳에서 얼마나 힘쓰고 애써서 기도하셨는지 땀이 땅에 떨어지는 핏방울 같았다고 누가는 기록하고 있습니다(22:44). 그 고통의 기도 중 예수님은 이 땅에 오신 그 목적대로 하나님의 뜻에 순종하기로 결심하십니다. 이후 가룟 유다의 배신이 이어지고, 예수님은 체포되어 가시며, 베드로는 예수님을 부인합니다. 참으로 슬픔의 밤입니다. 배신과 통곡과 고난이 있는 밤입니다.

◎ 십자가 수난 직전과 직후의 사건들(사복음서)

1) 수난 직전의 사건들

* 최후의 만찬
* 겟세마네 기도
* 잡히심
* 가야바의 집
* 빌라도의 심문
* 헤롯의 심문
* 빌라도에게 다시 감
* 사형선고 받음
* 십자가 수난

3) 누가복음 23-24장 / 수난과 장례, 그리고 부활

예수님의 대적들, 그들이 민중을 선동하여 예수님을 십자가로 몰아갔지만 사실 그분은 스스로 그 길을 선택하셔서 끝까지 온유한 성품으로 죽음을 맞이하십니다. 가난한 영혼, 주린 영혼, 아파하는 영혼을 사랑하셨던 그분의 삶은 이렇게 마지막을 고합니다. 예수님은 삶을 마감하면서까지 사람들을 용서하시고 죄인들을 당신의 품으로 품어 주십니다. 자신을 위해 눈물 흘리는 여인들을 위해 눈물 흘리시고, 자신에게 욕하고 채찍과 십자가의 틀을 들이대는 이들을 위해 기도하십니다. 그리고 그분과 함께 십자가에 달리는 한편 강도에게 구원과 평안함으로 위로하십니다. 십자가에 달려 두 팔을 벌리고 계신 그 품 안에 이 세상의 모든 사람들을 다 품어 주셨습니다. 예수님은 묵묵히 땅에 떨어져 죽어 가는 밀알로, 그렇게 이 땅에서의 삶을 완성하셨습니다.

한편, 유대인의 장례문화는 예수님과 나사로의 장례 이야기 속에서도 충분히 찾아볼 수 있습니다. 보통 임종을 맞이한 당일 날 시신을 매장하기 전에 시신을 깨끗이 씻는 것은 유대에서도 일반적인 절차였습니다. 유대인은 시신을 깨끗이 씻고 향료를 바른 후에 고운 베로 전체를 감았습니다. 나사로가 다시 살아났을 때, 수족을 베로 동인 채로 나왔다고 하는 부분에서도 위의 관습을 추정할 수 있습니다(요 11:44). 또한 문상객들은 연주자의 피리 소리에 따라 죽음을 슬퍼하는 것이 관례였던지라, 예수님께서 나사로의 무덤을 찾아갔을 때 유대인들은 "곡하러 무덤에 가는 줄로 생각"(요 11:31)했습니다. 매장지는 보통 땅속이나 동굴, 돌무덤이었으며, 나사로의 경우에는 동굴을 막은 자연 동굴무덤이었습니다. 이런 무덤은 돈이 많은 부자들이 자신과 가족을 위해 만든 것인데, 예수님의 무덤은 아직 사람을 장사한 일이 없는 바위에 판 인공의 무덤으로서 부자인 아리마대 요셉이 준비한 것입니다(23장). 장사지내시고 안식 후 첫날 새벽에 예수님은 부활하시고, 엠마오로 가는 길 위에서 글로바와 한 명의 제자를 만나십니다. 그 후 제자들에게 나타나시고 베다니에서 승천하십니다(24장).

2) 수난 직후의 사건들
* 지진과 성전의 휘장이 찢어짐.
* 무덤이 열림.
* 백부장의 고백.
* 무리들의 뉘우침.
* 다리를 꺾지 않음.
* 예수님의 옆구리를 창으로 찌름.
* 무덤에 장사함.
* 무덤을 봉하고 파수꾼을 세움.

3. 삶의 적용

1) 예수님처럼 누군가로부터 배신당하거나 통곡과 고난의 밤을 경험한 적이 있습니까? 어떻게 그 사건을 극복하셨습니까?

2) 예수님은 묵묵히 땅에 떨어져 죽는 밀알로 이 땅에서의 삶을 완성하셨습니다. 예수님을 따르는 자로서 나 자신의 삶의 목적이나 철학은 무엇입니까?

Day 12

그리스도의 계시와 배척 (요 1–12장)

1. 들어가는 글

◎ 함께 정독하기
요 1-2, 4, 11-12장

◎ 암송구절
요 1:14

요한은 마태와 같이 예수님의 제자였습니다. 예수님은 요한과 그의 형제 야고보에게 "우레의 아들"(막 3:17)이란 별명을 주셨습니다. 그들의 아버지는 세베대이고 어머니는 살로메입니다. 요한과 야고보는 갈릴리에서 예수님을 섬겼으며, 요한은 예수님께서 십자가에 못 박히실 때 현장에 있었습니다(19:26). 그리고 그리스도의 승천 후에 요한은 야고보, 베드로와 함께 예루살렘 교회의 '기둥' 중 하나가 되었습니다(갈 2:9). 요한복음은 당시 사도 요한이 사역하였던 에베소 교회를 중심으로 한 소아시아 교회들과 성도들, 더 나아가 전 인류를 대상으로 그의 말씀의 폭을 넓혀 줍니다. 복음서마다 예수님의 속성을 각각의 관점에서 왕, 종, 인자 등으로 강조하였듯이 본서에서는 하나님의 아들 또는 신(그리스도)으로서의 속성을 특별히 강조하고 있습니다. 그것은 당시 인본주의적이고 현세적인 헬라 사상의 영향을 받아 예수님의 신성과 성육신을 부인한 사람들이 많았기 때문입니다.

2. 본문 여행

1) 요한복음 1–3장 / 세례 요한과 그리스도의 소개

◎ 들러리로의 기쁨을 만끽했던 성경의 인물들
1) 모세-아론을 세움.
2) 갈렙-여호수아를 도움.
3) 요나단-다윗을 위해 왕위 계승권 포기
4) 세례 요한-인기를 예수님께 돌림.
5) 바나바-바울이 그리스도인 공동체에 받아들여질 수 있도록 길을 열어 줌.

역사적으로 중요한 역할을 했던 세례 요한의 사역 기간은 예수님께서 등장하시기 전 6개월이 전부였습니다. 그런데 그 6개월 동안 그는 획기적으로 온 이스라엘을 떠들썩하게 만들었습니다. 그의 범상치 않은 외모와 회개를 촉구하는 강렬한 설교는 당시 유대인들에게 깊은 인상을 주었고, 많은 사람들을 모여들게 했습니다. 그런데 세례 요한의 진면목은 따로 있습니다. 후에 사람들이 세례 요한이 아닌 예수님께 세례를 받으려고 몰려가자 세례 요한의 제자들은 "다 그에게로 갑니다"라고 불평을 합니다(3:22–26). 그때 세례 요한은 "광야에서 외치는 자의 소리"(1:23)로서 자신은 '보냄을 받은 자'일 뿐이라고 말합니다. 그러면서 참 신랑이신 예수님과 신부인 사람들의 만남을 중간에 이어주는 '들러리'로서의 사명을 잘 수행하는 것이 자신의 기쁨이며, "그는 흥하여야 하겠고 나는 쇠하여야 하리라"(3:30)고 말하면서 자리를 예수님께 내어드릴 줄 아는 사람이었습니다.

예수님은 태초부터 계신 '말씀'으로 친히 세상을 창조하시고 이끄신 분이시며, 하나님의 독생자이면서 하나님 자체이십니다. 그러나 인간을 사망에서 구원하기 위해 이 세상에 성육신하셨고, 친히 고난과 죽음을 당하사 하나님께 대한 순종의 본을 보이시며 죗값을 지불하셨습니다. 즉 천국과 영생은 예수님에 대한 믿음이 있을 때에만 가능합니다. 이것은 하나님의 아들이신 예수님이 인간의 죄를 대속하시고 구속하시사 구원의 길을 열어 주셨기 때문입니다. 또한 예수님은 성령으로 잉태된 분이며, 세례받으신 후 성령이 임함으로써 공생애를 시작하셨습니다. 그러나 동시에 예수님은 완전한 인성을 지닌 분으로서 피곤함, 갈증, 슬픔과 갈등, 번민과 죽음 등을 느끼고 감당하셨습니다. 한편, 요한은 다른 공관복음과는 달리 예수님의 공생애 사역에 대하여 갈릴리 사역을 짧게 언급하고 예루살렘을 중심으로 언급합니다. 왜냐하면 예수님의 지상사역의 완성이 예루살렘에서 이루어지기 때문입니다.

◎ 예수님이 예루살렘에 올라가심(요)

1) 2:13(성전 정화)
2) 5:1(베데스다 병자치유)
3) 7:10(초막절)
4) 12:12(승리의 입성)

2) 요한복음 4-10장 / 우리 삶의 주인 되시는 그리스도

예수님은 요한복음 4장에서 사마리아 여인에게 참된 '생명수'가 무엇인지를 가르쳐 주십니다. 그럼에도 불구하고 신비한 물을 요구하는 여인에게 예수님 당신이 바로 참 생명을 주시는, 인생들의 영원한 목마름을 해결할 수 있는 '생수'가 되심을 말씀하십니다. 그리고 예수님의 참 양식은 "나를 보내신 이의 뜻을 행하며 그의 일을 온전히 이루는 이것"(4:34)이라고 말씀하십니다. 예수님은 베데스다 못에서 38년 된 병자를 고치시고(5장), 가버나움 회당에서는 자신을 생명의 떡으로 말씀하시면서 자신의 살과 피를 먹으라고 하십니다(6장). 또한 누구든지 목마르거든 예수님께로 와서 마시라고 하십니다(7장). 예수님을 따르는 자는 어둠에 다니지 아니하고 생명의 빛을 얻으리라고 말씀하십니다(8장). 예수님은 선한 목자이시며, 선한 목자는 양들을 위하여 목숨을 버린다고 말씀하십니다(10장). 이처럼 우리가 있는 자리에 예수님이 오신 것은 단지 기적을 베풀면서 우리의 육적인 필요들을 채우시기 위한 것이 아닙니다. 오히려 그보다 먼저 예수 그리스도께서 우리 삶의 주인 되심을 말씀하시기 위해서 날마다 우리에게 오고 계십니다.

◎ 내가 아는 한 가지(9:25)

예수님께 치유받은 소경이 아는 것 한 가지는 자신이 소경이었다가 지금은 보게 되었다는 사실이었다(요 9:25). 바리새인들은 논리와 교훈과 복잡한 말의 유희로 예수님을 죄인처럼 취급하였다. 그러나 참된 신앙은 예수님을 통하여 내가 구원받고 참된 회복을 경험하였다는 사실을 믿고 확신하는 것에서 시작된다.

◎ 예수님의 자기 소개 (나는 ~이다)

1) 생명의 떡 (6:35, 41)
2) 세상의 빛(8:12)
3) 양의 문(10:7, 9)
4) 선한 목자 (10:11, 14)
5) 부활이요 생명 (11:25)
6) 길이요, 진리요, 생명(14:6)
7) 참 포도나무(15:1, 5)

3) 요한복음 11-12장 / 부활이요 생명, 밀알 되시는 그리스도

예수님은 마리아와 마르다의 오라비인 나사로를 죽은 자 가운데서 살리셨습니다. 그 후 마르다와의 대화에서 자신을 "부활이요 생명"(11:25)이라고 하시면서 예수님을 믿는 자는 영원히 죽지 아니한다고 소망의 메시지를 전하십니다. 한마디로 예수님께서 행하신 일은 사람들에게 생명을 주시는 사역이었습니다. 또한 예수님은 스스로 한 알의 밀이 되어 죽으셨습니다. "한 알의 밀이 땅에 떨어져 죽지 아니하면 한 알 그대로 있고 죽으면 많은 열매를 맺느니라"(12:24). 예수님은 당신이 죽으심으로 사람들에게 생명을 주시기 위하여 십자가가 기다리고 있는 예루살렘을 향하여 나아가셨습니다. 그러한 예루살렘을 향한 한 걸음 한 걸음은 예수님의 죽음으로 맺어질 수많은 열매를 위한 전진이었습니다.

3. 삶의 적용

1) 우리는 은연중에 예수님도 흥하고 나도 덩달아 흥하거나, 예수님을 망하게 하더라도 나는 흥하게 되기를 바랍니다. 또한 주인공이 되기를 원하지 세례 요한처럼 들러리가 되기를 원치 않습니다. 삶의 목표를 다시 한 번 점검해 보고, 나의 삶 가운데 예수님이 흥하게 되고 있는지, 또는 다른 사람의 들러리로서의 역할을 기쁘게 감당하고 있는지 나눠 봅시다.

2) 생명이신 예수님은 이 땅에 단지 인간들의 육적인 필요를 채워 주시기 위해 오신 것이 아니라, 궁극적으로 생명을 주시기 위하여 오셨습니다. 오늘 우리는 누군가에게 육적인 필요나 채워 주는 데 머물고 있지는 않습니까? 예수 그리스도의 생명을 전하고 나누는 그리스도인이 되기 위한 방법들을 나눠 봅시다.

Day 13

그리스도의 계시 (요 13 – 17장)

1. 들어가는 글

다른 복음서에 비해 요한복음은 예수님의 사역에 대한 근본적이고도 충분한 이해와 사고의 과정을 거친 후에 기록했다는 근거를 책의 이곳저곳에서 발견할 수 있습니다. 그리고 다른 복음서와 비교할 때 요한복음에는 예수님의 말씀이 많이 나옵니다. 예수님이 행하신 각 사건에 대해 그것이 어떠한 영적 의미가 있는지 알려 주는 것입니다. 또한 십자가의 죽음을 얼마 남겨 두지 않은 시점에서 제자들에게 주신 귀한 말씀도 요한복음에 포함되어 있습니다(14–16장). 그 안에 담겨 있는 영적 의미가 더욱 풍성한 내용으로 담겨 있는 요한복음의 특징에 따라, 사건의 시간적인 흐름보다는 예수님의 말씀에 더욱 집중하여 통독하는 것이 요한복음을 이해하는 데 도움이 될 것입니다.

◎ 함께 정독하기
요 13-17장

◎ 암송구절
요 13:34

2. 본문 여행

1) 요한복음 13장 / 사랑의 사도, 요한

사도 요한은 어린 나이에 예수님을 만나 예수님의 품에 안겨 볼 정도로(13:23) 예수님의 사랑을 많이 받았습니다. 또한 요한은 베드로, 야고보와 함께 예수님의 특별한 사역의 현장에 동행하기도 하였으며, 어머니와 형의 후원을 받았고 한때 예수님의 신임을 바탕으로 좌의정까지 꿈꾸었습니다(막 10:35–40). 이 사도 요한이 쓴 글에는 유독 '사랑'이라는 단어가 많이 나옵니다. "세상에 있는 자기 사람들을 사랑하시되 끝까지 사랑하시니라"(13:1). "새 계명을 너희에게 주노니 서로 사랑하라"(13:34). 예수님 제자로서의 정체성은 예수님의 사랑의 내용을 아는가, 그리고 그 사랑의 모습을 자신의 삶 가운데 드러내는가에 의해 분명해집니다. 실제로 그의 다른 요한 서신에서도 그는 말뿐인 사랑을 경계하면서 "우리가 말과 혀로만 사랑하지 말고 오직 행함과 진실함으로 하자"(요일 3:18)라고 강조합니다. 사랑은 이론이 아니라 실천입니다.

◎ 주님의 씻기심의 의미(요 13장)
* 종의 자세를 취하심.
* 성도를 용서하심.
* 부정함을 씻으심.
* 성도를 사랑하심.
* 결국 구원하심.

◎ 성령의 사역
* 창조사역(창 1:2)
* 지혜를 주심 (출 28:3).
* 부정을 정케 하심 (사 4:4).
* 거듭나게 하심 (요 3:6).

* 진리를 알게 하심 (요 16:13).
* 예수님을 영화롭게 하심 (요 16:14).
* 권능을 주심 (행 1:8).
* 기도를 도우심 (롬 8:26).
* 생명을 부여하심 (롬 8:2).
* 인치심 (엡 1:13).
* 은사를 주심 (고전 12장).
* 열매 맺으심 (갈 5장).

2) 요한복음 14-17장 / 그리스도의 계시

요한복음 14-17장은 예수님이 체포당하시고 십자가에 달리시기 바로 직전에 행하신 '고별설교'입니다. 이 고별설교는 흡사 마태복음 5-7장의 산상수훈처럼 여러 곳에 흩어져 있던 예수님의 가르침을 집대성한 텍스트라고 볼 수 있습니다. 예수님의 고별설교는 단지 가까운 사람과 헤어지기 때문에 당하게 되는 슬픔을 위로하는 말씀이 아닙니다. 제자들에게 예수님은 단순히 선생, 친구, 아는 사람 또는 가족이 아니라 전혀 다른 대상이었습니다. 지금 예수님의 고별설교를 듣고 있는 제자들은 예수님 때문에 가족을 버리고, 친구를 버리고, 직업도 포기했습니다. 일상에서 가장 중요하다고 생각하던 모든 것을 버리고 좇았던 예수님이 더 이상 그들과 함께하지 못하는 상황이 닥쳤습니다. 모든 것을 걸었던 그 대상이 없어진다면 결국 자신의 존재 의미마저 없어지는 것과 마찬가지입니다. 이런 점에서 예수님의 고별설교는 제자들에게 특별한 의미가 있습니다. 한편, 이 고별설교의 면면에 흐르는 핵심은 예수님이 비록 하나님 품으로 가시지만, 대신에 성령을 보내셔서 영원히 우리와 함께하시겠다는 것입니다.

◎ 성경의 고별설교

1) 요셉(창 49-50장)
2) 모세(신 31장)
3) 여호수아 (수 23-24장)
4) 사무엘(삼상 12장)
5) 예수님 (요 14-17장)
6) 바울(행 20장)

고별설교는 단지 제자들에게만 주어지는 말씀은 아닙니다. 제자들의 신앙을 그대로 이어받은 요한 공동체 또는 초기 기독교, 더 나아가서 우리에게도 똑같이 적용되는 말씀입니다. 예수님은 "주여 주께서 어디로 가시는지 우리가 알지 못하거늘"(14:5)이라고 말한 도마에게 "내가 곧 길이요 진리요 생명"(14:6)이라고 말씀하십니다. 빌립이 "주여 아버지를 우리에게 보여 주옵소서"(14:8)라고 하자 "나를 본 자는 아버지를 보았거늘"(14:9) 하시며 성부와 하나이심을 말씀하시고, 진리의 영이신 보혜사 성령을 보내겠다고 하십니다(14:16-17). 이 성령님은 예수님을 증거하실 것이고(15:26), 모든 진리 가운데로 사람들을 인도하실 것이며, 주 예수님의 영광을 나타내실 것입니다(16:13). 예수님이 이것을 말씀하신 목적은 주님 안에서 평안을 누리게 하려 함인데, 마귀에게 시험을 받으시고 세상으로부터도 많은 환난을 당하였지만 예수님이 그것을 이기셨듯이(16:33) 우리도 주님 안에서 이 세상을 이길 것입니다. 이 말씀을 하시고 예수님은 자신과 제자와 성도들을 위해 겟세마네에서 대제사장적 기도를 하십니다(17장).

3. 삶의 적용

1) 오늘 하나님과 이웃을 향한 우리의 사랑이 혹시 말뿐이지는 않습니까? 하나님 사랑, 이웃 사랑을 구체적으로 실천할 수 있는 방법을 서로 나눠 봅시다.

2) 만약 오늘이 누군가(가족, 교회, 직장 등)와의 마지막 만남이 되어 고별의 메시지를 전한다면 어떤 내용으로 작성하시겠습니까?

Day 14

그리스도의 수난과 부활 (요 18-21장)

1. 들어가는 글

◎ 함께 정독하기
요 18-21장

◎ 암송구절
요 20:23

신약시대 사람들은 각자 나름대로 죽음 이후의 세계에 대하여 깊은 관심을 가지고 있었습니다. 로마인들은 영혼이 불멸한다고 생각했고, 그 외에 신비종교를 믿는 이들은 환생을 의미하는 신들을 믿었습니다. 그러나 이런 저런 다양한 내세관 중 그 어떤 것도 예수님의 부활과 비슷하지는 않았습니다. 예수님 당시 바리새인들은 육체의 부활을 믿었으나, 그것은 예수 그리스도에 의한 부활이 아닌, 단지 죽은 사람의 소생 가능성에 대한 믿음일 뿐이었습니다. 그래서 세례 요한이 엘리야의 환생이며, 예수님이 세례 요한의 환생이라고 생각하는 사람들도 있었습니다. 당시 또 다른 세계관을 가진 그룹은 사두개인들이었는데, 이들은 죽음 이후의 부활 자체를 인정하지 않았습니다. 그런데도 성경대로 부활하신 예수님은 예수님의 죽음으로 인해 상심과 절망 가운데 빠져 있는 제자들을 찾아와 다시금 힘을 주시고 세우시는 작업을 40일 동안 수행하십니다.

2. 본문 여행

1) 요한복음 18-19장 / 그리스도의 수난

◎ 십자가 구속의 결과
* 수치-영광
* 슬픔-기쁨
* 버림받으심
  -구원받음
* 저주-축복
* 피 흘리심-사죄
* 죽으심-생명

요한은 예수께서 겟세마네 동산에서 고뇌하며 기도하던 모습을 생략하고, 곧바로 체포당하시는 모습을 소개합니다. 이는 아마도 예수님의 신성과 위엄을 강조하려는 그의 저술 의도에 따라 예수님의 연약한 인성의 모습을 제외시켰던 것 같습니다. 이러한 예수 그리스도의 신성에서 수난을 볼 때, 예수님이 체포당하시는 장면은 오히려 당당하고 권세가 있습니다. 예수님이 자신의 정체를 밝히시자마자 하속들과 군인들이 땅에 엎드러지는 모습에서도 이를 확증할 수 있습니다(18:6). 예수님은 후에 안나스, 가야바, 빌라도, 헤롯, 다시 빌라도에게 끌려와 사형선고를 받으십니다. 한편, 예수님의 이러한 심문과정에서 무책임함과 부정과 불의를 행하면서까지 자기 자리에 연연하였던 빌라도는 AD 3-4세기의 기독교 역사가인 유세비우스의 기록에 의하면 갖은 고생과 옥고 끝에 AD 41년경 3대 로마 황제인 칼리굴라에게 사형을 언도받고 자살로 생을 마감하게 됩니다.

예수님께서 십자가에서 고통당하실 때 제자들은 모두다 도망갔지만, 갈릴리에서부터 좇아온 많은 여인들은 끝까지 먼발치에서 예수님을 바라보았습니다(19:25). 그때 그들은 가슴이 미어지고 터질 지경이었지만 아무런 조치도 취할 힘이 없으니 발만 동동 구르고 있었을 것입니다. 예수님이 "다 이루었다"(19:30)는 말씀과 함께 숨을 거두셨을 때에도 예수님의 제자들은 다 어디론가 가버렸습니다. 그러나 아리마대 사람 요셉은 용기 있게 빌라도를 찾아가서 예수님의 시신을 달라고 요청하였습니다. 아마도 예수님 주변의 가난한 여인들이 빌라도를 찾아갔더라면 빌라도가 만나 주지도 않았을 것인데, 부자인 요셉은 이를 성공시켰습니다. 뿐만 아니라, 일찍 예수님으로부터 영생(거듭남)의 의미를 찾고 구하였던 니고데모도 향료를 가져다가 예수님을 장례합니다. 이렇게 요셉과 니고데모는 자신들의 재산을 꼭 써야 할 가치 있는 곳에 썼던 인물들입니다.

◎ 십자가의 죄패 기록(요 19:20)
히브리어, 로마어, 헬라어

2) 요한복음 20장 / 그리스도의 부활

부활하신 예수님은 먼저 예루살렘에서 막달라 마리아와 다른 여자들, 그리고 제자들에게 나타나셨습니다. 처음에는 예수님의 부활을 의심하였던 그들도 예수님의 실제 모습을 보고 기뻐합니다. 그중 한 제자인 도마는 의심에 휩싸인 채 부활하신 예수 그리스도를 만나 뵙고 그분의 몸에 난 못자국과 창자국을 만져 봐야 믿겠노라고 큰소리치기도 했습니다(20:25). 며칠 후 주님께서 도마에게 오셔서 내 손과 옆구리에 손가락을 넣어 보라 하시며, "보지 못하고 믿는 자들은 복되도다"(20:29)라는 깨우침을 주셨습니다. 이렇게 예수님은 부활 후 40일 동안 계시면서 그의 제자들 각 마음속에 있는 조그마한 의심이라도 벗겨 주고 예수님 안에서 새 힘을 얻기를 원하셨습니다.

◎ 예수님 사후의 여인들의 공로
* 십자가에서 최후까지 남아 있음(막 15:47).
* 부활의 첫 증인이 됨(마 28:8).
* 사도들과 기도회에 참석함(행 1:14).
* 유럽 최초의 성도가 됨(행 16:14).

3) 요한복음 21장 / 그리스도의 마지막 부탁

시몬 베드로와 그의 일행은 예수님께서 돌아가신 후 실의에 빠져 고향 디베랴 바다로 돌아가서 다시 고기 잡는 일을 계속하고 있었습니다. 부활하신 예수님은 그들에게 나타나셔서 그들과 조반을 함께하시고, 자신을 세 번씩이나 부인했던 베드로에게 "네가 나를 사랑하느냐"고 세 번 질문을 하

◎ 요한복음 7대 표적 (예수님 신성 강조)
1) 물을 포도주로(2장)
2) 왕의 신하 아들 치유(4장)

3) 베데스다의 38년 된 병자 치유(5장)
4) 오병이어(6장)
5) 물 위 걸으심(6장).
6) 날 때부터 소경 된 자를 고치심(9장).
7) 나사로 살리심 (11장).

십니다. 베드로의 답변에 예수님은 "내 어린 양을 먹이라", "내 양을 치라", "내 양을 먹이라"고 이르시며, 예수님이 떠난 후에도 이 땅에 주님을 따르는 제자들의 수를 늘리고 가르치는 일에 헌신하도록 설득하십니다(21:15-17). 이렇게 주님에게 직접 명령을 받은 베드로는 주를 부인한 데 대한 죄책감과 실의를 극복하고, 초대교회의 형성 과정에 중차대한 역할을 감당하게 됩니다.

3. 삶의 적용

1) '부자가 하나님 나라에 들어가기가 심히 어렵다'는 교훈을 많이 듣던 당시에 아리마대 사람 요셉과 니고데모는 자신들이 가지고 있는 소유를 예수님 장례를 치르는 데 사용하였습니다. 오늘 내가 가지고 있는 소유의 분배는 주로 어디에 사용되고 있습니까?

2) 예수님 당시의 주변 사람들은 처음에 부활에 대하여 큰 믿음을 가지지 못했습니다. 오늘 나는 부활에 대한 확신과 소망과 기대가 있습니까?

Day 15

예루살렘의 기독교 (행 1 – 5장)

1. 들어가는 글

누가가 사도행전을 쓴 목적은 데오빌로라는 사람에게 예수님에 관해 소개하고 싶어서였습니다(행 1:1–5). 누가와 데오빌로, 두 사람 다 육신으로 예수님을 만나보지 못했습니다. 그런 그들이 예수님에 관해 이야기를 나눕니다. 누가복음은 예수님에 관해 소개하고, 사도행전은 예수님을 믿는 사람들의 삶에 관해 이야기합니다. 사도행전은 예수님의 승천(AD 30)으로 그 문을 열게 되는데, 초대교회의 형성과 발전과정을 다룬 역사서입니다. 초대교회가 어떤 과정을 통해 생겨났으며, 어떻게 발전되었는지를 보여주고, 신자들로 하여금 우주적인 구원사역에 동참하여 각자 자신의 본분을 잘 감당하도록 권고합니다.

◎ 함께 정독하기
행 1-4장

◎ 암송구절
행 1:8

2. 본문 여행

1) 사도행전 1장 / 증인이 되는 제자들

예수님은 십자가에 돌아가시고 장사지낸 지 사흘 만에 부활하셔서 40일 동안 이 땅에 계시다가 승천하셨습니다. 그 기간 동안 예수님은 불특정 다수보다는 자신과 동역했던 제자들을 대상으로 하나님 나라의 일을 말씀하셨습니다. “내 증인이 되리라”(1:8)는 말씀을 남기시고 승천하신 예수님의 뒤를 이어 제자들은 예수님의 증인이 됩니다. 대부분의 세대 교육은 당대에 끝나 버렸지만, 예수님이 남긴 ‘제자 세대’는 계속 이어져서 2천 년을 넘어 오늘까지 이어져 오고 있습니다. 이제 남겨진 제자들은 다시 새로운 시작을 위해 가룟 유다가 빠진 자리를 보충하는데, 기도한 후 제비뽑기를 하여 맛디아를 뽑습니다.

◎ 성경 세대의 변천
(from 교육)
1) 출애굽 세대
- 모세가 인도
2) 만나 세대
- 모세 광야 40년
3) 가나안 세대
- 여호수아가 인도
4) 사사 세대
- 사사들이 인도
5) 미스바 세대
- 사무엘이 인도
6) 재건 세대
- 70년 바벨론 포로
7) 제자 세대
- 예수님 3년 공생애

2) 사도행전 2장 / 성령의 역사와 초대교회

예수님은 승천하시기 전 제자들에게 “예루살렘을 떠나지 말고 아버지께서 약속하신 성령을 기다리라”고 말씀하셨습니다(1:4). 그 말씀대로 제자들은 한 곳에 모여 기도에 힘썼습니다. 그리고 예수님이 승천하신 지 열흘째

인 오순절 날(유월절 후 50일째), 절기에 맞춰 여러 나라로부터 온 사람들이 예루살렘을 가득 메우고 있던 날에 실제로 성령이 임하였고, 이로써 교회 출발의 기초가 놓여집니다. 그리고 각국에서 온 사람들은 각각 자기 나라의 방언으로 제자들이 전하는 "하나님의 큰일"을 듣게 되는데(2:5-11), 이 오순절 날의 방언은 사실 하나님께서 그토록 원하신 열방을 향한 선교의 모습을 담고 있습니다. 성령을 받은 제자들은 담대히 복음을 전하기 시작하고, 오순절 날 베드로의 메시지를 듣고 3천 명이 회개하는 놀라운 역사가 일어납니다(2:41).

3) 사도행전 3장 / 복음의 통로가 되는 사도들

◎ 정규적인 기도
1) 제9시(오후 3시)
- 베드로, 요한, 고넬료
- 행 3장, 10장
2) 제6시(정오, 12시)
- 베드로
- 행 10장

구원받은 자가 날로 더해 갑니다. 사도들은 기사와 표적을 행하며 담대히 주의 말씀을 전합니다. 어느 날 베드로와 요한은 성전에 들어가다가 성전 미문에 있는 앉은뱅이를 만나 그를 고쳐 줍니다(3:1-10). 이 기적은 첫째는 나사렛 예수 이름의 능력 때문이요, 둘째는 그 앉은뱅이의 믿음 때문이었습니다. 베드로와 요한은 복음의 계기를 만드는 도구와 통로일 뿐이었습니다. 이것을 계기로 베드로는 몰려드는 많은 사람들에게 솔로몬의 행각에서 예수 그리스도의 죽음과 부활 소식을 전합니다(3:11-26).

4) 사도행전 4장 / 복음을 위한 용기

◎ 구원은 오직 예수 그리스도에게서만
1) 요 14:6 "내가 곧 길이요 진리요 생명이니 나로 말미암지 않고는 아버지께로 올 자가 없느니라."
2) 행 4:12 "다른 이로써는 구원을 받을 수 없나니 천하 사람 중에 구원을 받을 만한 다른 이름을 우리에게 주신 일이 없음이라."

예수님의 메시아 사역에 반기를 들고 나섰던 사두개인들과 제사장 무리들이 다시 사도들의 복음 전도를 핍박하는 위치에 서게 됩니다. 당시 종교지도자들은 사도들이 예수님의 이름을 전하는 것에 대하여 매우 못마땅하게 여기고 그들을 잡아 가둡니다(4:1-3). 예수님을 죽이면 자신들의 안정적인 지위와 위치가 계속 유지될 것이라고 생각했던 그들은, 이제 예수님의 제자들이 더 큰 위협으로 다가오고 있는 것입니다. 그런데 종교지도자들의 위협에도 베드로와 요한은 결코 물러서지 않고, 공회 앞에서도 당당하게 조금의 두려움도 없이 예수님의 이름을 전합니다. 그들은 예수님이 바로 하나님의 아들이요, 온 세상의 구원자이시며, 다른 이로써는 구원을 얻을 수가 없다고 선포합니다(4:8-12). 뿐만 아니라 제자들은 "우리는 보고 들은 것을 말하지 아니할 수 없다"(4:20)고 합니다. 게다가 복음을 선포하는 데 더욱 담대하게 해달라고 모여 기도하며, 예수님의 능력이 온 천하에 알려지도록 기사와 표적을 행하게 해달라고 기도합니다(4:23-31).

5) 사도행전 5장 / 이웃과 함께하는 교회

초대교회는 큰 조직도, 재물도 없었습니다. 하지만 초대교회 성도들은 자신들이 가진 모든 물건을 서로 통용하며 나눠 씁니다. 또한 재산이 있는 사람들이 아무런 대가를 바라지 않고 가난한 성도들을 위해 재산을 내어놓기도 하였습니다. 그런데 아나니아와 삽비라처럼 재산은 조금 내어놓고 다른 사람들로부터 칭찬과 명예만을 얻고자 하는 이들도 있었습니다. 아나니아와 삽비라 사건(5:1–11)은 내부 공동체를 속이면 안 된다는 것을 분명히 가르쳐 줍니다. 이렇게 세워진 교회 공동체는 그 시작부터 많은 고난과 박해를 당하지만(5:40–41), 오히려 제자들은 예수님의 이름으로 당하는 그 고난을 기뻐합니다. 제자들은 성령의 힘으로 날마다 지치지 않고 "예수는 그리스도라고 가르치기와 전도하기를 그치지 아니"(5:42)하였습니다.

◎ 사도행전의 3명의 아나니아

1) 삽비라의 남편(5:1)
2) 다메섹에 있는 주의 제자(9:10)
3) 대제사장(23:2)

3. 삶의 적용

1) 오순절 날 성령 강림의 역사는 모인 무리들이 예수님의 약속을 따라 간절히 기도하였기 때문입니다. 오늘 우리도 각종 예배와 기도 자리를 사모하여 참석하고 그 시간에 간절함을 가지고 기도합시다.

2) 우리 주변(가정, 직장, 교회 등)에 아직도 예수 그리스도에 관한 복음을 듣지 못한 이들이 있다면, 그 사람의 이름을 적어 보고 구체적인 기도와 전도계획을 세워 봅시다.

Day 16

유대와 사마리아의 교회 (행 6 - 12장)

1. 들어가는 글

◎ 함께 정독하기
행 6-8장

◎ 암송구절
행 9:15

오순절에 성령께서 강림하셨을 때, 그리스도의 몸 된 교회가 그리스도를 토대로 형성되기 시작했습니다. 처음에 성도들은 예루살렘 주변에서 활동하였는데(1-7장), 예루살렘 교회의 박해로 성도들이 흩어지면서 복음은 유대와 사마리아의 모든 땅으로 확대되기 시작합니다(8-12장). 당시의 팔레스타인은 로마의 지배를 받았고, 그때 로마 황제는 디베료 가이사(AD 14-37)였습니다. 특히 유다(팔레스타인) 지방은 로마 총독에 의해 통치되었는데, 예수님 생애 후기부터 초대교회 때까지는 본디오 빌라도(AD 26-36), 마르켈루스(AD 37), 헤롯 아그립바 1세(AD 37-44)가 이어서 통치하였습니다. 요한의 형제 야고보를 순교하게 만든 왕으로서 사도행전 12장 1절에서 '헤롯 왕'이라고 언급하는 사람이 바로 헤롯 아그립바 1세입니다. 스데반과 야고보의 순교, 바로 이 시점부터 복음이 예루살렘에만 머물지 않고 곳곳으로 퍼져 나갑니다. 복음의 확산으로 인해 이방 선교의 중심교회인 수리아의 안디옥 교회도 세워졌습니다.

2. 본문 여행

1) 사도행전 6장 / 초대교회의 일곱 일꾼

◎ 히브리파 & 헬라파
당시 교회에는 히브리파 유대인과 헬라파 유대인들이 있었다. 히브리파 유대인은 전통과 율법을 지키며 유대 땅에서 살아온 토박이들이고, 헬라파 유대인은 헬라 문화와 지식을 배운 사람들이며, 이방 땅에서 살다 온 경우가 많았다.

초대교회는 매일 기도에 힘쓰고, 하루에 3천 명, 5천 명씩 변화되는 뜨거운 성령의 역사가 있었습니다. 그런데 이곳에도 한 가지 불평이 나오는데, 그것은 바로 헬라파 유대 과부들이 구제에서 매일 제외되는 것에 관한 내용이었습니다. 이 일로 사도들이 구제하는 일에 치중하면서 말씀 전하는 일을 소홀히 하였습니다. 그래서 이 문제를 효과적으로 하여 공동체 전체에 균등한 배려(구제)가 이루어지도록 '성령과 지혜가 충만한 사람' 또 '다른 사람들에게 칭찬 듣는 사람'을 선택하여 일곱 일꾼을 세웠습니다. 이렇게 초대교회는 내부에 문제가 생기자 구제의 방법이나 규칙을 세운 것이 아니라, 그 일을 책임 있게 감당할 사람을 먼저 세우는 창조적 지혜를 발휘합니다.

2) 사도행전 7–8장 / 스데반의 순교와 흩어짐

사도행전 7장 2–53절까지 스데반의 긴 설교가 이어집니다. 아브라함부터 시작해서 구약의 역사를 한눈에 꿰뚫고, 그 연장 선상에서 유대인들에게 회개할 것을 요구합니다. 구약의 흐름 속에서 이스라엘 백성들이 하나님께 불순종했던 역사를 정리하며, 바로 그 불순종의 모습이 이스라엘 백성들에게 여전히 있다고 지적하는 것입니다. 사도나 제사장이 아닌 평신도 스데반의 설교는 사람들의 마음에 찔려 저를 향하여 이를 갈기도 합니다(7:54). 결국 스데반 일꾼(*'집사'라는 표현은 행 21:8에 등장하나 헬라어나 다른 번역본에는 '집사'라는 표현은 생략됨)은 순교하게 되고(AD 32–33), 이것을 계기로 교회에 대한 대대적인 핍박이 이루어집니다. 동시에 사도들과 그리스도인들이 사방으로 흩어지면서 하나님의 섭리 가운데 유대와 사마리아로 복음이 전파되기 시작합니다(8장). 한편, 스데반이 순교할 당시 증인들의 옷을 지키고 있던 사람, 예수 믿는 성도들을 잔멸하고자 집집마다 들어가 잡아서 옥에 넘겼던 사람, 그 한 사람의 놀라운 변화가 준비되고 있습니다. 바로 사도 바울입니다.

◎ 바울과 스데반
스데반은 초기 교회 공동체원들 중에서 성령과 지혜가 충만하고, 많은 이들에게 칭찬을 받는 사람이었다. 그러나 바울은 예수님에 대해서 전혀 모르는 사람이었고, 칭찬은커녕 교회 사람들로부터 적대시되는 두려움의 대상이었다. 그런데 둘 다 하나님의 큰일을 감당하는 인물이 된다.

3) 사도행전 9장 / 이방인의 그릇이 된 바울

베드로와 다른 사도들을 통하여 복음이 예루살렘과 온 유대에 전해지고, 일곱 명의 일꾼을 통해서는 복음이 사마리아로 전파됩니다. 그리고 땅 끝까지, 즉 이방인에게까지 복음이 전파되는 데는 사도 바울이 있었습니다. 사도 바울은 베냐민 지파에서 태어났고, 8일 만에 할례를 받았으며, 로마 시민권을 가지고 있었습니다. 율법으로는 바리새파 사람이며 율법의 의에 있어서는 흠이 없던 바울이, 예수님 믿는 사람들을 잡아 옥에 가두기 위해 다메섹으로 가던 중에 예수님을 극적으로 만나 회심합니다(*AD 33–34, 바울의 나이는 AD의 연대와 비슷함). 이때 예수님은 바울이 이 복음을 위해 많은 고난을 받을 것이라고 말씀하십니다(9:16).

◎ 바울의 회심 언급
1) 다메섹 도상에서 (행 9장)
2) 천부장 앞에서 (행 21장)
3) 아그립바 왕 앞에서(행 26장)

4) 사도행전 10–11장 / 이방인을 향한 복음 전파

유대인들은 2천 년 동안 특권과 사명의 관계를 바로 이해하지 못하고 선민과 이방인을 구분하는 벽을 쌓아 왔습니다. 고넬료 사건은 바로 이 막힌 벽을 무너뜨리는 중요한 사건이 됩니다(10:1–43). 이 사건을 통하여 베드로 안에서 선민과 이방인을 구분하는 편견이 깨지기 시작하며, 드디어 예루살

◎ '안디옥' 교회
- 설립 및 지도자 (바나바)
- 이방 선교의 중심

- 로마 제국의 3번째 대도시이며 수리아 주(州)의 수도
- 바울의 1, 2, 3차 전도여행의 출발지

렘 교회는 열방을 향한 교회로 서게 됩니다. 이 무렵, 스데반의 일로 인해 흩어진 사람들이 안디옥에 이르러 헬라인에게도 복음을 전합니다. 이 소식을 들은 예루살렘 교회에서는 바나바를 안디옥으로 파송하고(11:22), 바나바는 다소에 머물고 있던 바울을 찾아가 데리고 와서 바울의 사역 길을 열어 줍니다(11:25). 그리고 첫 이방인 교회인 안디옥 교회에서 비로소 제자들이 '그리스도인'이라는 이름으로 불리게 되고(11:26), 이 안디옥 교회 성도들은 큰 흉년이 들었을 때 가난한 예루살렘 교회를 위해 구제금을 보내기도 합니다(11:29).

◎ 베드로가 옥에 갇힌 횟수(3회)
1) 행 4장
 - by 종교지도자들
2) 행 5장
 - by 종교지도자들
3) 행 12장
 - by 헤롯 아그립바

5) 사도행전 12장 / 야고보의 순교와 베드로의 투옥

그때에 헤롯 왕 아그립바 1세가 손을 들어 교회 중 몇 사람을 해하려고 합니다(12:1). 예수님이 태어날 당시의 헤롯 대왕의 손자인 헤롯 아그립바는 정치적 희생양을 찾았는데, 당시 초대교회의 중요인물이었던 세베대의 아들인 사도 야고보를 죽이자 유대인들이 기뻐하였습니다. 이를 본 헤롯은 더욱 유대인들의 환심을 사고자 베드로도 죽이려고 잡아갑니다. 그러나 성도들의 합심기도로 베드로는 천사의 도움을 받아 감옥에서 극적으로 빠져나옵니다(12:3-10). 그 후 바나바와 바울은 안디옥 교회에서 모은 구제금을 예루살렘 교회에 잘 전달하고, 마가를 데리고 안디옥 교회로 돌아옵니다(12:25). 이제 안디옥 교회에서 바울과 바나바의 세계를 향한 전도여행이 시작됩니다.

3. 삶의 적용

1) 초대교회는 일꾼을 세울 때 '성령과 지혜가 충만하며, 칭찬 듣는 사람'을 선택하였습니다. 오늘 우리 공동체의 일꾼 세우는 기준은 어떠합니까?

2) 사도행전 10장의 고넬료 사건은 선민과 이방인의 구분을 깹니다. 오늘 우리 공동체의 건강한 관계를 위해서 끊어야 할 사슬(혈연, 지연, 학연 등)은 무엇입니까?

Day 17

바울의 1차 선교여행 (행 13 – 15장)

1. 들어가는 글

사도행전에 나타나는 그리스도교 박해와 관련 있는 로마 황제는 글라우디오(4대)와 네로(5대)였습니다. 글라우디오의 통치 시대에 로마 정부는 그리스도인과 유대인을 따로 구분하지 않았고 모두 같은 유대인으로 생각하였지만, 그들이 잦은 다툼을 벌이자 유대인을 로마에서 추방시켰습니다. 네로 황제(AD 54–68)는 AD 64년에 로마에 대화재(6일)를 일으켜 놓고, 그리스도인들에게 누명을 씌웠습니다. 이러한 박해와 핍박 속에서도 그리스도인들은 로마의 타락한 문화에 물들지 않고, 로마식 종교생활에도 참여하지 않았으며 예수님을 향한 신앙과 다짐을 지켜 나갑니다. 사도행전 10장의 고넬료 사건을 통해 이방인을 향한 복음의 의미를 깨달은 그리스도의 제자들, 특히 바울 일행(바나바, 바울, 마가)은 이제 본격적으로 이방을 향하여 1차 선교여행을 시작합니다.

◎ 함께 정독하기
행 13-15장

◎ 암송구절
행 15:29

2. 본문 여행

1) 사도행전 13:1–3 / 안디옥 교회에서의 파송

이방 땅인 수리아의 안디옥에 교회가 세워졌습니다(11:19–26). 이방인들이 예수님을 믿는다는 것 자체가 놀라운 일이었습니다. 나아가 안디옥 교회는 이방인 선교의 전초기지가 됩니다. 바울과 바나바는 이 안디옥 교회에서 안수 받고 선교사로 파송을 받아 1차 선교여행을 시작하게 됩니다. 바울은 처음에는 회당 중심으로 모여 있는 유대인들을 향해 복음을 전합니다만, 곧 그는 땅 끝 이방인들을 향해서 사역하게 됩니다.

2) 사도행전 13:4–14장 / 제1차 선교여행

이방인을 향한 복음 선포를 위해서는 거칠 것이 없었습니다. 복음을 들고서 산을 넘고 물을 건너는 이들의 발걸음이 미치는 곳곳마다 생명의 복음이 함께 퍼져 갔습니다. '수리아의 안디옥'에서 파송받은 바울 일행은 '실루기아'에서 배를 타고 바나바의 고향인 '구브로'로 갑니다. 그곳 '살라미'에

◎ 성경의 사건과 관련된 로마 황제들
1대 아구스도 (BC 27-AD 14)
2대 디베료(AD 14-37)
3대 칼리굴라 (AD 37-41)
4대 글라우디오 (AD 41-54)
5대 네로(AD 54-68)
10대 티투스 (AD 79-81)
11대 도미티안 (AD 81-96)

◎ 1차 선교여행 경로
수리아의 안디옥 - 실루기아 - 구브로 - 살라미 - 바보 - 밤빌리아 버가 - 비시디아 안디옥 - 이고니온 - 루가오니아의 루스드라 - 루가오니아의 더베 - 루스드라 - 이고니온 - 비시디아 안디옥 - 밤빌리아 - 버가 - 앗달리아 - 수리아의 안디옥

서 마가 요한을 수종자로 두고, '바보'에서는 유대인 거짓 선지자 바예수(엘루마)를 눈멀게 합니다. 다시 배를 타고 '버가'로 가고 거기서 요한은 예루살렘으로 돌아갑니다. 바울과 바나바가 '비시디아 안디옥'에 가서 안식일에 회당 설교를 하여 많은 사람들이 그들을 좇자 유대인들이 시기하고 박해하며 바울 일행을 그 지경에서 쫓아냅니다(13장). 이에 '이고니온'으로 가서 복음을 전하자 이방인과 유대인과 관원들이 두 사도를 능욕하고 돌로 치려 하여 '루스드라'와 '더베'로 피신합니다. '루가오니아의 루스드라'에서는 나면서부터 앉은뱅이 된 자를 고쳐 주자 바나바를 '쓰스'(제우스 신)로 바울을 '허메'(헤르메스 신)와 같은 신으로 여기며 제사를 드리려고 했습니다. 또한 비시디아 안디옥과 이고니온에서 온 불순종한 유대인들이 루스드라까지 따라와서 바울과 바나바를 이간질시키고 바울을 돌로 치기까지 하였습니다. 그 후 바울은 '더베'로 가서 많은 사람을 제자로 삼고, 어느 정도 몸과 마음을 추스립니다. 그 후 '루스드라'와 '이고니온', '비시디아 안디옥'에 들러 교회 리더들을 불러놓고, "우리가 하나님의 나라에 들어가려면 많은 환난을 겪어야 할 것"(14:22)이라고 말합니다. 그 후 '밤빌리아'로 가서 '버가'로, 계속해서 '앗달리아', 그리고 처음 목적지인 '수리아의 안디옥'에 이르러 선교여행 보고를 합니다. 바울은 이 보고에서 "교회를 모아 하나님이 함께 행하신 모든 일과 이방인들에게 믿음의 문을 여신 것"을 강조하였습니다(14:27-28).

◎ 바울의 예루살렘 방문 사건들
1) 회심 후 교제 목적 (9:26-30)
2) 안디옥 교회에서 부조 목적 (11:27-30)
3) 복음의 토의 (15:1-30)
4) 교회의 안부 (18:22)
5) 구제 헌금의 전달 (21:17-18)

3) 사도행전 15:1-35 / 예루살렘 공의회

1차 선교여행을 마치고 수리아의 안디옥으로 돌아온 바울 일행에게는 앞으로 계속될 이방 선교를 위해 꼭 해결해야 할 문제가 있었습니다. 예루살렘 바리새인 출신 그리스도인 몇 명이 안디옥 교회에 와서 나름대로 구약과 율법에 대한 가르침을 베풀었습니다. 그런데 문제는 그들이 율법을 모르는 이방인이었던 안디옥 교인들에게, 예수님을 믿고 하나님의 자녀가 되기 위해서는 모세의 율법대로 할례를 행해야 한다고 가르치는 것입니다(15:5). 안디옥 교회 내에서는 이 문제를 해결할 수 없어, 결국 이 문제의 해결을 예루살렘 교회에 부탁합니다. 예루살렘 교회는 회의 형식으로 이 문제를 해결해 가는데, 베드로가 이방인도 "주 예수의 은혜로 구원받는 줄을 믿노라"(15:11)고 하자 당시 모임의 의장인 예수님의 동생 야고보가 결론을 내기를 "이방인 중에서 하나님께로 돌아오는 자들을 괴롭게 하지 말고, 다

만 우상의 더러운 것과 음행과 목매어 죽인 것과 피를 멀리하게 하자"고 선언합니다(행 15:19-20). 이 소식은 곧장 편지로도 전해지지만 공식적으로 유다(바사바)와 실라가 세움을 받아 바울과 바나바와 함께 네 사람이 안디옥에 내려가 회의 결과를 전해 주면서 형제들을 권면하고 굳게 합니다(15:30-35).

4) 사도행전 15:36-41 / 바울과 바나바의 이별

바울은 1차 선교여행을 끝내고 그다음 선교여행을 시작할 때, 1차 선교여행의 동역자인 바나바와 '마가 문제'로 헤어집니다. 그것은 마가가 지난 1차 선교여행 때 '버가' 지역에서 포기하고 돌아가 버렸기 때문입니다. 바울은 복음 사역의 철저성을 주장하고, 바나바는 복음 사역을 위한 관용성을 주장합니다. 결국 바나바는 마가를 데리고 구브로로 가고, 바울은 실라를 데리고 수리아와 길리기아로 갑니다(15:36-41).

◎ 마가와의 재회
바울이 마가와 헤어진 지 약 12년 후 로마 감옥에 있을 때, 그의 편지에 마가와 함께 있다고 쓴 것을 보면 둘의 사이는 다시 좋아졌음을 알 수 있다. 실제로 바울은 자신의 삶의 마지막 때에 마가가 오기를 바라면서 "그가 나의 일에 유익하니라"(딤후 4:11)고 기술한다.

3. 삶의 적용

1) 예루살렘 교회와 안디옥 교회가 서로 도움을 주고받으며 함께 갑니다. 우리 교회, 내가 속한 공동체는 이웃 교회, 다른 공동체와 어떻게 협력하고 있습니까?

---

2) 인생에는 많은 동역자가 필요합니다. 특히 영적 싸움터에서는 더욱 절실합니다. 나의 신앙생활 가운데 함께 도와주고 힘이 되어 주는 동료가 있다면 누구입니까?

자유를 위한 대선언 (갈라디아서)

◎ 함께 정독하기
갈 1-2, 4-5장

◎ 암송구절
갈 2:20

1. 들어가는 글

바울은 1차 선교여행 때 갈라디아 지역(루스드라, 이고니온, 더베 등)을 전도하는 데 성공하여 그곳에 교회들을 세웠습니다. 그러나 후에 갈라디아의 교회에 잘못된 가르침, 특히 유대 율법주의자들이 들어와 바울의 사도권을 부정합니다. 또한 그들은 이방인 개종자들도 유대인처럼 할례와 모세의 율법을 준행해야만 구원을 얻게 된다고 주장하였습니다. 이에 교회는 혼란이 야기되어 심지어는 분열되기도 하였습니다. 그리하여 저자 바울은 믿음으로 얻게 되는 구원의 유일한 조건 외에 율법을 첨가시킴으로써, 이신득의의 진리를 변질시키는 율법주의자들의 잘못과 모순을 지적하고, 그들의 주장을 제어시키기 위해 본서를 기록하였습니다[*필자는 갈라디아서의 기록연대를 바울이 1차 선교여행에 동행한 바나바에 대한 언급(2:1)과 베드로에 대한 책망(2:11), 실제 로마 행정구역의 이름이었던 갈라디아에 대한 언급(1:2)의 이유로 1차 선교여행 후 예루살렘 총회 직전에 기록한 남 갈라디아설(AD 49)로 수용].

2. 본문 여행

◎ 바울이 회심 후에 아라비아로 갔음을 언급한 곳-갈 1:17

1) 갈라디아서 1-3장 / 율법과 믿음

갈라디아서는 "자유를 위한 대선언"이라고 불리는 서신입니다. 바울이 모진 고생을 참아낸 것과 자신의 모든 기득권을 포기한 것도, 긴 여행길을 마다하지 않은 것도 다 복음을 전해야 한다는 사명감 때문이었습니다. 그런데 갈라디아 교회에 유대 율법주의자들과 함께 거짓 복음이 들어옵니다. 그것은 이방인들이 예수 그리스도를 믿더라도 구원을 받기 위해서는 유대인들처럼 할례를 받아야 한다는 것입니다. 즉 모세의 율법을 지켜야 한다는 것이었습니다. 이 소식을 들은 바울은 첫인사도 하는 둥 마는 둥 하고 구원의 참 진리를 거칠게 전하면서 거짓 복음에 흔들린 갈라디아 교인들을 책망합니다(1:6-10).

그러고는 사도행전 15장에 나오는 '예루살렘 공의회'를 회상합니다. 바울이 바나바와 1차 선교여행을 마치고 예루살렘에 있는 교회 지도자들에게 선교활동을 보고했습니다. 그리고 이방인들이 할례를 받지 않고도 예수 그리스도의 복음을 받아들여 구원을 얻을 수 있다는 합의를 이끌어냅니다. 의장인 야고보는 추가적인 설명으로 이방인 중에서 하나님께로 돌아오는 자, 즉 예수 그리스도를 믿는 자는 "우상의 제물과 피와 목매어 죽인 것과 음행을 멀리할지니라"(행 15:29)고 선언합니다. 이와 같이 이방인 중에서 예수 그리스도를 믿는 자들의 할례 없는 구원, 이것은 이미 예루살렘 공의회에서 바울이 교회의 지도자들과 확인한 내용입니다.

◎ 이신득의
(二信得意)
* 갈 3:11
* 롬 1:16-17
* 히 10:38
* 합 2:4

그런데 갈라디아 교회에는 아직도 할례를 받아야 구원을 얻을 수 있다고 주장하는 이들이 있었습니다(1:7). 율법을 강조하는 이들은 아직도 사람을 외모로 판단하고 있습니다. 자유인과 종, 남자와 여자, 할례를 받은 사람과 그렇지 않은 사람을 구분하여 하나님의 은혜를 받는 조건에 이러한 것들을 포함시킨 것입니다. 그러나 사람이 의롭게 되는 것은 율법의 행위가 아닌 오직 예수 그리스도에 대한 믿음으로만 얻어지는 것입니다(2장). 율법은 그 목적에 있어서는 하나님께서 요구하시는 인간으로서의 모습을 갖추게 하려는 것이며, 믿음으로 이끄는 몽학선생의 역할만을 감당합니다(3장). 따라서 믿음은 성도로 하여금 하나님의 양자가 되게 하고 율법으로부터 해방시켜 줍니다.

◎ 율법의 역할
(갈 3장)
사람들을 그리스도에게 인도하는 몽학선생

2) 갈라디아서 4-6장 / 성도의 삶과 성령

율법과 죄에서 해방되어 하나님을 아바 아버지라 부를 수 있는 성도는 자신에게 부여된 자유를 육체의 정욕을 좇는 데 사용해서는 안 됩니다(4장). 오히려 의로움으로써 마땅히 하나님 앞으로 나아가기를 더욱 힘쓰며 성령의 열매를 맺는 삶을 살아야 합니다(5장). 성령은 영혼을 변화시키는 주체인 동시에 원동력이며, 성도의 신앙생활과 떨어질 수 없는 불가분의 관계에 있습니다. 성령은 성도의 내면을 계속적으로 하나님을 향하여 나아가게 만들며, 육체의 욕심과 죄의 유혹을 거부하게 만들어 줍니다. 그렇다면 성령의 열매는 어떻게 맺을 수 있을까요? 바울 사도는 복음으로 얻게 된 율법으로부터의 자유를 자기 유익의 기회로 삼지 말고, 오히려 성령에 복종시키는 삶의 원동력으로 삼으라고 강조합니다. 이렇게 사랑으로 종 노릇하게 될 때 성도들은 성령이 주시는 풍성한 열매를 맺게 된다고 강조합니

◎ 성령의 열매(갈 5장)
1) 사랑(love)
2) 희락(joy)
3) 화평(peace)
4) 오래참음
(patience)
5) 자비(kindness)
6) 양선(goodness)
7) 충성(faithfulness)
8) 온유(gentless)
9) 절제(self-control)

다(5:13). 아울러 바울은 이제 이를 깨닫는 자마다 믿음의 도리를 굳게 지켜야 하는데, 이를 위해서는 하나님을 사랑하는 것에 멈추지 말고 우리의 이웃을 위해 짐을 나눠 지고 선을 행할 것을 권면합니다(6:1-10). 또한 예수 그리스도께서 우리를 위해 십자가에 못 박히셨듯이, 우리 역시 세상에 대하여 자신을 못 박은 것과 같은 삶, 그러나 주를 향해서는 살아 있는 삶을 살라고 당부합니다(6:11-18).

3. 삶의 적용

1) 예수 그리스도의 진리 안에 있다면 누구나 자유로울 수 있습니다. 나의 삶 속에서 자유하지 못하도록 방해하는 것들은 무엇입니까?

2) 내가 현재 맺고 있는 성령의 열매는 무엇이며, 성령의 9가지 열매 중에서 가장 사모하는 열매는 무엇입니까?

Day 19

바울의 2차 선교여행 (행 16–18장)

1. 들어가는 글

바울은 예루살렘을 방문하여 총회에 참석한 뒤 2차 선교여행을 떠났습니다(행 15:36–18:23). 이때 바나바와 바울은 마가의 문제로 의견 대립이 있어서 결국은 서로 다른 길을 가게 됩니다. 바나바는 마가(요한)를 추천했는데, 바울은 그의 인격이 부족함을 구실로(행 13:13) 거절하게 되고, 이 일로 바울은 실라를, 바나바는 마가를 수행하고 2차 선교여행을 떠납니다. 바나바와 함께하지 못한 채 2차 선교여행을 떠나는 바울의 마음에는 약간의 허전함이 있었을 것입니다. 그러나 이러한 이원화는 말씀전도를 더욱 활발하게 촉진시키는 결과를 초래하게 되었습니다. 이와 같이 하나님은 인간의 부족함까지 사용해 당신의 뜻을 이루어 나가십니다. 한편, 바울은 그의 2차 선교여행을 통해서 훗날 가장 총애하게 될 디모데를 만나게 될 뿐 아니라, 복음을 아시아에서 유럽까지 점차 확대시키는 결과를 가져오게 됩니다.

◎ 함께 정독하기
행 16–18장

◎ 암송구절
행 16:31

2. 본문 여행

1) 사도행전 16:1–10 / 디모데와의 만남 & 마게도냐로의 부르심

2차 선교여행의 초기에 바울은 귀한 동반자 한 사람을 얻게 됩니다. 그의 어머니는 유대인, 아버지는 헬라인인 디모데라는 청년입니다. 그는 인근 지역에서 두루 칭찬받는 사람이었습니다. 먼저 바울은 유대인들로부터 트집 잡히는 것을 미리 방지하기 위해 디모데에게 할례를 행합니다. 그리고 바울 일행은 1차 선교여행 지역을 재방문하며 예루살렘 공의회에서 결정된 사항을 알리고, 교회를 굳게 하는 데 수고를 아끼지 않습니다. 처음 바울의 계획은 1차 선교여행 지역을 두루 돌아다니며 이미 세워진 교회를 굳게 세울 목적이었습니다. 그런데 드로아에서 환상을 본 바울은 유럽 지역 선교를 위해 마게도냐로 낯선 걸음을 옮기게 됩니다. 바울의 의도와는 전혀 다른 여정이었지만, 이를 통해 하나님은 역사상 기독교 문화를 찬란히 꽃피웠던 유럽을 향한 선교의 문을 열어 가십니다.

◎ 2차 선교여행 경로
수리아의 안디옥 – 길리기아 – 더베 – 루스드라 – 소아시아 여러 성 – 브루기아 – 갈라디아 – 무시아 – 드로아 – 사모드라게 – 네압볼리 – 빌립보 – 암비볼리 – 아볼로니아 – 데살로니가 – 베뢰아 – 아덴 – 고린도 – 겐그레아 – 에베소 – 가이사랴 – 예루살렘 – 수리아의 안디옥

◎ 바울의 로마 시민권 주장
1) 빌립보에서 바울이 자신을 옥에 가둔 상관의 아전들에게 (행 16:37)
2) 예루살렘에서 바울을 잡으려 하는 백부장에게 (행 22:25)

2) 사도행전 16:11-40 / 빌립보에서의 사역

바울 일행은 로마 제국의 마게도냐 주(州)에 속한 이방인들이 주로 거하는 첫 성인 빌립보에 다다릅니다. 그곳에서 자주 장사 루디아를 만나 전도하였고(16:15), 루디아의 강권으로 그녀의 집에 머무릅니다. 또 귀신 들린 점치는 한 여종을 고쳐 주었는데, 종의 주인은 이 여종을 통해 짭짤한 돈벌이를 하고 있던 터라, 바울과 실라를 모함하고 때린 후 옥에 가두어 버립니다(16:23). 바울과 실라는 많이 맞아서 욱신거리는 몸으로 차가운 감옥에 앉아 쇠고랑을 악기 삼아 반주하며 기도하고 찬양합니다. 이때 갑자기 큰 지진이 나서 옥문이 다 열립니다. 이것을 안 간수는 자결하려 했지만, 바울과 실라가 도망가지 않고 그대로 머물러 있음을 보고 그 앞에 엎드려 구원의 방도를 묻습니다. "주 예수를 믿으라 그리하면 너와 네 집이 구원을 받으리라"(16:31)는 대답을 듣고, 간수와 그의 온 가족은 예수님을 믿게 됩니다.

◎ 바울의 2차 선교 여행의 핵심 멤버들
1) 실라 - 예루살렘에 상당히 영향력을 행사함.
2) 디모데 - 1차 선교 여행에서 전도됨.
3) 누가 - 2차 선교여행 기간 동안 예수 믿게 되어 동행

3) 사도행전 17:1-34 / 데살로니가, 베뢰아, 아덴에서의 사역

하나님의 뜻대로 마게도냐에서 복음을 전하고 있는 바울이 유대인들에게 쫓겨 남쪽 데살로니가로 내려갑니다. 헬라인의 많은 무리가 바울이 전하는 복음을 받아들이는 반면, 유대인들은 바울의 복음 전파를 시기하고 박해합니다. 데살로니가에서 머무는 3주 동안 복음을 전해서 예수님을 믿겠다는 사람들이 나오자 데살로니가 교회를 마게도냐에 두 번째로 개척합니다. 그러나 불순종한 유대인들이 소동을 일으켜서 바울 일행은 밤에 베뢰아로 떠나고, 그곳 유대인의 회당에서 주의 복음을 전합니다. 신사적이고 날마다 성경을 상고하는 베뢰아 사람들 중에서 복음을 믿는 사람들이 많이 나왔습니다. 그러나 데살로니가에서부터 따라온 유대인들이 베뢰아에서도 바울을 훼방하여 실라와 디모데만 거기 머물고, 바울은 먼저 아덴으로 갑니다. 바울은 이곳 인간의 지성을 최고의 가치로 여기는 헬라 철학의 중심인 아덴의 온 성에 우상이 가득한 것을 발견하고, 그들에게 세상의 참 주인이신 하나님을 소개하지만 소수의 사람들만 복음을 받아들입니다.

4) 사도행전 18:1-17 / 고린도에서의 사역

이후에 바울은 마게도냐에서 내려온 실라와 디모데를 고린도에서 만나고, 거기서 바울과 같은 장막 만드는 직업을 가진 브리스길라와 아굴라 부부를 만납니다. 바울은 이 부부가 자신을 위해 목숨을 내어놓을 사람들이

라고 소개합니다(롬 16:3-4). 바울은 고린도에서 회당으로 가서 주의 복음을 전했지만, 반응이 냉랭하여 잠시 머뭇거리고 두려움에 사로잡히자 환상 가운데서 하나님이 찾아오셔서 두려워하지 말고 담대히 복음을 선포하라고 말씀하십니다. 바울은 1년 6개월 정도 이곳 고린도에 머물면서 고린도 교회를 세웠습니다.

5) 사도행전 18:18-23 / 고린도에서 안디옥으로

바울은 고린도에서 사역을 마치고 훼방꾼의 반대로 그곳을 떠나 에베소로 발걸음을 옮깁니다. 그 후 수리아의 안디옥으로 다시 돌아온 바울은 1차 선교여행에서 결실을 맺었던 비시디아 안디옥과 이고니온 변경의 지역들(갈라디아, 브루기아)을 순회하며 그곳에 형성된 교회들을 견고하게 세우는 사역을 수행함으로써 2차 선교여행을 마감합니다.

◎ 바울의 환상
1) 다메섹 도상에서 (행 9:3-6)
2) 고린도에서 (행 18::1-10)
3) 천부장(루시아)과 유대인들 앞에서 과거를 회상하던 말 속에서 (행 22:17-21)
4) 산헤드린 공회에서 변론하던 밤에 (행 23:11)
5) 삼층천에 올라갔을 때(고후 12:1-4)

3. 삶의 적용

1) 소아시아로 가려던 바울은 드로아에서 환상을 통해 마게도냐(유럽)로 선교여행의 방향을 전환합니다. 종종 우리의 생각이나 계획과는 다르게 인도하시는 하나님의 섭리를 경험한 적이 있다면 나눠 봅시다.

2) 베뢰아 사람들은 간절한 마음으로 하나님의 말씀을 받고 깊이 묵상하였습니다. 매일 하나님의 말씀을 묵상하는 계획을 세워 봅시다.

Day 20

주의 재림에 대한 교훈 (데살로니가전 · 후서)

1. 들어가는 글

◎ 함께 정독하기
살전 1, 5장
살후 3장

◎ 암송구절
살전 5:16-18

바울은 예루살렘을 방문하여 총회에 참석한 뒤(행 15장), 실라와 디모데를 대동하고 2차 선교여행(행 16-18장)을 떠났습니다. 그들은 이때 마게도냐와 아가야, 그리스(헬라) 반도에 최초로 복음을 전했습니다. 마게도냐로 간 바울 일행은 처음에는 빌립보에 교회를 세우고, 이어 유럽의 두 번째 교회인 데살로니가에 교회를 세웠습니다. 그러나 바울은 유대인들의 박해로 이곳을 3주 만에 떠나 베뢰아로 갔고, 다시 박해로 인하여 실라와 디모데만 남기고 아덴으로 떠났습니다. 사도행전(17:14-16, 18:1-5)과 데살로니가전서(3:1)의 기록을 보면, 바울은 아덴에서 베뢰아에 남아 있던 디모데에게 편지를 써서 데살로니가 교회를 돌아보게 하였고, 고린도에서 다시 만나 디모데로부터 데살로니가 교회 소식을 듣게 됩니다. 본 서신의 주요 내용은 데살로니가 교인들이 고난을 겪음으로 인해 더욱 성결해질 것과 재림에 대한 오해를 해소하기 위해 그리스도 재림의 때에 이루어질 성도의 부활에 대하여 교훈합니다(데살로니가전서). 아울러 바울은 그리스도의 재림이 임박했다는 외부의 잘못된 가르침에 대하여 유혹받기 쉬웠던 이들에게 바른 종말관을 전합니다(데살로니가후서).

2. 본문 여행

1) 데살로니가전서 1–5장 / 믿음의 진보를 이루라

◎ 면류관의 종류
1) 자랑의 면류관 (살전 2:19)
2) 불멸의 면류관 (고전 9:25)
3) 의의 면류관 (딤후 4:8)
4) 영광의 면류관 (벧전 5:4)
5) 생명의 면류관 (약 1:12)

바울은 2차 선교여행 중 고린도에 있을 때, 마게도냐로부터 온 실라와 디모데를 다시 만나 데살로니가 교회 소식을 듣습니다. 데살로니가 교회는 세워진 지 2년이 채 안 되는 짧은 기간에도 불구하고 그들이 이룩한 "믿음의 역사와 사랑의 수고와 우리 주 예수 그리스도에 대한 소망의 인내"(1:3)는 칭찬받기에 충분하였습니다. 바울은 데살로니가에서 전도했던 일들을 회상하며 바울의 말을 '사람의 말로 아니하고 하나님의 말씀으로 받았던' 데살로니가 교인들의 성숙한 말씀의 태도를 칭찬합니다(2장). 그리고 궁핍과 고난 가운데서도 복음을 위해 고난받기를 두려워하지 않으며 믿음을 지키는 데살로니가 교인들을 간절히 보고 싶어 합니다(3장).

그런데 이렇게 바울의 칭찬을 받은 데살로니가 교회에도 문제가 있었습니다. 교인들 중 몇몇은 주님의 재림에 대하여 한쪽으로만 치우쳐 있었습니다. '강림하실 것이다. 강림하실 것이다. 강림……강림……'(4:13-18). 그 부분만 보고서 예수님이 곧 재림하신다는 것에 집중합니다. 이러한 극단적 사고로 현실과 유리될 것을 염려하여 바울은 사람들에게 일상생활에도 소홀히 하지 말고 충실할 것을 권고합니다. 그리고 그리스도의 재림 전에 죽은 신자들의 부활에 대한 확신을 줌으로써 환난 극복의 용기를 줍니다(4장). 또한 "주의 날이 밤에 도적같이" 임하기 때문에 빛의 아들과 낮의 아들처럼 늘 깨어 근신할 것에 대하여 말씀합니다(5장). 게다가 데살로니가 교인들 중 몇몇이 일은 안 하고 재림을 강조하며, 다른 사람의 일을 방해한다는 소식을 들은 바울은 다시 펜을 들어 두 번째 편지를 씁니다.

◎ 성도의 휴거를 언급
* 살전 4장
* 고전 15장

2) 데살로니가후서 1-3장 / 수고하여 구원을 이루어가라

지난번 데살로니가에 보낸 편지를 읽은 성도들 중에는 바울의 권면을 받아들이기보다는 바울의 의도를 오해하는 이들도 있었습니다. 다시 말해, 바울이 언급한 "주의 날이 밤에 도둑같이"(살전 5:2)를 그들의 세대에 이루어지는 것으로 보고, 성도가 마땅히 취해야 할 규모 있는 삶을 포기한 자들이 있었습니다. 바울은 이 소식을 접하고 다시 펜을 듭니다. 바울은 먼저 자기가 그들을 자랑스러워하고 있다는 사실을 알려 줍니다. 그들이 당하는 고통은 저주가 아니라 지나가는 시험이요, 바울처럼 멀리서 기도하며 함께하는 이들이 있으며, 또 하나님께서 함께하시어 결국에는 보상해 주실 것이라고 위로합니다(1장).

◎ 종말 교훈
* 살전 4-5장
* 살후 2-3장
* 롬 13장
* 고전 15장
* 빌 3장
* 딤후 3장
* 벧후 3장
* 요일 3장

바울의 편지에 대한 의도를 오해하는 것과 함께 몇몇 거짓 선생들이 그리스도의 날이 이미 왔다고 주장하면서 성도들을 적지 않게 실망시킨 일도 있었습니다(2:2). 이 같은 가르침으로 인하여 교회 내에 게으른 사람들이 생기게 되었습니다. 바울은 이러한 병폐를 치료하기 위하여 자신의 자급 전도의 삶을 이야기하며(3:8) 다음과 같이 처방을 내립니다. "일하기 싫어하거든 먹지도 말게 하라"(3:10)는 것입니다. 바울은 이어서 말합니다. "누가 이 편지에 한 우리말을 순종하지 아니하거든 그 사람을 지목하여 사귀

◎ 규모 있는 삶 (살후 3장)
노동은 하나님께서 인생들에게 허락하신 고귀한 의무요, 권리이다. 자신의 삶과 직무를 성실히 행하는 것은 하나님께서 우리에게 요구하시는 또

다른 경건의 방식이 다. 하나님께서 일하시기에 우리도 일해야 한다.

지 말고 그로 하여금 부끄럽게 하라 그러나 원수와 같이 생각하지 말고 형제같이 권면하라"(3:14-15). 아마 이 두 번째 편지를 받고 '일 안 하고 일만 만드는 자들'이 크게 회개하였을 것입니다. 그리고 데살로니가 교인들은 주님의 재림을 기다리면서도 서로 사랑하고 복음 증거하는 일을 하면서 규모 있는 삶을 살았을 것입니다.

3. 삶의 적용

1) 예수님의 재림의 때가 가까이 오고 있습니다. 주 예수님의 재림을 기다리는 성도들의 태도는 어떠해야 하는지 나눠 봅시다.

2) 지금 나는 다시 오실 주 예수님을 맞이하기 위하여 어떤 구체적인 삶의 태도와 자세를 가지고 있습니까? 구체적으로 이야기해 봅시다.

Day 21

바울의 3차 선교여행 (행 19–21장)

1. 들어가는 글

바울은 3차 선교여행(행 18:23–21:16, 4년)에서 다시 그리스(고린도가 위치한)로 갔지만, 대부분은 에베소에서 보냈습니다. 바울은 3차 선교여행과 관련하여 세 통의 편지를 기록했습니다. 고린도전서(에베소에서)와 고린도후서(마게도냐에서), 그리고 로마서(3차 선교여행을 마쳐 갈 무렵, 고린도에서)가 그것입니다. 고린도전 · 후서는 고린도 교회의 문제와 바울이 자신의 사도권에 관해 변호하는 내용을 다룬 편지이며, 로마서는 구원의 복음을 가장 조리 있게 기술한 편지입니다. 바울은 로마서 끝부분에서 31명의 이름을 일일이 거명하여 인사를 전합니다. 이는 그가 그때까지 로마를 방문한 적은 없지만, 다른 곳에서 로마의 크리스천들을 만나고 있었다는 뜻입니다. 바울은 대중에게 복음을 전하는 한편, 한 사람 한 사람에게 깊은 관심을 가지고 각 개인과 친분을 유지하고 있었습니다.

◎ 함께 정독하기
행 19-21장

◎ 암송구절
행 20:24

2. 본문 여행

1) 사도행전 19장 / 에베소의 두란노 서원

바울이 소아시아의 수도인 에베소에 도착하기 전 바울보다 먼저 에베소에 머물고 있던 애굽의 알렉산드리아 출신 아볼로는 일찍 주의 도를 배워 열심히 예수님에 관한 것을 가르치고 있었습니다. 그런데 아볼로는 요한의 세례만 알고 있어서 아굴라와 브리스길라가 그에게 하나님의 도를 더 자세히 소개해 주고, 바울은 고린도에 목회자가 없자 추천받은 아볼로를 그곳으로 보냅니다. 이 무렵 바울은 에베소에 도착하여 3달 정도 머물면서 유대인 회당에서 복음을 전하지만 일부가 잘 받아들여지지 않자 두란노 서원에서 복음을 잘 받아들이는 사람들을 대상으로 약 2년간 집중적으로 가르쳤습니다. 그 후 많은 에베소인들이 이방 신전에 물품 공급하는 것을 생업으로 삼는 것을 그만두고 예수를 믿겠다고 합니다. 이에 불만을 품은 사람들(데메드리오와 직공들)이 바울 일행을 내쫓기 위한 불법집회를 해서 바울은 에베소를 떠나야만 했습니다.

◎ 바울의 선교여행
연수, 장 수, 편지 수
1차 : 13-15장(3장)
(2년) : 갈라디아서
2차 : 16-18장(3장)
(3년) : 살전, 살후
3차 : 19-21장(3장)
(4년) : 고전, 고후, 롬

4차 : 22-28장(7장)
(5년) : 엡, 빌, 골, 몬
(감옥 1차 수감)
5차 : 일시 석방
(6년) 딤전, 딛
: 딤후(감옥 2차 수감)

◎ 3차 선교여행 경로
수리아의 안디옥 - 갈라디아 - 브루기아 - 에베소(고전) - 마게도냐(고후) - 고린도(3달, 롬) - 빌립보 - 드로아 - 앗소 - 미둘레네 - 기오 - 사모 - 밀레도 - 고스 - 로도 - 바다라 - 두로 - 돌레마이 - 가이사랴 - 예루살렘

2) 사도행전 20:1-16 / 마게도냐 - 고린도

바울은 에베소에서 고린도 교회의 분쟁 소식을 듣습니다. 안타까운 마음에 편지를 띄우는데 그것이 고린도전서입니다. 그런데 고린도 교인들은 그 편지를 읽고도 잘못을 뉘우치지 않았습니다. 오히려 사도로서의 바울의 권위를 깎아내리려 하는 등 바울의 진심과는 멀어져 가고 결국 분쟁은 해결되지 않았습니다. 이에 바울은 격앙된 어조로 두 번째 편지(고후 10-13장)를 써서 보냈는데, 다행스럽게도 그들이 그 편지를 받고 회개합니다. 바울은 무척이나 기뻐하며 세 번째 편지를 쓰고(고후 1-9장), 또 고린도를 방문하여 3달 정도 머물렀습니다. 이때 바울은 자신의 사도권을 변호하면서 로마에 갈 계획을 세우고 고린도의 한 막사에서 로마서를 씁니다. 그리고 이를 겐그레아 교회 뵈뵈 집사의 손에 들려서 로마로 보냅니다(롬 16:1-2). 그 후 바울은 고린도 교회와 작별을 하고 오순절 전에 예루살렘에 갈 계획을 세웁니다.

◎ 바울의 신앙 교훈 (행 20장)
1) 모든 시험을 참고 주를 섬김(19절)
2) 유익한 것 모두 전함(20절)
3) 복음 증거에 순교 각오(24절)
4) 눈물로 성도 훈계 (31절)

3) 사도행전 20:17-38 / 밀레도에서 에베소 장로들과의 고별

바울은 고린도에서 떠나 드로아에 이르러 여러 곳을 거친 후, 3차 선교여행이 거의 끝나갈 무렵 밀레도에 도착하였습니다. 밀레도와 에베소의 거리는 약 48km 정도인데, 바울은 그 먼 길을 자신을 통해 예수님을 만난 에베소 장로들로 하여금 오라고 요청합니다. 바울은 그들에게 마지막 고별설교를 하면서 지난 2년 동안 에베소에서의 그의 행적을 회고하고(20:31), 사랑하는 교인들이 그리스도의 진리 안에서 온전히 성장하기를 권면합니다. 첫째는 눈물과 고통이 있을 때 신세 한탄하지 말고 겸손하게 살라는 것이요(20:18-21), 둘째는 사명을 위해 목숨을 아끼지 말라는 것이요(20:24), 셋째로 주는 것이 받는 것보다 복이 있다는 것입니다(20:35). 이 세 가지를 에베소 장로들에게 신신당부하고 떠날 시간이 되자 다 크게 울며 목을 안고 웁니다(20:37).

◎ 바울의 이적
1) 엘루마를 소경으로 (행 13:11)
2) 앉은뱅이를 치유함 (행 14:10).

4) 사도행전 21:1-16 / 예루살렘으로

밀레도에서 작별을 하고 예루살렘으로 가는 도중에 두로에서 잠시 머물게 되는데, 바울의 제자들이 성령의 감동을 받아 바울더러 예루살렘에 가지 말라고 권합니다(21:4). 그곳에서 돌레마이를 지나 가이사랴에 있는 초대교회 일곱 전도자 중 하나인 전도자 빌립의 집에 들릅니다(21:8). 그 빌립

의 집에서 예언자들을 만나는데, 그들 역시 바울더러 예루살렘에 가지 말라고 예언합니다(21:11-12). 그러나 바울은 "나는 주 예수의 이름을 위하여 결박당할 뿐 아니라 예루살렘에서 죽을 것도 각오하였노라"(21:13)며 가야 할 길을 가리라고 다짐합니다. 이렇게 바울은 주변 사람들의 간곡한 만류에도 불구하고 더 큰 하나님의 뜻을 따라 발걸음을 옮겨 마침내 예루살렘에 도착하였습니다. 그리고 예상대로 바울은 그곳에서 유대인들에게 붙잡힙니다.

3) 여종에게서 귀신을 쫓아냄 (행 16:18).
4) 손수건이나 앞치마의 능력 (행 19:12)
5) 죽었던 유두고의 소생시킴 (행 20:7-12).
6) 멜리데의 독사 기적(행 28:1-10)

3. 삶의 적용

1) 바울 사도는 끊임없이 전도하며 교회를 세워 갑니다. 나는 전도에 대해서 얼마나 열심을 가지고 있습니까? 몇 명이나 전도해 보셨습니까?

2) 바울 사도는 복음을 위하여 죽을 것도 각오하였습니다. 나는 주의 복음을 위하여 어떤 각오와 다짐을 가지고 있습니까?

고린도 교회의 문제점 (고린도전서)

◎ 함께 정독하기
고전 1, 3, 9, 13장

◎ 암송구절
고전 3:16-17

1. 들어가는 글

바울이 3차 선교여행 중 에베소에서 약 3년간(회당전도-3개월 / 두란노-2년 / 기타-수개월, 행 19장) 있을 때입니다. 그는 그곳에서 2차 선교여행 중 1년 6개월간 체류하면서 세웠던 고린도 교회가 겪고 있는 여러 가지 문제들에 대한 소식을 전해 듣습니다. 그리고 교회의 문제에 대한 해결을 위하여 지침을 제공해 줍니다. 먼저, 바울은 고린도 교회가 당면하고 있는 교리적인 문제와 윤리적인 문제를 복음으로 진단합니다. 그리고 교회의 성도들에게 그릇된 것에서 돌아섬으로 견고한 믿음을 지니고 신앙의 올바른 삶을 살아 하나님께 영광을 돌리도록 권면합니다. 바울은 본 서신을 통하여 신앙과 삶에 있어서 성도들의 취약한 부분을 말씀으로 교훈하며 양육하고 있습니다. 그리고 부도덕한 행실을 지적하고 신앙 안에서의 윤리적 삶을 살 것을 권고하고 있습니다. 아울러 우상 제물과 예배, 부활 등에 관하여 교리적으로 혼돈을 빚는 문제들도 진리의 복음을 통해 바로 해석해 주고 있습니다. 이는 당시 교회의 일면을 보여주고 있어서 초대교회의 내면생활 및 역사 연구에 귀중한 자료가 됩니다.

2. 본문 여행

◎ Power 고린도
고린도는 1세기 당시 남부 헬라의 중요한 상업 중심지로 인구는 약 60만 명이었다. 음란과 이교도주의로도 악명이 높아 각종 신을 섬기는 사당들과 사원들로 가득했다. 또한 상업과 부패로 번성했는데,

1) 고린도전서 1-8장 / 십자가의 도

바울이 2차 선교여행 중 세우고 떠난 고린도 교회는 3차 선교여행 중 에베소에서 회심한 "언변이 좋고 성경에 능통한"(행 18:24) 아볼로가 목회를 하게 되었습니다. 그런데 이 아볼로가 워낙 인물도 출중하고 언변도 좋아서 그런 아볼로를 유난히 좋아하는 사람들이 생겼습니다. 그들이 '아볼로를 사랑하는 모임', 일명 '아볼로파'를 만들었습니다. 그러자 다른 무리들이 처음 복음을 전한 바울을 소홀히 할 수 없다고 하여 '바울파'를 만들었고, 다른 무리들은 예수님의 직계 뿌리인 베드로로 가자고 하여 '베드로파'를 만들었으며, 어떤 무리들은 그리스도를 따르는 사람들이 되자고 하며 '그리스도파'도 만들었습니다(1:10-17, 3:4-5, 3:22-23). 이렇게 이런 저런 파가

형성된 후에는 사사건건 파당에 따라 의견이 엇갈립니다. 그러므로 교회 전체 공동체의 공감대는 상실되고, 교회가 분열되는 양상을 띠게 된 것입니다.

도저히 교회 문제의 해법을 찾을 수 없었던 아볼로가 에베소에 있는 바울에게 찾아와서 고린도 교회의 문제를 이야기합니다. 그 문제가 어떤 것들이었는지 바울이 쓴 편지를 보면 대충 짐작할 수 있습니다. 교회의 분쟁(1장), 육신에 속함(3장), 교만(4장), 음행(5장), 소송(6장), 결혼과 이혼(7장), 우상 제물(8장) 등 별별 문제가 다 있습니다. 그러자 먼저 바울은 교회의 분열에 대해 십자가의 능력, 복음의 능력 안에서 하나가 되라고 권면합니다. 나아가 바울은 교회가 분열되는 것은 자신의 지혜로 다른 사람을 판단하기 때문이며, 교회가 사람의 지혜가 아닌 하나님의 지혜를 인정할 때 서로의 작은 차이는 그 안에서 사라지게 된다고 강조합니다(2장).

2) 고린도전서 9–16장 / 스스로 권리 포기

바울은 자신의 사회적 자유와 신앙적 자유를 가지고 '사도'라는 자리를 선택했다고 강조합니다. 나아가 바울은 그리스도인의 복음에 아무런 장애가 없게 하려고 "모든 사람에게서 자유로우나 스스로 모든 사람에게 종이 된" 것이 더 많은 사람을 얻고자 한 자유자인 자신의 선택이었다고 주장합니다. 이렇게 사도직에 대한 주장을 하고 난 후(9장), 우상의 제물을 먹는 것에 대하여 경고하면서 "너희가 먹든지 마시든지 무엇을 하든지 다 하나님의 영광을 위하여 하라"(10:31)고 권면합니다. 또한 바울은 자신이 그리스도를 본받는 자 된 것같이 사람들이 자신을 본받을 것을 당당히 요청합니다(11:1). 특별히 교회의 머리 되신 분이 예수님이며, 그 몸과 지체인 성도들은 서로서로 돌보아야 하는 대상임을 강조하고 있습니다(12:12–31). 그 외에도 사랑(13장), 방언과 예언(14장), 부활(15장)에 대하여 중요한 지식들을 조목조목 써 내려갑니다. 그리고 마지막으로 "너희 모든 일을 사랑으로 행하라"(16:14)고 말합니다.

이 모든 것은 하나님과의 관계를 중심으로 하지만 그 내용에는 교회 공동체가 있습니다. 교회 공동체는 이 모든 것을 덕을 세우고 질서를 따라서 진행하도록 해야 합니다. 바울은 이 편지를 써서 그동안 고린도 교회를 돌

당시 '고린도인처럼 행동한다'는 말은 방탕의 동의어로 쓰일 정도였다.

◎ 바울 전도여행의 유럽 지역

1) 마게도냐 - 네압볼리, 빌립보, 암비볼리, 아볼로니아, 데살로니가, 베뢰아
2) 아가야 - 아덴
3) 그리스 - 고린도, 겐그레아

◎ 은사의 종류 (고전 12장)

1) 지혜의 말씀
2) 믿음
3) 신유
4) 능력 행함
5) 예언
6) 영 분별
7) 방언
8) 방언 통역
9) 사랑(고전 13장)
10) 섬김(롬 12장)
11) 가르침(롬 12장)
12) 권위(롬 12장)
13) 다스림(롬 12장)
14) 긍휼 베풂(롬 12장)

보았던 아볼로가 아닌 디모데의 손에 들려 보냈습니다. 사실 바울은 아볼로에게 고린도에 다시 돌아가라고 여러 차례 권면하였는데, 아볼로는 지금은 갈 마음이 없다고 거절합니다(16:12). 한마디로 지긋지긋하다는 것입니다. 분파가 있으면 개개인도 자유롭지 못하고, 그 공동체 역시 자유롭지 못합니다. 그래서 바울은 아볼로 대신에 디모데에게 이 편지를 써서 고린도에 보냅니다(행 19:22). 다른 기록에 의하면, 아볼로는 후에 고린도로 돌아가 주교가 되었다고 전해집니다.

3. 삶의 적용

1) 예수 그리스도의 터 위에 세운 공력(일)은 하나님의 불 시험에도 견딜 만한 것들이 됩니다(고전 3:11-15). 오늘 내가 쌓고 있는 공력은 그 기초가 어디입니까?

2) 지금 내가 교회에서 하고 있는 일과 계획이 교회 공동체에 덕을 세우고 있는 일입니까? 아니면 분쟁을 만들고 무너뜨리는 일입니까?

Day 23

바울 사역과 하나님의 은사 (고린도후서)

1. 들어가는 글

고린도후서는 바울의 자서전적인 책으로 한 사도의 생애에 대한 개인적 고백이 기록되어 있으며, 그 가운데 바울 사도의 인간적인 모습이 잘 묘사되어 있습니다. 고린도 교회는 바울의 3차 선교여행 중에 에베소에서 디모데를 통해 보내온 첫 번째 편지인 고린도전서를 통해 당시 교회의 분열 문제와 그들 각자에게 있었던 윤리적, 신학적 오류를 시정할 것을 권고받았습니다. 그럼에도 불구하고 고린도 교회의 일부 사람들이 오히려 바울의 사도권까지 의심하며 바울의 가르침을 왜곡하고 비난합니다. 이에 대한 해명으로 바울은 3차 선교여행 중에 마게도냐에서 두 번째 서신인 본서를 기록합니다. 따라서 본서는 주로 바울 자신이 사도권에 대한 소명 및 기원을 변증하는 내용과 일부 무리들의 잘못된 가르침을 지적하는 내용으로 이루어져 있습니다. 그리하여 본 서신은 편집의 순서로는 10–13장에서(장소: 에베소) 사도권에 대한 변호 등의 내용을 다루고, 다음으로 1–9장에서(장소: 마게도냐) 바울 자신의 사역에 대한 해명과 예루살렘 교회를 위한 구제헌금에 대해 다루고 있습니다.

◎ 함께 정독하기
고후 11-13장

◎ 암송구절
고후 9:7

2. 본문 여행

1) 고린도후서 10–13장 / 나의 약함을 자랑하노라

디모데가 가지고 간 편지(고린도전서)를 고린도 교인들이 읽고 난 후, 일부는 바울이 보내온 공동체의 덕과 질서를 위한 해결방법이 옳다고 수용하는 부류도 있었습니다. 그러나 일부는 오히려 바울의 개인적인 성실성과 사도로서의 권위에 도전하는 거짓 가르침도 있었습니다. 특히 어떤 부류들은 화려한 웅변술과 수사법을 자랑하며, 아름다운 형식을 갖추지 않은 바울의 말을 매도하기도 했습니다. 심지어 거짓 사도들 중에는 예수님의 복음 대신에 자신을 자랑하고, 예수께서 받아야 할 영광을 가로채는 사람들이 있었습니다. 그래서 바울은, 영적인 권위는 현란한 말에 있는 것이 아니라, 그리스도께로부터 나오는 것임을 역설합니다. 또한 바울은 고린도 교

◎ 성도의 영적 무기
1) 하나님의 능력 (고후 10:4)
2) 하나님의 전신갑주 (엡 6:11)
3) 기도(엡 6:18)
4) 하나님의 말씀 (히 4:12)
5) 믿음(요일 5:4)
6) 주의 보혈(계 12:11)
7) 증거의 말(계 12:11)

인들이 자신의 사도권을 부인하면서 자신이 전한 복음의 내용까지 왜곡하는 것을 보고, 지난 시절에 자신이 어떤 고난을 당했는지 다 털어놓습니다(11:23-30).

◎ 바울이 자신의 신분(혈통)을 밝힘
1) 행 22장
2) 롬 11장
3) 고후 11장
4) 빌 3장

뿐만이 아닙니다. 바울을 대적하는 이들이 바울은 영적 경험이 부족하다고 공격합니다. 그들의 공격이 거세어지자 바울은 자신이 삼층천에 갔던 경험을 이야기합니다(12:1-4). 이런 내용의 편지를 이번에는 에베소에서 디도 편에 보냅니다. 디도가 이 편지를 가지고 가서 고린도 교인들에게 보여주자 다행스럽게도 고린도 교인들이 이 편지를 읽고 모두 크게 반성합니다. 그런데 바울은 이 편지를 써서 보내놓고 발을 동동 구르면서 안절부절못하고 조마조마해합니다. 혹시 이 편지 때문에 그들이 더 시험에 들까 하는 걱정 때문이었습니다. 그래서 여장을 꾸려 세 번째로 고린도로 직접 가려고 합니다(13:1). 그 세 번째 내용이 바로 고린도후서 1-9장입니다. 특히 고린도후서 13장 13절의 말씀은 오늘날 교회에서 축도로 행해지는 내용입니다. "주 예수 그리스도의 은혜와 하나님의 사랑과 성령의 교통하심이 너희 무리와 함께 있을지어다."

◎ 연보(헌금)
1) 이유
- 구원의 은혜
- 만물이 주께로부터 옴
- 하나님의 명령
2) 자세
- 즐거운 마음으로
- 마음에 정한 대로
- 힘에 넘치게
- 자원하여
3) 목적
- 헌신과 감사
- 구제
- 복음 전파
4) 결과
- 보물이 하늘에 쌓임
- 더 풍성한 축복 얻음

2) 고린도후서 1-9장 / 너희는 그리스도의 편지라

바울이 에베소에서 마게도냐로 갑니다. 그곳을 거쳐서 고린도로 가려는 계획이었습니다. 그런데 바울의 두 번째 편지를 가지고 고린도에 갔던 디도가 고린도 교인들이 회개했다는 좋은 소식을 가지고 올라옵니다. 두 사람이 마게도냐에서 기쁘게 만납니다. 바울은 고린도 교회로 인해 그동안 걱정하고 근심하였으나 끝에는 하나님께 대한 감사로 충만해진 자신을 돌아보며, 환난 중에 위로하시는 하나님을 찬양합니다(1:3-4). 그리고 바울은 자신이 직접 고린도 교회를 방문하여 교회의 여러 가지 문제를 해결하는 데 도움을 주고 싶은 마음이 간절하였으나 그 계획이 뜻대로 되지 않았던 이유를 밝힙니다. 바울은 그 이유 중의 하나가 아시아에서 당한 고난 때문이었다고 말하며 고린도 교인들의 오해를 풀어 줍니다(1:8-10).

바울은 이 편지에서 그리스도의 향기로 살 것(2장), 주님의 영 안에서 자유할 것(3장), 환난과 여러 어려움 속에서도 절망하지 말고 그리스도의 보배를 가진 자로서 그리스도에 대한 믿음과 소망을 가질 것(4장), 영원한 장막 집을 바라보면서 새로운 피조물로서 살아갈 것(5장), 믿지 않는 자와 멍에를 같이하지 말 것(6장), 세상 근심이 아닌 하나님의 뜻대로 하는 근심을 통해 회개에 이를 것(7장) 등을 말씀합니다. 편지의 말미에는 고린도 교회에 연보를 요구하되, 인색함으로나 억지로 하지 말고 각각 그 마음에 정한 대로 즐겨 하라고 합니다(8–9장). 복음을 위하여 자비량의 원칙(행 18:3)을 끝까지 지켰던 바울은 고린도 교회에서 연보를 모아 다른 지역의 가난한 성도들을 섬기는 일을 포기할 수 없었던 것입니다.

3. 삶의 적용

1) 고린도 교회는 바울의 외적인 면을 보고 바울의 사도권에 대하여 부정적인 견해를 보이기도 하였습니다. 혹시 나는 주변의 리더십에 대하여 외모로 평가하고 있지는 않습니까?

---

2) 바울은 도움이 필요한 곳의 성도들을 위하여 최선을 다하여 연보(헌금)할 것을 권면하였습니다. 오늘 나는 이웃과 열방을 위하여 얼마나 최선을 다하여 헌금생활을 하고 있으며, 우리 공동체의 헌금은 얼마나 효과적으로 이웃과 열방을 위하여 사용되고 있습니까?

Day 24

구원 과정에 대한 바른 교리 (로마서)

1. 들어가는 글

◎ 함께 정독하기
롬 1, 5-9, 12장

◎ 암송구절
롬 12:1-2

당시 이탈리아의 로마에는 사도들에 의해 직접 세워진 교회가 없었습니다. 단지 전쟁포로 또는 상업 등의 이유로 머물게 된 유대인들과 로마인들을 비롯한 이방인들 중에서 그리스도를 믿게 된 성도들이 모여 자체적으로 교회를 이루며 신앙생활을 하였습니다. 따라서 로마 교회의 성도들은 예수님에 대한 사도들의 직접적인 가르침의 기회가 적었고, 유대인 성도들 중에는 그릇된 율법주의적 신앙관을 가지고 복음을 이해하려는 이들이 있었습니다. 따라서 50대 중반인 바울은 3차 선교여행을 마쳐 갈 무렵 3개월간 머물렀던 고린도에서(행 20:3) 이 로마서를 쓰게 됩니다. 이 편지는 구원에 관한 전반적인 교리들, 즉 구원의 필요성에서부터 칭의와 성화, 그리고 구원받은 성도로서의 삶의 모습을 구체적이며 체계적으로 교훈하고 있어서 '바울의 복음서'라고 불립니다. 한편 성도들 간의 잘못된 구원관을 시정하고 율법이 아닌 믿음으로 얻게 되는 구원을 깨닫게 하며, 아울러 유대인과 이방인 성도들이 올바른 교제 관계를 이루도록 하기 위한 의도도 가지고 있습니다.

2. 본문 여행

1) 로마서 1–11장 / 복음에 빚진 자

◎ 유대인의 나음 (3:1-8)
1) 장자 민족
2) 축복의 약속
3) 언약의 체결
4) 율법이 수여됨.
5) 하나님의 영광 봄.
6) 하나님을 경배함.
7) 말씀을 먼저 받음 (롬 3:2).
8) 신앙의 조상들 있음 (롬 9:5).

바울은 일찍이 그의 사역 초기(1차 선교여행 후)에 갈라디아서를 쓴 적이 있습니다. 로마서는 바로 이 갈라디아서에 그 기초를 두면서 특별히 그가 사용할 수 있는 최대한의 논리를 사용하여 시간적 여유를 가지고 꼼꼼하게 쓴 편지입니다. 그가 쓴 많은 다른 편지들은 현지 수신자들에 대한 경험과 이해를 기반으로 쓴 것입니다. 그런데 바울은 이전에 로마에 가본 적이 없기 때문에 아직 로마 교인들을 만나 보지 못해서 좀 더 정성을 들여 글의 논리를 펴갈 수밖에 없었습니다. 바울은 "헬라인이나 야만인이나 지혜 있는 자나 어리석은 자에게 다 내가 빚진 자라"(1:14)고 하면서 로마에 가서도 복음을 전할 수 있기를 희망합니다. 그는 율법과 심판의 원리를 설명하고(2장),

인간은 스스로 구원을 성취할 수 없는 죄인이며, 하나님의 영광에 이르지 못한다는 사실을 설명해 줍니다(3장). 사람은 아브라함처럼 오직 믿음으로 의롭다 하심을 얻게 되고(4장), 아담의 불순종으로 인하여 많은 사람이 죄인 된 것같이 예수 그리스도의 순종으로 말미암아 많은 사람이 의인이 된다고 강조합니다(5장). 특히 세례는 죄에서 떠나 예수 그리스도로 옷 입고 그의 죽으심과 부활에 동참하는 것이라고 말합니다(6장). 바울은 자신도 죄 아래 팔렸던 사람이며, 누구든지 성령의 법 안에서는 영원한 생명을 얻을 수 있다고 말합니다(7–8장). 아울러 이스라엘을 예로 들어 이스라엘이 율법의 행위에 의지하여 넘어져 구원이 잠시 이방인에게로 넘어갔지만, 때가 되면 그들 역시 주님의 긍휼을 입고 돌아올 것임을 말씀합니다(9–11장).

9) 예수님과 육적 혈통을 같이함 (롬 9:5).

한편, 바울이 주장하는 칭의(Justification), 성화(Sanctification), 그리고 영화(Glorification)의 핵심은 다음과 같습니다. 이 땅에서 성도들은 자신의 죄를 회개하고 예수 그리스도를 진정으로 믿을(영접/감사) 때, '죄의 형벌로부터 해방'되어 즉시 하나님 앞에서 의롭게 되어 '주님을 모시게' 되는 것입니다(칭의 / 롬 3:24; 엡 2:8–9). 성도는 여기서 머물지 않고 그리스도와 연합하여 성령의 인도하심을 따라 사는(순종 / 겸손) 가운데 '죄의 권세로부터 해방'되어 죄에 대하여는 죽고 의에 대하여는 살아야 하는데, 이는 성도가 일평생 동안 점진적으로 '주님을 닮아 가야' 하는 것입니다(성화 / 롬 6–8장; 빌 2:12; 벧전 2:2). 한편, 영화는 '죄의 존재로부터의 완전한 해방'을 의미하며, 예수님께서 다시 오실(재림/ 순결) 때 홀연히 이루어지는 '주님과 하나 되는' 변화의 과정입니다(롬 13:11; 고전 15:51–52).

◎ 칭의의 요소(3장)
1) 하나님 – 의의 주체
2) 은혜 – 의의 근원
3) 피 – 의의 방편
4) 믿음 – 의의 길
5) 행위 – 의의 표현

2) 로마서 12–16장 / 하나님의 의의 실천

사도 바울은 믿음으로 의롭다 함을 얻은 성도가 마땅히 살아야 할 것에 관하여 교훈하는데, 무엇보다도 그들의 몸을 하나님이 기뻐하실 만한 거룩한 제물로 드릴 것과 선으로 악을 이길 것을 권면합니다(12장). 그리고 성도의 생활윤리 중 정치적 차원에서의 의무를 논하면서 위정자들이 갖고 있는 권세의 근원이 하나님이시기 때문에 그들에게 복종할 것과 세금을 바칠 것을 권면합니다(13장). 아울러 성도들 사이에 지녀야 할 태도에 대하여 교훈하면서 믿음이 연약한 자를 용납하고 모든 일을 믿음으로 좇아 행하라고 권면합니다(14장).

◎ 성도의 금기사항 (롬 13장)
- 방탕, 술 취함, 음란, 호색, 다툼, 시기, 육신의 일

◎ 로마서에 나타난 하나님 표현
1) 영원하신 하나님
2) 안위의 하나님
3) 소망의 하나님
4) 평강의 하나님
5) 지혜의 하나님

로마서 15장 이후부터 바울은 로마에 가고 싶은 이유를 설명하는데, 당시 1세기의 지정학적 지식으로는 서바나(스페인)가 바로 '땅 끝'이었습니다. 그래서 '땅 끝까지 복음을 전하라'(행 1:8)는 예수님의 유언을 자신의 삶의 소망과 목적으로 삼고, 바울은 자기 당대에 그 유언을 실천하고 싶었습니다. 그리고 바울은 로마서 16장에서 여러 사람들에게 문안합니다. 로마에 보내는 편지를 그리스의 겐그레아 교회의 뵈뵈 집사의 손에 들려 보내면서 그 사람을 잘 대접해 줄 것을 부탁하고 있습니다. 이를 시작으로 여러 사람을 거명하며 다 문안하라고 합니다. 그리고 영원하시고 지혜로우신 하나님께 예수 그리스도로 말미암아 감사와 영광을 돌립니다.

3. 삶의 적용

1) 지금 나는 칭의, 성화, 영화의 과정 중에서 어느 단계에 머무르고 있는지 점검해 보시고, 주님 다시 오실 그날까지 달려갈 길을 마치고 믿음을 지키는 주님의 순결한 신부들이 되기 위하여 나의 신앙생활 속에서 회복되어야 할 모습은 무엇이 있는지 얘기해 봅시다.

2) 바울은 혼자 일하지 않고, 수많은 사람들과 복음 안에서 멋진 인간관계를 맺으면서 사역하였고, 이를 통하여 많은 사람을 연결해 주었습니다. 오늘날 신앙생활하면서 내가 맺고 있는 인간관계는 어떠합니까?

Day 25

바울의 4차 선교여행 (행 22-28장)

1. 들어가는 글

바울 사도는 예수님이 십자가에 못 박히신 후(AD 30) 약 3-4년 뒤인 30대 초반에 회심을 합니다. 그로부터 약 15년 뒤에 첫 번째 선교여행을 떠났고(AD 48), 그로부터 또다시 10년 가까이 복음을 위해서 뛰면서 50대 후반으로(AD 57) 접어들었습니다. 바울이 3차에 걸친 긴 선교여행을 마치고 예루살렘에 도착하자 자신이 회심하기 전의 과거 동지였던 유대인들과의 마찰이 커져 갑니다. 그들은 바울을 암살하려고 하는데, 이때 40여 명의 유대인들이 바울을 죽이기 전에는 먹지도 마시지도 않겠다고 결심합니다. 결국 바울은 예루살렘에서 무죄로 풀려날 수 있었음에도 불구하고 복음 전파를 위하여 로마 황제에게 재판을 신청함으로써 로마까지 가게 됩니다. 이 예루살렘에서 로마로의 여정, 그 후 로마의 감옥살이(1차)를 바울의 4차 선교여행(행 21:17-28장)이라고 부릅니다.

◎ 함께 정독하기
행 22-26장

◎ 암송구절
행 23:11

2. 본문 여행

1) 사도행전 22-23장 / 바울의 체포와 변론

3차 선교여행을 마치고 예루살렘에 도착한 바울은 예수님의 동생인 야고보를 위시한 장로들에게 낱낱이 선교보고를 합니다(21:17-26). 그런데 아시아로부터 온 유대인들은 바울이 이방인들을 데리고 성전에 들어간 것을 빌미로 모세의 율법을 범했다고 하면서 바울에게 달려들어서 그를 죽이려고 합니다(21:27-30). 그 상황에서 예루살렘의 치안을 담당하고 있던 로마 군인들이 바울을 죽음 직전에서 꺼냅니다. 로마 군인들의 손에 이끌려가던 바울은 갑자기 당시 로마의 장교인 천부장(글라우디오 루시아)에게 기회를 달라고 요청하여 자기 동족들에게 자신을 변호할 수 있는 기회를 가집니다(21:31-40). 그러나 그 말을 듣고 있던 그들은 “더 이상 들을 필요도 없다. 죽이자!”라고 나옵니다. 이 급한 상황에서 천부장은 바울을 빼내서 일단 피신시켜 놓고, 로마 사람인 바울을 무슨 이유로 유대인들이 그처럼 죽이고자 하는지 알고 싶어 공회를 엽니다(22:30). 그런데 공회에서조차도 바울의

◎ 4차 선교여행 경로
예루살렘 - 가이사랴 -
시돈 - 무라 -
미항 - 멜리데 -
시실리의 수라구사 -
시실리의 레기온 -
이탈리아의 보디올 -
이탈리아의 로마

◎ 바울의 환상
1) 다메섹 도상에서
(행 9:3-6)
2) 고린도에서
(행 18:1-10)

3) 1차 예루살렘 방문 시에(행 22:17-21)
4) 4차 예루살렘 방문 시에(행 23:11)
5) 삼층천에 올라갔을 때에(고후 12:1-4)

목숨은 위태로웠고, 결국 바울은 사두개인과 바리새인의 관계를 이용해서 겨우 위기를 모면합니다(23:6-8). 그러나 유대인들(40여 명)은 기필코 바울을 죽이겠다고 결심하며 암살단까지 조직합니다(23:12-13). 천부장이 그 사실을 알고 총독이 머물고 있는 가이사랴 빌립보로 총 470명의 호위대를 붙여서 바울을 안전하게 보냅니다. 바울은 이러한 모습으로 예루살렘을 떠나고 다시는 예루살렘에 돌아오지 못합니다.

◎ 사도행전의 총독들
1) 서기오 바울(13장) - 구브로
2) 갈리오(18장) - 아가야
3) 벨릭스(24장) - 가이사랴
4) 베스도(25장) - 가이사랴

2) 사도행전 24장 / 가이사랴 빌립보로 호송

바울은 로마 군대에 의해 로마 총독(벨릭스)이 있는 가이사랴로 호송되어 이곳에서 약 2년 정도 머물게 됩니다. 그런데 바울은 이곳에서까지 유대인들의 공격을 받게 되는데, 대제사장 아나니아가 바울을 고소하기 위해 변사 더둘로를 데리고 예루살렘에서 이곳 가이사랴까지 찾아왔던 것입니다(24:1). 대제사장 아나니아의 고소로 인해 벨릭스 총독 앞에 선 바울은 다시 한 번 자신을 변론할 수 있는 기회를 얻게 됩니다(24:10). 그러나 바울의 억울한 상황은 곧바로 해결되지 않고 잠시 보류됩니다.

◎ 전천후 전도인생
벨릭스에 이어 새 총독이 된 베스도에게 문안하러 온 헤롯 아그립바 왕과 버니게가 바울에 관한 이야기를 전해 듣고 만나고자 한다(행 25:13, 22). 비록 죄인처럼 매인 몸이었지만, 바울은 하나님이 예비하신 경로들을 통하여 복음을 증거하는 기회를 얻었다.

3) 사도행전 25-26장 / 로마 황제 가이사에게 상소

바울이 가이사랴 감옥에 갇힌 지 2년이 지난 후 벨릭스 총독의 후임으로 베스도가 부임하게 됩니다. 그러나 베스도 총독의 부임 이후에도 바울을 향한 유대인들의 음모와 증오는 여전히 계속되었습니다. 더 이상 어찌할 방법이 없자 바울은 결국 로마 황제인 가이사에게 재판을 청구하게 됩니다(25:10-12). 사실 베스도 총독도 인정한 바와 같이 바울은 아무런 죄가 없기 때문에(25:25) 가이사랴에서 풀려날 수도 있었습니다. 그러나 바울은 비록 죄수의 몸으로 호송되고 재판 전까지는 자유롭지 못한 신분이 되겠지만, 그 모든 것을 감수하고 로마에 갈 수 있는 기회를 얻게 됩니다. 이렇게 시작된 바울의 로마행은 서바나(스페인)까지 가고자 하는 그의 최종목표를 이루기 위한 또 하나의 중간목표였습니다.

4) 사도행전 27-28장 / 로마로 가는 여정

바울은 로마로 압송되는 도중 큰 풍랑을 만나 파선합니다. 처음에는 아드라뭇데노라는 이름의 배에 타고 있는 사람들(276명) 가운데 그 누구도 죄인 신분의 바울을 주목하지 않았지만, 하나님은 이 풍랑을 만나는 사건을

통해서 바울을 높여 주십니다(27장). 그 이유는 바울이 로마에 도착하여 복음을 전할 수 있는 조건을 만들기 위함이었습니다. 풍랑 후 멜리데(말타) 섬에서 3달을 머물며 겨울을 보낸 바울 일행은 드디어 로마에 도착하게 되어 재판을 기다리는데, 재판 날짜가 계속 연기됩니다. 바울은 이렇게 로마에서 2년 세월을 보내게 되고, 그곳에서도 부지런히 하나님 나라를 증거합니다(28:30-31).

◎ 바울의 회심기사
1) 다메섹 도상(9장)
2) 천부장 앞에서 (22장)
3) 아그립바 왕 앞에서(26장)

3. 삶의 적용

1) 바울을 죽이기 위해 조직된 유대인 암살단 40여 명은 자신들이 모세의 율법을 지키고 있다는 종교적 확신에 차 있었습니다. 오늘 우리의 신앙생활이 혹시 단순한 종교적 열심에 의한 것인지, 아니면 하나님의 말씀과 복음에 대한 올바른 이해를 바탕으로 한 것인지 점검해 봅시다.

2) 바울은 전개되는 모든 상황을 복음을 전하는 기회로 삼았습니다. 지금 내가 처한 환경에서 복음을 전할 수 있는 방법과 전략은 무엇이 있는지 나눠 봅시다.

Day 26

몸 된 교회를 위한 기쁨의 고난 (에베소서, 빌립보서)

1. 들어가는 글

◎ 함께 정독하기
엡 1-2장
빌 1-2장

◎ 암송구절
빌 4:6-7

바울이 로마에 도착하여 감옥(1차)에 있는 2년 동안 복음을 전하였다는 이야기로 사도행전은 마감됩니다. 바울이 이곳에서 2년 동안 감옥생활을 하면서 기록한 편지는 에베소서, 골로새서, 빌레몬서, 빌립보서이며, 이 네 통의 편지를 1차 옥중서신이라고 부릅니다(2차 옥중서신: 딤후). 소아시아의 수도 에베소는 바울이 2차 선교여행 때 전도하고, 3차 선교여행에서 많은 개종자를 얻은 곳입니다(행 19:1-2). 3년 동안 사역하였던 에베소는 상업 교통의 중심지로서 이교 문화권의 영향을 받아 여신 다이애나(아데미)를 숭배하고 온갖 부정적 행위들이 만연해 있었습니다. 이에 바울은 에베소 교회를 격려하고 성도의 생활을 바로잡기 위해 이 에베소 편지를 기록하였습니다. 한편, 빌립보 교회는 바울의 2차 선교여행 중에 자주색 옷감 장수 루디아의 회심으로 세워진 유럽 대륙 최초의 교회입니다. 이곳은 소아시아에서 유럽으로 들어가는 관문으로서 상업적으로 발달한 도시이며, 동시에 군사적 중요성도 지녔습니다. 그럼에도 불구하고 빌립보 교회는 건실하게 발전함으로써 바울을 적극적으로 도와주었는데, 바울은 이것에 대한 감사와 더불어 예수 그리스도로부터 말미암는 '영적 기쁨'을 제시하여 성도들에게 격려와 용기를 주고 있습니다.

2. 본문 여행

1) 에베소서 1-6장 / 참된 교회

◎ Power 에베소
소아시아의 상업 중심지인 에베소는 다이애나(아데미), 아르테미스 등을 섬기는 웅장한 그리스 식 신전으로 유명했다(행 19:35).

우리는 '교회' 하면 먼저 건물(교회당)을 생각합니다. 그러나 당시엔 그런 건물이 하나도 없었으며, 지금 유럽 및 기타 대륙의 예배당 건물들은 AD 313년 로마 황제 콘스탄틴 1세의 밀라노 칙령(그리스도교를 정식 인정, AD 392년 로마의 국교가 됨) 이후에 세워지기 시작한 것입니다. 복음이 선포된 후 3백여 년 동안 눈에 보이는 교회 건물은 없었고, 단지 교회는 예수 믿는 사람들의 모임을 일컫는 말이었습니다. 이러한 에베소 교회에 남다른 애착을 가지고 있었던 바울은 그곳에서 사역하고 있는 디모데에게 편지를 보내어 교회가 무엇인지 자세히 가르쳐 주고 있습니다.

그리스도교는 얼핏 보았을 때 유대교와 비교해서 뭔가 부족해 보였습니다. 교회에는 회당도 없고, 율법과 같은 오랜 전통도 없습니다. 오로지 예수님밖에 없습니다. 그러나 바울은 궁극적으로 교회는 예수님 한 분이면 충분하다고 말합니다. 그리고 천지를 창조하시기 전에 하나님의 예비하심이 있었다는 선언을 하며, 이 하나님의 섭리, 곧 성령의 역사하심을 찬양합니다. 그러면서 '교회란 하나님의 몸으로, 하나님께서 온 세상을 창조하시며 만물 가운데 충만케 하시는 하나님의 충만'(1:23, 3:19)이라고 정의합니다. 또한 구원은 행위에서 난 것인 아닌 믿음으로 말미암은 하나님의 선물이며(2장), 바울은 이방인의 구원을 위해 이방인의 사도로 부름을 받았음을 언급합니다(3장). 나아가 바울은 부름에 합당하게 성령의 하나 되게 하신 것을 힘써 지키라고 당부합니다(4:1-3). 여기에는 네 가지 요청이 연결되어 있습니다(4:1-6:20). 첫째는 교회의 일치를 증진하는 것이고, 둘째는 빛의 자녀로 사는 것이며, 셋째는 그리스도인의 가정을 세우는 것이며, 넷째는 하나님께서 주신 전신갑주를 입는 것입니다.

◎ 하나님의 전신갑주(엡 6장)
1) 진리의 허리띠
2) 의의 흉배
3) 복음의 신
4) 믿음의 방패
5) 구원의 투구
6) 성령의 검(말씀)

2) 빌립보서 1-4장 / 기쁨의 고난

빌립보 교회는 바울의 제자 에바브로디도라는 사역자가 목회를 하고 있었습니다. 바울이 로마 감옥에 갇혀 있다는 소식을 들은 빌립보 교회는 연보를 모아 에바브로디도 편에 보냅니다. 에바브로디도는 로마 감옥에 있던 바울과 교제를 하던 중 그곳에서 몸이 아프게 되고, 다시 건강을 회복하여 빌립보로 돌아가게 됩니다(2:25-28). 바울은 이 빌립보서를 써서 그의 편에 보냅니다. 바울은 이 편지에서 기쁨을 이야기하고 있습니다. 비록 자신은 감옥에 갇혀 있지만, 이것이 오히려 복음의 진보가 된 것에 감사하며, "살든지 죽든지" 그리스도만 존귀하게 되는 것에 관심을 갖습니다(1장). 또한 그리스도의 모범을 본받을 것을 말하고, 에바브로디도가 아팠다가 나아서 기쁘고, 빌립보 교인들이 정성을 다해서 연보를 보내준 것이 기쁘다는 것입니다(2장). 바울은 주 안에서의 기쁨을 이야기하면서(3장), 그리스도가 낮아진 것처럼 서로 대립하고 있는 유오디아와 순두게가 서로 낮아지면서 그리스도의 충만한 믿음의 분량에 이르러 가면 어떻겠냐고 권면합니다(4장).

◎ Power 빌립보
BC 356년에 마게도냐의 왕인 필립포스 2세가 크레니데스를 점령하고 그곳을 '빌립보'라는 새 이름으로 불렀다.
훗날 옥타비아누스는 빌립보를 로마의 식민지로 만들고 이곳을 군대의 전초기지로 삼았다. 그래서 로마의 식민지였던 빌립보 시민들은 로마의 시민으로서 간주되었으며, 일정한 특권이 주어졌다.

◎ 그리스도의 마음 (빌 2)

1) 겸손(마 11:29)
2) 온유(마 11:29)
3) 순종(히 5:8)
4) 동정(마 14:14)
5) 근면(막 1:35)
6) 견고(눅 9:51)
7) 자비(요일 1:9)
8) 진실(요일 1:9)
9) 거룩(요 17:19)
10) 인내(살후 3:5)
11) 긍휼(눅 7:13)
12) 용서(눅 23:34)

또한 일부이기는 하지만 빌립보 교회를 어지럽게 하며 바울을 비방하는 무리들 가운데 할례를 받았다고 자랑하며 스스로를 높이는 이들이 있었습니다(3:2-3). 자랑거리로 보면 바울만큼 자랑할 것이 많은 사람도 없습니다. 그러나 바울을 반대하며 스스로 할례당이라고 우쭐해하는 그들에게 바울은 자신의 외적 조건을 자랑하지 않습니다. 오히려 예수 그리스도 안에서 모든 것을 배설물로 여기는 자신의 신앙고백으로 그들에게 대응합니다(3:8). 그러면서 바울은 "주 안에서 항상 기뻐하라 내가 다시 말하노니 기뻐하라"고 권면합니다. 그리고 모든 근심을 기도로 하나님께 아뢰면 하나님께서 주시는 평강이 임할 것이라고 권면합니다(4:4-7).

3. 삶의 적용

1) 오늘 우리의 교회는 바울 사도가 말한 하나님의 충만으로 가득합니까? 하나님의 충만으로 가득하기 위해서 우리 교회가 보완해야 할 내용은 무엇이라고 생각하십니까?

2) 바울은 비록 자신은 감옥에 갇히고 사람들에게 조롱을 당하더라도 그의 사명, 곧 예수 그리스도의 복음을 전파하는 일이 진전되기에 기뻐하고 있습니다. 오늘 나의 기쁨의 내용과 그 출처는 무엇입니까?

Day 27

교회의 머리 & 용서 (골로새서, 빌레몬서)

1. 들어가는 글

바울이 로마에 도착하여 감옥(1차)에 있으면서 기록한 편지 중에는 에베소서와 빌립보서 외에 골로새서와 빌레몬서도 있습니다. 먼저, 골로새서는 바울이 골로새 교회의 설립자인 에바브라로부터 교회 내에 이단이 침투했다는 보고를 받고 기록하였습니다. 이 당시 골로새 교인들은 거의 대부분이 개종한 이방인이었으며, 골로새는 주요 무역로상에 위치한 국제도시였습니다. 바울은 동방문화와의 빈번한 접촉으로 인한 악영향, 곧 동방의 신비 종교와 각종 유대 율법주의, 그리스의 철학적 사변 종교에 휩싸여 있는 이곳의 교인들을 격려하고 '교회의 머리'이신 예수 그리스도 안에서 기독교의 참 신앙을 지킬 것을 권고하기 위하여 본서를 집필하였습니다.

◎ 함께 정독하기
골 1-2장
몬 1장

◎ 암송구절
골 3:2-3

한편, 빌레몬서는 골로새 교회의 성도인 빌레몬에게 보낸 사랑의 편지입니다. 빌레몬은 노예를 소유하고 있었던 부자였는데, 그의 종들 중에 오네시모가 재산을 훔쳐 달아났습니다. 그런데 당시의 로마법에 의해 사형을 받을 수밖에 없었던 오네시모는 바울을 만나 회심하고 그리스도인이 되었습니다. 이에 바울은 그의 신상을 염려하여 그의 주인인 빌레몬에게 오네시모를 용서해 줄 것을 요청하는 본 서신을 쓰게 되었습니다.

2. 본문 여행

1) 골로새서 1–4장 / 교회의 머리 되신 예수 그리스도

골로새 교회에는 바울의 제자 에바브라가 목회 중에 있었습니다. 당시 골로새 교회에서는 세속 사상인 헬라 철학의 영향을 받은 영지주의(2:8–10), 과거 구약적인 율법에 집착하는 유대주의(2:11–17), 천사를 숭배하는 동양의 신비주의(2:18–23) 등이 교회를 위협하고 있었습니다. 그들은 육체, 즉 물질을 경시하였으며 금욕주의, 천사숭배, 그리고 영적인 영역에 접근하기 위해 신탁적인 체험을 이용하고 있었습니다. 이러한 온갖 철학과 이단들이 횡행하고 있던 당시에 바울은 모든 것 중에서 가장 뛰어나시며 지

◎ 골로새
골로새는 소아시아의 한 작은 수도로서 에베소 동쪽 약 160km에 위치한 소도시였다. 이곳은 한때 상업 중심지였으며, 광택이 나는 흑모로 유명했으

혜와 지식의 모든 보화를 갖고 계신 예수 그리스도, 그분의 완전성과 충만성을 기록하고 있습니다. 예수 그리스도 한 분만으로도 부족함이 없으므로 다른 헛된 규례나 철학들을 필요로 하지 않는다는 것입니다. 기독교 신앙이 '그리스도와 사람의 생각'에서 비롯되는 것이 아니라 '오직 그리스도'에게서 비롯되는 것이라고 단언했습니다.

또한 바울은 골로새 교인들이 '그리스도를 아는 지식에서 자라 가고 열매 맺기를'(1:10), '복음의 소망에서 흔들리지 않기를'(1:23), 또한 '그리스도 안에 뿌리를 박으며 세움을 입어 교훈을 받은 대로 믿음에 굳게 서기를'(2:7), '위의 것을 생각하고 땅의 것을 생각하지 말기를'(3:2), '기도를 계속하고 기도에 감사함으로 깨어 있기를'(4:2) 격려하고 있습니다. 그 밖에도 바울은 로마 감옥에서 쓰고 있는 이 편지가 두기고를 통해서 골로새 교회들에게 전달되기를 바라고, 두기고와 함께 오네시모를 보냅니다.

나, 바울 시대에는 라오디게아와 같은 주변 도시들 때문에 빛을 잃어가며 곧 쇠퇴하였다.

◎ 쌍둥이 서신
에베소서와 골로새서는 둘 다 교회에 대하여 이야기하는데, 에베소서는 교회란 무엇인가에 대하여 대답하는 반면 골로새서는 교회의 머리이신 예수님은 어떠한 분이신가에 대해 대답한다.

2) 빌레몬서 1장 / 종이 아닌 형제로 대우

두기고와 함께 골로새로 떠난 오네시모, 그는 지금 골로새 교회의 빌레몬이라는 성도를 찾아가고 있습니다. 오네시모는 바울이 로마 감옥에 있을 때 우연히 만나 회심을 합니다. 그런데 자초지종을 들어보니 자신이 3차 선교여행 중에 에베소에 있을 때(행 19:9) 두란노 서원에서 가르쳤던 제자인 빌레몬의 종이었습니다. 오네시모는 종의 신분으로서 도망 나오면서 적당한 여비도 챙겨서 로마까지 먼 길을 와서 바울을 만났던 것입니다. 바울은 고민하다가 다시 바울의 제자이자 오네시모의 주인인 빌레몬에게 돌려보내기로 합니다. 오네시모는 바울의 설득을 듣고 주인에게 돌아가기로 결심합니다. 도망친 노예로서 죽을 각오를 했다는 것입니다. 이런 오네시모를 바울은 돌려보내면서 비록 짧지만 정말 기도하며 심혈을 기울여 쓴 이 빌레몬서를 오네시모 편에 들려 보냅니다.

◎ 도망친 노예의 법
로마 법에 의하면, 오네시모처럼 도망친 노예는 심하게 다루어질 수가 있었으며, 심지어는 사형에 처해지기도 했다. 오네시모가 만일 그리스도를 믿는 신자가 되지 않았더라면, 이 서신을 가지고 빌레몬에게 돌아갔을 리가 만무하다.

바울은 빌레몬에게 오네시모가 끼친 손해를 잊어 달라고 하지 않았고, 대신에 오네시모를 용서하라고 청하면서 그가 진 빚은 자신이 대신 갚겠다고 말했습니다. '오네시모가 전에는 도망 나온 종이니 네게 무익했던 거 안다. 그러나 이제 변했고 너와 나에게 유익하다'(11절). '네가 나를 동무로 알진대 그를 영접하기를 내게 하듯 하라'(17절). 바울은 이렇게 한 인간, 그것도 종을 위해서 자신의 인격을 걸어 변호합니다. 빌레몬은 이 편지를 읽고

◎ 1장으로 기록된 신약성경
* 빌레몬서
* 요한 2서, 3서
* 유다서

오네시모를 용서했을 것입니다. 구전에 의하면, 이후 오네시모는 초기 교회의 훌륭한 지도자가 되었다고 합니다.

3. 삶의 적용

1) 바울의 권면처럼 '(우리가) 그리스도와 함께 다시 살리심을 받았으면 위의 것을 찾게'(골 3:1) 되어 있습니다. 오늘 우리가 구하고 있는 것은 이 땅의 것들입니까, 아니면 하나님 나라와 그의 의를 위한 것입니까?

---

2) 바울은 자신의 제자인 빌레몬에게 그의 종이었던 오네시모의 빚을 자신이 대신 갚겠다면서 오네시모를 용서해 줄 것을 간절히 부탁하며 중간다리가 되어 주었습니다. 오늘 나는 누구와 누구의 중간다리가 되고 있습니까?

Day 28

최후 승리를 꿈꾸며 (딤전, 딛, 딤후)

1. 들어가는 글

◎ 함께 정독하기
딤전, 1, 6장
딛 1, 3장
딤후 1-4장

◎ 암송구절
딤전 6:11-12

사도행전의 마지막 부분은 바울이 5차 선교여행을 떠났을 것을 암시합니다. 로마에 도착한 바울은 자비로 얻은 집에 꼬박 2년 동안 감금되어 있었고, 이 기간 동안 바울은 '담대히 하나님 나라를 전파하며 주 예수 그리스도께 관한 것을'(행 28:31) 가르쳤습니다. 로마의 법은 원고가 18개월 이내에 나타나지 않으면 죄수를 풀어주도록 정해져 있었는데, 사도행전의 마지막은 바울을 기소했던 유대인 강경파 반대자들이 그 시점까지 로마에 나타나지 않았음을 암시합니다. 또한 목회서신(딤전, 딤후, 딛)에서 발견되는 몇 가지 연대가 사도행전의 시대와 잘 맞아떨어지지 않습니다. 그래서 대부분의 역사학자들은 바울이 로마의 감옥에서 석방되어 로마 제국의 서쪽 끝에 있는 스페인(서바나)까지 가서 복음을 전했다고 생각합니다. 이 여정 중에 (AD 62–68) 바울은 에베소에서 목회를 하고 있는 디모데와 그레데 섬에서 목회를 하고 있는 디도를 격려하였으며, 그 이후에 다시 로마 감옥에 갇혀 (2차) 디모데후서를 기록한 후 생을 마감했을 것이라고 추론합니다. 바울은 이 목회서신에서 '최후 승리를 꿈꾸는' 이들을 위한 지침을 제시합니다.

2. 본문 여행

1) 디모데전서 1–6장/ 예수님의 선한 일꾼이 되라

◎ 장로의 자격
1) 책망할 것 없음.
2) 일부일처
3) 절제
4) 근신
5) 아담함.
6) 나그네 대접 잘함.
7) 가르치기 잘함.
8) 술 취하지 않음.
9) 구차하지 않음.
10) 관용

바울은 복음을 위한 생애를 마감할 때가 점점 가까이 다가온 것을 알고, 우상숭배가 횡행하던 에베소에서 교회의 막중한 책임을 맡고 있는 젊은 목회자 디모데에게 편지를 씁니다. 원래 이 편지는 디모데 개인에게 보낸 편지이지만, 이 편지 안에는 주의 일을 하는 사람들, 혹은 교회와 연관성을 갖는 여러 원칙들이 담겨 있습니다. 교회 안에서의 리더십과 조직에 관해서도 세심하게 서술하고 있습니다. 이 서신은 체계적이며 신학적이기보다는 목회 현장에서 부딪히는 문제에 대한 충고와 윤리적이며 실천적인 면을 강조한 서신입니다. 또한 '예수님의 선한 일꾼'이 되기 위한 목회생활에 직접적으로 도움이 될 만한 문제들을 다룬 목회 서신입니다.

본 서신에서 바울은 양심을 버리고 믿음이 파산한 후메내오와 알렉산더와 같은 거짓 교사인 유대 혼합주의자들을 경계합니다(1장). 또한 고요하고 평안한 생활을 위해 높은 지위에 있는 사람들에 대한 중보의 기도를 드릴 것과 교회에서 여자들은 남자의 권위를 격하시켜서 함부로 앞장서지 말고 질서대로 행할 것을 권면합니다(2장). 감독은 선한 일을 사모하며 자기 집을 잘 다스릴 줄 아는 사람이어야 하며, 집사는 깨끗한 양심에 믿음의 비밀을 가진 자여야 한다고 교훈합니다(3장). 사역자들은 금욕주의자들이나 영지주의자들과 같은 망령되고 허탄한 신화를 버리고 오직 경건에 이르기를 연단해야 하며(4:7), 나이 많은 성도들, 과부들, 장로들을 대하는 법 등에 대해서도 소상히 알려 줍니다(5장). 또한 목회자로서 자족과 경건의 생활을 할 것을 당부하며 믿음의 선한 싸움을 싸우라고 독려하고 있습니다(6:12).

11) 다투지 않음.
12) 돈을 사랑치 않음.
13) 집을 잘 다스림.
14) 자녀들 복종케 함.
15) 신앙경륜이 많음.
16) 선한 증거 얻음.

2) 디도서 1-3장 / 거짓 교사를 주의하라

지중해에 있는 그레데 섬에서 목회하고 있는 디도에게 쓴 이 편지는 교회공동체를 바로 세워야 할 책무를 지니고 있는 지도자의 덕목이 무엇인지를 보여주고 있습니다(1:7-9). 또한 당시 그레데인들 사이에 팽배했던 도덕적 타락을 아는 바울은 이 편지를 통하여 그리스도교인들의 생활 속에서 드러나야 할 의의 필요성을 강조합니다. 거짓 선생들, 특히 할례당들이 헛된 말을 하여 사람들을 속였기 때문입니다(1:10). 또한 그레데인들 중에는 하나님을 시인하나 행위로는 부인하는 자들이 있었습니다(1:16). 바울은 이러한 거짓 교사들의 거짓 가르침을 폐하고 교회를 바로 세우기 위하여 목회자인 디도가 범사에 선한 일의 본을 보여 대적하는 자들로 하여금 부끄러움을 당하도록 하여야 한다고 충고합니다(2:7-8). 이를 위하여 바울은 디도에게 교회의 각 계층에게 합당한 것을 교훈하고(2장), 어리석은 변론, 족보 이야기, 분쟁, 율법 등에 대한 다툼을 피하라고 권면합니다(3장).

◎ 집사의 자격
1) 단정함
2) 일구이언하지 않음.
3) 술 취하지 않음.
4) 더러운 녹(財) 버림.
5) 깨끗한 양심
6) 믿음의 비밀
7) 시험을 거칠 것
8) 책망할 것 없음.
9) 충성된 자
10) 일부일처
11) 집을 잘 다스림.

3) 디모데후서 1-4장 / 복음과 함께 고난을 받으라

동역자들과 함께 니고볼리에서 전도집회를 준비하던 바울은 로마 당국으로부터 모든 죄수들, 특히 그리스도교 계통의 모든 죄수들을 다시 감금하라는 명을 받고 다시 감금됩니다(2차 투옥). 바울은 이제 여러 가지 상황들이 육신의 장막을 벗을 때가 되었다는 것을 직감하고 유언에 가까운 이 편지를 씁니다. 이 유언의 내용은 한마디로 "복음과 함께 고난을 받자"입

◎ 바울의 회고록
1) 이력(신분) 회고
(행 22, 롬 11장, 고후 11, 빌 3장)
2) 전향(회심) 회고
(딤전 1:12-19)

(행 9, 22 26장)
3) 일생 회고
(딤후 4:7-8)

니다. 그러면서 '고난을 받되 복음을 부끄러워하지 말 것'(1:12), '병사로 다니는 자는 자기 생활에 얽매이지 않는다는 것'(2:4), '경기하는 자는 법대로 경기해야 면류관을 얻는다는 것'(2:5), '농부의 수고가 있어야 열매를 얻을 수 있다는 것'(2:6) 등을 예로 들면서 자신과 함께 그리스도 예수의 좋은 병사로 고난을 받으라고 합니다(2:3). 또한 말세에 경건의 모양은 있으나 경건의 능력은 부인하는 자들에게서 돌아설 것과(3장), 그의 뒤를 따라서 복음의 일꾼이 된 디모데에게 때를 얻든지 못 얻든지 복음을 전파할 것을 명령합니다(4:2). 그리고 마지막으로 바울 자신은 의의 면류관을 바라보면서 마지막 운명을 준비합니다(4:6-8).

3. 삶의 적용

1) 바울 시대처럼 거짓 가르침이 많은 시대 가운데 살고 있습니다. 나와 우리 공동체가 이러한 거짓 가르침들 속에서 진리 안에 머무르는 방법은 무엇이라고 생각하십니까?

---

2) 바울은 하나님께 붙들려 자신의 인생을 오직 예수님의 이름에 걸어 버린 멋진 사도였습니다. 오늘 나는 어떠한 삶을 꿈꾸며 오늘 이 순간을 보내고 있습니까?

Day 29 신앙의 성숙을 위하여 (히브리서)

1. 들어가는 글

◎ 함께 정독하기
히 10-13장

◎ 암송구절
히 11:6

AD 1세기의 로마 제국은 최고의 전성기를 구가하고 있었습니다. 제국 백성들은 원로원, 기사, 자유민 등으로 나뉘어 계급적으로나 사회적으로 안정된 사회를 유지하고 있었습니다. 따라서 사회가 전반적으로 경직되어 있었고, 귀족들의 기득권은 엄격하게 보호되었습니다. 로마의 그리스도교 역시, 초대교회 시대에는 로마가 식민지의 종교를 허용하였기 때문에 전도에 별다른 어려움이 없었습니다. 그러나 로마의 황제들이 기독교를 박해하면서부터(AD 64 이후), 그리스도교인들은 많은 어려움을 겪게 되었습니다. 뿐만 아니라 성도 수가 늘어나자 그리스도교로 개종한 유대인들을 향한 비난이 심해졌고, 그들은 다시 유대교로 돌아가려고 하였습니다. 이에 히브리서 기자는 배교를 방지하고 개종한 유대인들의 나약한 '신앙의 성숙을 위하여' 그리스도의 우월성(1:1-4:13)과 그리스도 사역의 우월성(4:14-10:18), 그리고 그리스도교 신앙의 우월성(10:19-13장) 등을 변증하고 있습니다. 이에 히브리서에는 매우 세련된 헬라어가 사용되었고, 서신의 배경에 다양하고 해박한 지식이 바탕되었다는 것을 발견할 수 있습니다.

2. 본문 여행

1) 히브리서 1:1-4:13 / 그리스도의 우월성

◎ 감사와 축복의 내용이 서두에 빠져 있는 서신
* 갈, 히, 약, 요일

당시 예수님을 믿는 사람들 가운데 시대적 핍박과 고난으로 마음이 조금씩 흔들리는 사람들이 있었습니다. 유대교는 전통을 이야기하고, 그리스도교는 변혁을 이야기합니다. 유대교는 폐쇄적이고 눈에 보이는 무엇입니다. 그런데 그리스도교는 개방적이고 눈에 보이지 않는 그 무엇입니다. 유대교의 정체성은 모세, 율법, 성전, 제사장 등이고, 그리스도교의 정체성은 오직 예수 그리스도입니다. 유대교는 자기들끼리 회당 중심 공동체를 이루고 사는 것에 가치를 두지만, 그리스도교는 세상 밖으로 나가 세상을 변화시키는 것에 가치를 둡니다. 그러니 당대의 썩고 부패한 로마 정부나 종교 지도자들의 입장에서 볼 때 그리스도교는 위험한 종교였습니다. 그래서 예

◎ 그리스도의 우월성(히 1-5장)
1) 선지자
2) 천사
3) 모세
4) 여호수아
5) 아론

◎ 옛 언약과 새 언약의 대비가 기록됨
* 히 8장
* 고후 3장

◎ 믿음의 선진들(히 11장)
1) 아벨
2) 에녹
3) 노아
4) 아브라함
5) 이삭

수님을 믿다가 핍박이 없는 유대교로 되돌아가는 사람들이 있었습니다. 로마 제국의 박해 때문입니다. 그 박해를 피해서 안정적으로 살아가려는 경향 때문입니다.

이에 히브리서 기자는 진정한 것을 찾았다가 외부적인 위험 때문에 다시 옛날로 돌아가는 어리석음을 경계하라고 이야기하고 있습니다. 다시 말해, 유대인들 가운데 예수님을 믿기는 했는데 뭔가 깊어지지 못한 채 뿌리 없이 흔들리는 사람들을 위해 그리스도교와 유대교를 비교해 주고 있습니다. "과연 그리스도교가 뿌리가 없다고 생각하느냐? 과연 그리스도교가 유대교와 비교해서 오랜 역사와 전통도 없고, 진정한 생명력이 없다는 것이냐?"라는 질문을 던져놓고 그 둘을 비교하는 것입니다. 소위 유대교의 유산들, 즉 유대교의 선지자와 천사(1장), 모세(3장), 여호수아(4장) 등을 열거해 가면서 그리스도교의 우월성을 강조합니다.

2) 히브리서 4:14-10:18 / 그리스도 사역의 우월성

히브리서 기자는 계속해서 유대교의 제사장(5장), 멜기세덱(7장), 새 언약(8장), 참 성소(9장), 율법에 의한 제사(10:1-18)) 등을 열거하면서 그리스도 사역의 우월성을 강조합니다. 그리고 그 모든 유대교의 전통과 대비되는 그리스도교의 무기는 죽으나 사나 '오직 예수'뿐이라고 강조합니다. 비교해 보니 예수님 한 분만으로도 이 모든 것을 다 포괄할 수 있는 것입니다. 그리스도는 완전한 하나님이요 또한 완전한 인간으로서 세상 죄를 대신 짊어지시기에 합당하신(요 1:29) 분입니다. 그리스도는 골고다 언덕에서 피 한 방울 남기지 않은 영원한 제사를 단번에 드리심으로써 죄 문제를 완결지으셨고, 이에 더 이상 제사는 불필요하게 된 것입니다.

3) 히브리서 10:19-13장 / 그리스도교 신앙의 우월성

또한 히브리서 기자는 구약에서부터 예수 그리스도에 이르기까지, 예수 그리스도에서부터 그 시대의 사람들에게까지 이르는 역사를 더듬으며 신앙의 뿌리가 어디에서부터 시작되었는지를 알려줍니다. 또한 그리스도의 피로 우리가 성소에 들어갈 수 있는 담력과 믿음을 가지게 되었고(10:19-31), 그 오랜 믿음의 증인들이 유대교가 아닌 그리스도교를 지향해 왔다고 이야기합니다(11장). 아울러 진리인 그리스도교 안에서 고난과 박해를 받는 것은 당연한 것이며, 인내를 가지고 믿음의 주인 예수 그리스도를 바라보면서 믿음의 경주를 할 것을 권면합니다(12:1-2). 감사한 것은, 이 선한 싸움을 혼자 싸우는 것이 아니고 우리의 연약한 무릎을 일으켜 세우시는(12:12-13) 예수 그리스도와 함께 싸우는 것이며, 수많은 믿음의 증인들이 함께한다는 사실입니다. 마지막으로, 성도들이 생활 속에서 지켜야 할 본분에 대하여 권면합니다(13장).

6) 야곱
7) 사라
8) 요셉
9) 모세
10) 라합
* 기드온, 바락, 삼손, 입다, 다윗, 사무엘

3. 삶의 적용

1) 세상의 핍박으로부터 다시 유대교로 돌아가려고 하였던 '예수님 믿는 유대인'들처럼, 우리도 주변의 시련과 핍박에 예수님 믿기 전의 삶의 방식으로 돌아가고 싶은 충동이나 그러한 삶을 갈망한 적은 없는지 회개합시다.

2) "믿음이 없이는 하나님을 기쁘시게 하지 못하나니"(히 11:6)라고 하였습니다. 오늘 주님을 믿고 따르는 우리의 생활 속에 나타나는 믿음의 증거들은 무엇이 있는지 나눠 봅시다.

Day 30

행동하는 믿음 (야고보서)

1. 들어가는 글

◎ 함께 정독하기
약 1-3장

◎ 암송구절
약 2:26

스데반의 순교(행 8장)와 더불어 시작된 박해를 피하기 위하여 초대 예루살렘 교회 성도들은 로마 제국의 각지로 흩어졌습니다. 사도들과의 믿음과 사랑의 교제도 단절되자 유대인 그리스도인들은 흩어져서 교회를 형성하는 데 많은 시간이 걸렸습니다(1:1). 그래서 고난을 극복하지 못하여 신앙을 잃어버리거나 사치스러운(5:1-6) 생활에 젖은 성도들이 생겨났습니다. 또한 갈라디아서나 로마서에서 언급한 이신득의의 교리를 잘못 받아들여 의롭지 못한 삶을 사는 성도들도 많이 생겼습니다. 이러한 상황에서 본서는 각지로 흩어진 성도들로 하여금 시련과 시험을 이겨내도록 말씀으로 격려하고, 좀 더 성숙한 신앙을 위한 믿음의 실천, 즉 행함을 통하여 성도들 간의 믿음과 사랑의 교제를 회복시키기 위해 기록되었습니다(AD 62-63). 갈라디아서나 로마서가 구원은 '오직 믿음으로 얻을 수 있다'고 강조한 반면에, 야고보서는 구원에 이르는 믿음은 반드시 '행위를 동반한다'고 강조합니다.

2. 본문 여행

1) 야고보서 1장 / 시련과 시험

◎ 야고보서가 말하는 기도 응답의 조건
1) 믿음의 간구(1:6)
2) 필요를 간구(4:2)
3) 정욕을 제어(4:3)
4) 인내의 간구(5:7)
5) 의인의 간구(5:16)

야고보서는 여러 곳에 흩어져 박해를 받고 시험을 당하고 있는 성도들에게 그 고난을 기쁘게 여기라고 말합니다. 야고보도 사도 바울처럼 믿음의 시련이 인내를 만들고 고난도 복임을 아는 사람인 것입니다. 그래서 많은 박해와 시련을 겪는 이들에게 하나님께서 생명의 면류관을 주시리라는 희망의 약속을 확인시켜 주고 있습니다. 성도들이 당하게 되는 시련은 크게 두 가지로 나눌 수 있습니다. 하나는 믿음의 시련으로, 이기는 자에게는 인내와 연단의 계기가 되어 줍니다. 그리고 또 하나는 자신의 욕심에서 말미암는 시험입니다. 모든 성도는 시험과 시련을 당할 때마다 이를 잘 극복하여 인내로 성숙된 신앙을 이루어야 합니다.

2) 야고보서 2장 / 믿음과 행함

야고보서를 비롯한 공동서신(히, 벧전, 벧후, 요일, 요이, 요삼, 유)의 역사적 배경에는 큰 박해가 전제되어 있습니다. 박해받는 상황에서는 예수 그리스도를 부인하는 배교의 유혹이 늘 있었습니다. 그런 시대 상황 가운데서는 머리와 입으로 이해하고 고백하는 신앙보다는 신앙을 잃지 않고 끝까지 인내하는 믿음, 곧 실천하는 결단의 믿음이 필요했던 것입니다. 구원은 믿음으로 말미암는 것이지만 참된 믿음, 살아 있는 믿음은 반드시 행함을 수반합니다. 즉 진정한 믿음은 알고 깨닫는 것만으로 그치는 것이 아니라, 의지적이며 행위적인 순종을 수반하여 믿음을 더욱 온전케 하며 하나님을 기쁘시게 하는 삶을 사는 것입니다.

◎ 구원의 이중성
(상호 조화)
1) 즉각성
- 점진성
2) 현재성
- 미래성
3) 행위와 무관함
- 행위와 관련됨

3) 야고보서 3장 / 그리스도인의 언어생활

믿음과 행함의 관계를 교훈하는 중 본문은 또 하나의 실제적인 행함의 문제를 논합니다. 즉 '혀'를 조심하라는 것입니다. 그것은 한 입에서 찬송과 저주가 나오는 것처럼 인간의 작은 지체인 혀는 그것의 오용(誤用)으로 인한 매우 큰 문제를 야기시킬 수 있는 강력한 힘을 지니고 있기 때문입니다. 그러므로 그리스도인은 무엇보다도 혀를 절제하고 통제하기에 힘씀으로써 성결한 생활과 건전한 인간관계를 만들어야 합니다.

4) 야고보서 4-5장 / 성결과 기도생활

아무리 뜨겁고 순수한 믿음으로 출발했다고 해도 불완전한 사람들이 모인 곳이기에 교회는 항상 문제를 안고 있습니다. 또한 교회의 성도 간에는 같은 믿음을 가지고 있다 하더라도 크고 작은 갈등이 있을 수 있습니다. 우리 그리스도인들은 믿음으로 구원받고 은혜 안에서 살아가는 것일 뿐 모든 것을 완벽하고 성숙하게 해나갈 수 있는 것은 아니기 때문입니다. 그럼에도 불구하고 거듭난 성도는 선한 열매를 맺기 위해 노력해야 합니다. 성도는 자신의 욕심을 채우기 위해서 사는 정욕적인 삶과 교만의 악을 버리고 하나님께 순복하는 성결과 겸손의 삶을 살아야 합니다. 뿐만 아니라 성도는 고난에 처해 있거나 병 중에 있는 이웃을 위해 기도해야 하며, 미혹되어 진리에서 떠난 형제를 권면하여 다시 하나님께 돌아오도록 힘쓰는 생활을 해야 합니다. 이러한 성도 간의 영적 교제야말로 세상의 어떤 도움보다도 성도들에게 강력한 힘과 용기가 될 수 있는 것입니다.

◎ 여러 명의 야고보
1) 유다의 아버지
(눅 6:16; 행 1:13)
2) 알패오의 아들
(마 10:3; 막 3:18)
3) 세베대의 아들이며 요한의 형제
(마 4:21; 막 3:17)
4) 예수님의 남동생
(마 13:55; 막 6:3)
예루살렘 교회 기둥(행 15:13; 갈 2:9)
야고보서 기록

3. 삶의 적용

1) 우리가 당하는 '시련'과 '시험'의 의미를 되새겨 보고 그 '시련'과 '시험'을 극복한 경험을 나누어 봅시다.

2) '언행일치'(言行一致)라는 말이 있습니다. 하나님을 입술로 믿는다고 고백하면서도 믿음 없는 행동을 한 경험이 있다면 나누어 봅시다.

Day 31

인내하며 물리쳐라 (벧전, 벧후, 유)

1. 들어가는 글

교회 공동체가 큰 시련을 맞습니다. 그중 하나는 예수 그리스도의 진리를 반대하는 거짓 교사들의 출현입니다. 또 하나의 시련은 교회에 대한 외부의 박해입니다. 박해받는 상황에서 예수 그리스도를 부인하는 배교의 유혹이 늘 있었던 것입니다. 이런 박해받는 상황에서 베드로전서는 신앙을 잃지 않고 끝까지 '인내하는 믿음', 곧 실천하는 믿음을 강조하였습니다. 한편, 베드로후서는 유다서와 유사한 서신으로 많은 거짓 가르침 중에서도 당시 교회를 극도로 오염시키고 성도들을 미혹하였던 이단들을 공격합니다. 특히 영적인 지식으로 구원에 이를 수 있다고 하면서 그리스도의 성육신을 부정하고, 영은 선하고 육체는 악한 것으로 간주함으로 방종을 일삼는 영지주의 이단을 공격합니다. 아울러 성도들에게 '바른 종말론적 신앙'을 가질 것을 권면합니다. 한편, 예수님의 동생이며 예루살렘 교회의 지도자였던 유다가 기록한 유다서는 만연한 거짓 교사들에 대하여 '믿음의 투쟁'을 하라고 권면합니다.

◎ 함께 정독하기
벧전 1-3장
벧후 1-3장

◎ 암송구절
벧전 2:9

◎ 가훈표
1) 엡 5장
2) 골 3장
3) 벧전 3장

2. 본문 여행

1) 베드로전서 1–5장 / 박해를 받는 교회들에게

AD 64년, 로마의 네로 황제(5대, AD 54–68)가 로마 화재 사건의 책임을 그리스도인들에게 전가하면서 그리스도교 박해가 급속히 가중되었습니다. 이러한 상황 속에서 베드로는 고난과 핍박을 견디고 있는 성도들에게 힘과 격려를 주면서(1:2), 소아시아에 흩어진 교회들을 향해 예수님 안에서의 소망을 이야기합니다(1:6–7). 시험과 근심은 잠깐이지만 예수님이 다시 오시는 날, 그들에게 주어질 칭찬과 영광과 존귀는 그 모든 괴로움을 상쇄할 것이라고 말입니다. 또한 베드로는 예수님 안에서의 소망을 근거로 그리스도인의 삶에 대한 자세를 이야기합니다. "뜨겁게 서로 사랑하라"(1:22). "이방인 중에서 행실을 선하게 가져"(2:12). "혀를 금하여 악한 말을 그치며"(3:10). "만물의 마지막이 가까이 왔으니 그러므로 너희는 정신을 차리고 근신하여

◎ 박해 속에서도
그리스도교는 AD 313년 콘스탄티노스 로마 황제가 그리스도교를 공인하기 전까지 3세기라는 긴 세월 동안 박해를 받았다. 외부로부터 정치적인 박해를 받으면서도 그들은 소망 중에 박해를 견디면서 그리스도교를 살려냈다.

기도하라"(4:7). "맡은 자들에게 주장하는 자세를 하지 말고 양 무리의 본이 되라"(5:3). "너희 염려를 다 주께 맡기라"(5:7).

2) 베드로후서 1-3장 / 거짓 교훈을 물리쳐라

◎ 초대교회의 3대 이단 사상
1) 영지주의
2) 금욕주의
3) 율법주의

예수님께서 승천하신 후 얼마간의 시간이 지난 후 교회에는 예수님의 사역을 의심하는 이들이 생겨나게 되었습니다. 그러나 베드로는 예수님의 사역과 십자가 죽음, 그리고 부활은 누군가가 거짓으로 만들어낸 이야기가 결코 아니라고 확실히 잘라 말합니다(1:16). 또한 베드로는 '성경을 억지로 풀다가 잘못되기 쉬우니 억지로 풀지 말라. 성경의 예언을 사사로이 풀지 말라'고 권면합니다(1:20-21, 3:16). 거짓 교사들은 "물 없는 샘이요 광풍에 밀려가는 안개"(2:17)와 같은 자들인데, 이러한 거짓 교사들의 유혹을 이길 수 있는 비결은 하나님의 약속을 기억하는 것임을 강조합니다(3:1-2). 우리의 마음을 새롭게 할 수 있는 유일한 길은 하나님의 약속인 성경말씀을 묵상하는 것에 있기 때문입니다. 또한 베드로는 "주의 약속은 어떤 이들이 더디다고 생각하는 것같이 더딘 것이 아니라"(3:9), "주께는 하루가 천 년 같고 천 년이 하루 같은"(3:8) 것이라고 말합니다. 비록 약속은 더디더라도 하나님께서 약속하신 구원의 날은 반드시 임할 것이라고 다시 일깨워 줍니다.

3) 유다서 1장 / 믿음을 위해 투쟁하라

◎ 배교자의 특징 (유 1:12-13)
1) 애찬의 암초
- 방해자, 파괴자
2) 자기 몸만 기르는 목자
- 이기주의
3) 물 없는 구름
- 생명 없음
4) 열매 없는 가을나무
- 보람이 없음
5) 거친 물결
- 포악함
6) 유리하는 별
- 방황자

당시 교회에는 헬라 철학의 영향을 받아 영과 육을 분리한 이원론적 사상을 담고 있는 영지주의가 득세하였습니다. 그중에서도 구원은 육체와 상관없고, 육체를 다만 악한 것으로 간주하여 그리스도의 성육신 사실을 부인하고 육체의 타락과 죄악에는 아랑곳하지 않는 도덕 폐기론자들(쾌락주의)의 세력이 특히 거셌습니다. 이에 성도들마저도 미혹되거나 미혹될 위험에 처해 있었습니다. 이에 유다는 본서에서 믿음의 도를 지키기 위해 악한 세력과 힘써 싸우라고 권면하고 있습니다. 유다는 거짓 교사들에게 화가 있을 것을 선포하며, 그들의 죄가 이전에 시기와 질투로 동생 아벨을 죽인 가인(창 4장), 불의의 삯을 탐하였던 발람(민 22장), 모세에게 대항하였던 고라(민 16장)의 패역함과 같다고 이야기합니다(11절). 또한 그들을 애찬의 암초, 자기 몸만 기르는 목자, 바람에 불려가는 물 없는 구름이며, 죽고 또 죽어 열매 없는 가을나무, 수치의 거품을 내뿜는 바다의 거친 물결, 캄캄한 흑암에 돌아갈 유리하는 별들에 비유합니다(12-13절). 유다는 이러한 거짓 교사들을 따르지 말고, 이미 예수 그리스도의 사도들이 했던 말들을 기억하여 하나님의 사랑 안에서 자기를 지킬 것을 권면합니다(17-21절).

3. 삶의 적용

1) 우리의 믿음을 흔들리게 하는 거짓 선지자, 이단(異端)들이 주변에 많이 있습니다. 그들에 대한 나의 경험을 이야기해 보고, 거짓 교훈에 대한 해결 방법은 무엇인지 나눠 봅시다.

2) 유다는 우리에게 "사랑하는 자들아 너희는 너희의 지극히 거룩한 믿음 위에 자신을 세우며 성령으로 기도하며 하나님의 사랑 안에서 자신을 지키며"(유 1:20-21)라고 권면합니다. 오늘 우리는 영적 성숙을 위하여 어떠한 노력을 하고 있습니까?

Day 32

참된 사랑의 교제 (요일, 요이, 요삼)

1. 들어가는 글

◎ 함께 정독하기
요일 1-5장
요이 1장
요삼 1장

◎ 암송구절
요일 2:15-16

예수님과 어머니 마리아의 사랑을 받은 자이며, 최후까지 남은 사도로서 초대교회의 정신적 지주였던 사도 요한이 작성한 세 통의 편지는 교제에 관한 3부작을 이룹니다. 요한은 첫 번째 편지에서 '하나님과 교제'해야 한다고 가르치고, 두 번째 편지에서 '거짓 교사들과 교제하면 안 된다'고 가르치고, 세 번째 편지에서는 '참된 교사들과 교제해야 한다'고 가르칩니다. 요한서신이 기록될 당시의 교회들은 초대교회가 세워진 지 약 50년 정도가 경과된 때로 영지주의를 비롯한 많은 잘못된 가르침으로 인해 예수님의 성육신을 부정한 이단의 발호와 교회 분열이 교회 내부의 심각한 문제로 대두되고 있었습니다. 이에 요한은 이단의 세력들에 유혹되지 않도록 경고합니다. 아울러 그리스도에 대한 참된 지식을 전하고 하나님과의 바른 영적인 교제를 통해 은혜를 체험하고, 성도들 간에도 바른 사랑과 윤리적인 삶의 교제를 이루도록 권고하고 있습니다.

2. 본문 여행

◎ 요한이 사용한 개념간의 대조법
* 빛 - 어두움
* 진리 - 거짓
* 사랑 - 미움
* 그리스도 - 적그리스도
* 의 - 죄
* 생명 - 죽음
* 세상을 사랑함 - 아버지를 사랑함
* 하나님의 영 - 적그리스도의 영
* 하나님의 자녀들 - 마귀의 자녀들

1) 요한일서 1-5장 / 하나님과의 참된 교제를 하라

요한일서의 주제는 하나님과의 사귐, 이웃과의 사귐입니다(1:6-7). 한마디로 '하나님 사랑 이웃 사랑'입니다. 참된 교제를 위해서는 이 세상의 정욕이 아닌 하나님의 뜻을 행해야 합니다(2:15-17). 또한 이단자들을 분별해야 하는데 그들의 죄악된 행위와 말과 혀로만 사랑하는 모습을 보고 알 수 있습니다(3:1-10). 우리는 이런 거짓 교사들의 가르침을 철저히 배격하고(4:1), 오히려 하나님의 사랑을 받은 성도로서 사랑의 능력으로 모든 것을 이겨내야 합니다(4:18). 그리고 교제의 완성은 사랑인데, 사랑하지 않으면 하나님을 알지 못합니다. 하나님은 사랑이시기 때문입니다(4:8). 그런데 이 사랑에는 반드시 수고가 따릅니다. 따라서 하나님 사랑은 입으로의 고백만이 아닌 우리 주변의 이웃을 실제로 사랑하는 행동으로 나타나는 실천적인 것이어야 합니다(4:20-21). 이 하나님과의 사랑의 교제가 깨질 수 있는데,

그것은 인간의 죄 때문입니다. 그러므로 진정한 하나님과의 사귐은 우리 죄를 대신 구속하신 예수 그리스도를 통해서만 가능합니다(5:18-20). 이 요한의 편지에서 만날 수 있는 예수님은 세상의 빛, 생명, 사랑과 진리이십니다.

2) 요한이서 1장 / 거짓 교사들과 교제하지 말라

당시 초대교회에는 영지주의자들의 가르침이 유행하여 그리스도인들을 넘어지게 하고 있었습니다(7절). 그들은 예수님의 신성에 대해서 너무 강조한 나머지 육체로 오신 예수님을 무시해 버리는 자들인데, 요한이서는 바로 이런 거짓 가르침으로부터 자신을 지켜야 한다고 당부합니다. 거짓 가르침을 믿는 사람들은 '하나님 없는' 공허한 생활을 합니다. 이들은 하나님께 속한 자들이 아닙니다. 요한은 그들이 이미 배운 바 있는 그리스도의 가르침을 배척하는 어느 누구도 자기 집으로 받아들이지 말도록 경고합니다(10절). 요한은 그리스도인이 마땅히 형제를 사랑해야 한다는 말씀과 함께 바른 진리를 따르지 않고 예수 그리스도를 부인하는 이들에게는 단호하게 대처하라고 합니다.

◎ 성경의 기자를 장로로 기록한 책
* 요이, 요삼
* 벧전 5:1

3) 요한삼서 1장 / 참된 교사들과 교제하라

당시 복음 전도자들은 많은 어려움을 겪어야 했습니다. 특히 오늘날처럼 숙박시설이 발달되지 않았을 때이니 여행 중에 먹고 자는 문제가 어려웠습니다. 그런데 가이오라는 분은 자신의 집을 개방해서 전도인들이 오고 갈 때 초대하여 잘 먹이고 잘 재우고, 여비도 보태 주고 했습니다. 이에 가이오 집에 머문 경험이 있는 사람들이 자신들의 교회에 가서 그분 칭찬을 했습니다. 그 이야기를 듣고 사도 요한은 가이오 장로에게 축복의 메시지와 함께 보고픔의 열망이 가득한 편지를 씁니다. "사랑하는 자여 네 영혼이 잘됨 같이 네가 범사에 잘되고 강건하기를 내가 간구하노라"(2절). "내가 네게 쓸 것이 많으나 먹과 붓으로 쓰기를 원하지 아니하고 속히 보기를 바라노니"(13-14절). 한편, 사도 요한은 교만하며 주의 사역자들을 배척해 온 디오드레베의 악한 행실에 대해서는 지적하고(9-10절), 주의 충성된 사역자인 데메드리오에게는 칭찬을 아끼지 않습니다(12절).

◎ 가이오 장로
가이오 장로는 성도들을 섬기는 일에 열심인 사람이었다. "그들을 전송하면 좋으리로다"(6절)란 표현은 바로 선교사들의 수고를 돕는다는 의미이다. 이 같은 도움이란 손님들이 머물러 있는 동안이나 떠날 때 필요한 것들, 즉 음식, 돈, 동역자 알선, 여행 수단 등을 충분히 공급해 주는 것을 의미한다.

3. 삶의 적용

1) 하나님을 모르는 많은 사람들이 우리의 모습을 통해 세상의 빛이신 하나님을 발견할 수 있습니까? 각자의 삶을 나눠 봅시다.

2) 오늘 우리의 가정은 주님의 형제들과 이웃들을 향해서 활짝 열린 장소입니까? 아니면 어느 특정한 사람에게만 열린 소극적이고 폐쇄된 장소입니까?

Day 33

일곱 교회 (계 1-3장)

1. 들어가는 글

요한계시록은 그리스도교에 대한 로마의 박해가 공공연해질 때에 기록되었습니다. 로마 황제인 도미티안 황제(11대, AD 81-96)의 통치 때에 그리스도인에 대한 핍박이 크게 성행했는데, 죽은 황제들을 숭배하는 것은 예전에도 있었지만, 황제 본인이 살아 있을 때 자신을 섬기도록 명령한 황제는 도미티안 황제가 처음이었습니다. 이로 인해 로마 제국과 그리스도인들 간에 큰 대립이 형성되었는데, 무엇보다 황제 숭배가 널리 행해지던 아시아 지역에서 더 심했습니다. 이러한 정황을 살펴볼 때, 요한계시록은 요한이 당시 정치범들이 유배되어 강제 노동에 혹사당했던 곳인 에게해의 밧모섬에서 AD 95-96년경에 기록했을 가능성이 높습니다. 요한은 로마 제국의 아시아 지역에 있던 일곱 교회를 향하여, 심각한 박해로 고난당하며 배교의 유혹을 받고 있는 당시 성도들을 위로하고 고난을 이겨낸 후에 있을 영광스러운 미래를 보여줌으로써 용기를 갖게 하기 위하여 이 예언의 말씀을 전하고 있습니다. 이 일곱 교회들에 대한 교훈은 에베소 교회부터 시작하여 시계 방향으로 돌다가 마지막 차례인 라오디게아 교회에 대한 이야기로 마무리됩니다.

◎ 함께 정독하기
계 1-3장

◎ 암송구절
계 3:20

2. 본문 여행

1) 요한계시록 1:1-3 / 읽고, 듣고, 지키는 사람에게 복이 되는 책

예수님의 승천 이후 초기 그리스도교는 벼랑 끝에서 생존을 염려해야 할 만큼 기득권 세력들과 로마 제국으로부터 핍박을 받아야 했습니다. 그런 가운데 많은 이들이 핍박의 제물이 되어 순교의 피를 흘렸고, 어떤 이들은 도망자로서의 삶을 살거나, 어떤 이들은 요한처럼 붙잡혀 유배되기도 했습니다. 이처럼 혹독한 고난의 시기를 지나고 있던 이들에게 미래의 소망을 이야기한다는 것은 어찌 보면 부질없는 일일 수도 있었지만, 고난의 폭풍이 지나간 후 찾아올 영광은 죽음의 겨울을 이겨낼 인내의 근거가 되기에 충분했습니다.

◎ 해석 방법의 다양성
1) 과거적 해석
- 계 21, 22장을 제외하고는(AD 100년까지) 이미 다 이루어진 사건으로 봄.
2) 역사적 해석(교회사)
- 모든 사건들이 그리스도의 초림부터 재

림까지의 연대 순서 대로 기록되었다고 봄.
3) 영적 해석
- 모든 사건들이 문자적 시현이 아닌 하나님의 뜻을 제시한 책으로 봄.
4) 미래적 해석
- 계 1-3장은 AD 100년까지 이루어졌고, 4-22장은 장차 이루어질 사건으로 봄.

* 여기서 필자는 과거(already)와 미래(yet), 그리고 영적인 해석들을 모두 보완하여 채택하였다.

"이 예언의 말씀을 읽는 자와 듣는 자와 그 가운데에 기록한 것을 지키는 자는 복이 있나니 때가 가까움이라"(1:3). 요한계시록은 단순히 미래의 역사적 시나리오를 미리 예고하는 것이 아니라, 종말적 하나님 나라의 도래를 선포합니다. 이 말씀을 읽는 자, 듣는 자, 지키는 자가 복되다 하십니다. 여기서 말씀을 듣고 지키는 것은 서로 분리되는 것이 아니라 하나의 행동이기 때문에 단순히 듣는 데 그치지 말고 들은 것을 지키는 순종을 요청합니다. 따라서 요한계시록은 어렵다는 편견을 버리고, 먼저 자주 읽고, 그리고 듣고, 나아가서 들은 것을 지키기 위해 이 책을 자주 펼쳐야 합니다.

2) 요한계시록 1:4–3장 / 일곱 교회에 보내는 편지

요한은 교회들이 앞에 놓인 고난을 잘 이겨내기를 원합니다. 그래서 교회의 모습을 여러 모양으로 그려내고 있습니다. 칭찬받는 교회와 책망받는 교회의 모습을 통해서 모든 교회들이 칭찬받도록 권면하기 위해서입니다. 아시아에 있는 일곱 교회는 일차적으로는 당시 소아시아에 있는 역사적으로 존재하는 교회들을 의미하는 것이지만, 동시에 이 세상에 존재하는 모든 교회를 포함합니다. 각 교회들이 가지고 있던 특징은 그 시대에 두루 퍼져 있던 신앙 양상의 대표적인 모습들이었습니다.

◎ '이기는' 7교회에 대한 약속
1) 에베소(칭찬+책망)
- 생명나무 열매
2) 서머나(칭찬만)
- 생명의 관
- 둘째 사망 피함.
3) 버가모(칭찬+책망)
- 감추었던 만나와 흰 돌, 새 이름
4) 두아디라(칭찬+책망)
- 만국 통치권
- 새벽별
5) 사데(칭찬+책망)
- 흰옷 입고 주와 동행
- 생명책에 기록

먼저, 정통을 고수하고 선행을 베풀며 인내하고 악에 대하여 배격하는 등의 주를 위해 모범적이지만 '구원의 처음 사랑이 식어 버린' 에베소 교회(2:1–7), 둘째, 가난하지만 물질에 초연하고 헌신과 충성을 다하는 영적으로 부요한 교회로서 환난과 궁핍을 견뎌내며 더욱더 '죽도록 충성할 것이 요구되는' 서머나 교회(2:8–11), 셋째, 죽임을 당하는 가운데서도 믿음을 지켰지만 거짓 선지자 발람과 니골라당의 교훈에 빠져 '세상과 결탁하며 우상을 섬기는' 버가모 교회(2:12–17), 넷째, 사랑과 믿음과 신령한 봉사는 있었지만 거짓 선지자 이세벨에게 미혹되어 우상숭배와 부도덕을 허용하여 '진리에서 떠나 버린' 두아디라 교회(2:18–29), 다섯째, 몇 사람이 영적 순결을 지켜 살아 있기는 하지만 극도의 형식주의와 영적인 무기력에 빠져 실상은 '믿음의 행위가 죽어 있는' 사데 교회(3:1–6), 여섯째, 연약하지만 '작은 능력으로도 말씀을 지키며 충성한' 빌라델비아 교회(3:7–13), 일곱째, 세태를 좇아 인기를 누리며 물질적 부를 누리지만 교만하고 영적으로 가난하며 영적 소경이 되어 '차지도 덥지도 않은' 라오디게아 교회(3:14–22)가 그것입니다.

어찌 보면 이 일곱 교회의 모습은 하나님께서 인생들을 지으시고 피조물을 다스리기로 결심하신 때부터 있어 왔던 양상들이라고 말할 수도 있습니다. 이 일곱 가지 양상에 들지 않는 교회와 인생을 과연 어디에서 찾아볼 수 있을까요? 그러나 주님께서 이렇게 여러 가지 신앙의 모습을 들추어내시는 것은 단순히 책망하고 질책하여 징계를 내리기 위한 것만은 아닙니다. 도리어 지금까지 보여주었던 모습에서 돌이켜 함께 고난을 극복하며 승리하는 데 그 목적이 있습니다. 이는 곧 그리스도인과 교회의 승리의 찬가입니다.

6) 빌라델비아(칭찬만)
- 하나님 성전 기둥
7) 라오디게아(책망만)
- 주와 친밀한 교제
- 주의 보좌에 앉음.

3. 삶의 적용

1) 요한계시록의 교회의 모습은 오늘 현대 교회와 성도들의 모습입니다. 첫사랑을 잃어버리고, 거짓 교훈을 쫓아다니고, 우상숭배와 부도덕함이 드러나며, 형식주의로 영적 무기력에 빠져 미지근한 상태에 있습니다. 오늘 우리 공동체와 나의 모습은 어떠합니까?

2) 칭찬을 받았던 서머나교회는 가난하지만 물질에 초연하며 영적으로 부요를 누렸고, 빌라델비아 교회는 작은 능력을 가지고도 말씀을 붙들고 순종하였습니다. 내가 생각하는 아름다운 교회의 이상형을 그려 보고 서로 나누어 봅시다.

Day 34

일곱 인 & 일곱 나팔 재앙 (계 4-11장)

1. 들어가는 글

◎ 함께 정독하기
계 4-7, 11장

◎ 암송구절
계 4:11

요한계시록에 이해하기 어려운 환상이 많은 것은 기록 당시의 시대적 상황과 깊은 연관이 있습니다. 이 책은 극심한 박해를 받고 있는 성도들에게 결국 로마가 멸망하여 신앙의 자유가 올 것이라는 소망을 전하는 내용이었기에 로마인들이 읽어도 이해할 수 없도록 어려운 비유를 사용하였습니다. 오직 당시 신앙인들만이 이해할 수 있는 표현들이었습니다. 그러므로 요한계시록의 내용을 이단들처럼 문자적으로나 주관적으로 다 해석하려 해서는 성경의 숲을 놓쳐 버리기 쉽습니다. 언제까지나 온 세상을 다스릴 것만 같은 로마 제국도 결국 하나님의 나라가 임할 때 멸망하고 말았습니다. 여기서 일곱 인을 떼어 나가는 과정(6장, 8:1-5), 일곱 나팔을 불어 나가는 과정(8:6-9장)은 이 세상 역사의 흐름에 관한 이야기라고 할 수 있습니다.

2. 본문 여행

1) 요한계시록 4-5장 / 하늘 성전의 환상

◎ 24장로
(모든 교회를 대표)
1) 구약의 12지파로 대표되는 구약 백성
2) 신약의 12지파로 대표되는 신약 백성

◎ 4생물
(사람, 사자, 소, 독수리 / 모든 피조물을 대표)
1) 에스겔(1:5)
2) 요한계시록(4:6)

요한계시록 4장은 5장과 함께 하늘 성전의 환상을 보여주는 내용으로 이 두 장은 서로 하나의 짝을 이룹니다. 4장은 창조주 하나님께 초점이 맞추어져 있고, 5장은 구속주 어린 양 예수님께 그 초점을 맞춥니다. 먼저 4장은 온 우주를 통치하시는 하늘에 계신 하나님을 만나게 됩니다. 하늘과 땅의 모든 피조물(4생물)과 교회들(24장로)이 만물의 창조주이시며 보존자이신 하나님께 영원히 찬양하고 경배하게 될 것입니다. 또한 현재도 보좌에 앉으셔서 역사를 주관하시는 하나님께서 최종적 심판 역시 모든 만물과 교회들을 통하여 이루실 것임을 분명히 계시하십니다. 다음으로 5장에서는 하나님의 계시가 지니는 완전성과 비밀성을 상징하는 일곱 인으로 봉하여진 두루마리 책을 펼칠 수 있는 유일한 존재로 어린 양 예수 그리스도가 묘사됩니다. 그는 장차 있을 하나님의 심판을 실질적으로 주관하게 되는 하나님과 동등한 권세를 지니고 있는 찬양받기에 합당하신 분입니다. 바로 이 예수 그리스도를 통해 하나님의 구속사가 최종적으로 완결될 것입니다.

2) 요한계시록 6, 8-9장 / 일곱 인과 일곱(6) 일곱 나팔 재앙

5장에서 죽임을 당하신 어린 양이 책의 인을 떼기에 합당하신 분으로 소개되고, 6장에서는 그 어린 양이 책의 인을 떼는 장면을 소개합니다. 곧 6장의 일곱 인 심판은 어린 양의 십자가 죽음으로 말미암아 도래한 종말의 정황을 심판의 주제를 통해 설명하고 있습니다. 특히 첫째 봉인에서부터 넷째 봉인을 뗄 때까지 나타난 네 마리의 말은 인간들의 죄악과 반역에 대한 '하나님의 심판 도구(전령)'를 상징합니다(슥 6:1-8). 하지만 넷째 인의 청황색 말을 탄 자에게 땅의 4분의 1만을 마음대로 할 수 있도록 허락된 것은 전면적인 심판이 아닌 제한적인 심판이 행해짐을 의미합니다. 따라서 이때에는 사람들이 회개하고 그리스도께 돌아올 수 있는 기회가 아직도 주어지고 있는 셈입니다. 이는 곧 심판의 모습은 죄에 대한 하나님의 점진적 진노를 보여줄 뿐 아니라, 최후의 심판을 행하시기 전에 다시 한 번 회개의 기회를 허락하시는 하나님의 사랑 또한 보여줍니다.

◎ 일곱 인 재앙
1) 흰 말을 탄 자 (하나님 심판을 알림)
2) 붉은 말을 탄 자 (전쟁을 통한 평화 제거)
3) 검은 말을 탄 자 (흉년과 기근)
4) 청황색 말을 탄 자 (전쟁과 기근의 반복)
5) 죽임을 당한 영혼들의 소리(순교자들 호소)
6) 천체의 변화로 인한 혼란(대규모 자연재해)
7) 하늘이 반시 동안 고요해짐(7나팔 재앙 준비)

그리고 8장에서 마지막 일곱째 봉인을 어린 양이 떼심으로써 일곱 나팔의 재앙이 시작됩니다. 그런데 이와 같은 일곱 나팔의 재앙은 하나님께 상달되는 모든 성도들의 기도와 밀접한 연관을 지니고 있는 것으로, 환난 중에 부르짖는 성도들의 간절한 기도에 대한 응답으로 주어지는 하나님의 공의로운 진노와 심판이 바로 일곱 나팔 재앙인 것입니다. 이러한 나팔 재앙의 심판 중에서도 각 대상의 3분의 1에만 심판이 가해지는 부분적인 심판이라는 점에서 앞서 언급된 일곱 인 심판처럼 하나님은 진노 중에라도 회개의 기회를 주고 계심을 보여줍니다.

◎ 일곱 나팔 재앙
1) 피 섞인 우박과 불
2) 바다의 3분의 1이 피로 변함.
3) 물의 3분의 1이 쓴 쑥으로 변함.
4) 낮과 밤의 3분의 1이 어두워짐.
5) 황충이 무저갱에서 나와 사람들을 괴롭힘.
6) 불, 연기, 유황으로 사람 3분의 1이 사망, 네 천사가 풀려남.
7) 주의 진노와 죽은 자들의 심판이 임함.

3) 요한계시록 7, 10-11장 / 144,000명과 두 증인

7장의 내용은 일곱 봉인을 차례대로 떼어 나가는 도중, 여섯째 봉인을 떼고 일곱째 봉인(8:1)을 떼기 전에 6:17에서 언급된 질문("진노의 큰 날이 이르렀으니 누가 능히 서리요")에 대한 대답으로 삽입되었습니다. 따라서 본 장에서는 6:12-17에서 볼 수 있는 심판의 진노 아래 처한 자들의 비참한 모습과는 대조적인, 선택과 구원의 은혜 아래에 있는 자들의 아름다운 모습이 묘사되고 있습니다. 여기서 '144,000명'(7:1-8)과 '흰옷을 입은 큰 무리'(17:9-17)는 어느 특정한 부류나 단체와 집단을 가리키지 않습니다. 오히려 구약시대와 신약시대의 '구원받은 모든 성도들' 혹은 이스라엘과 이방인들 중

에서 택함을 받은 모든 믿는 자들의 '교회 공동체'라고 보는 것이 더욱 타당할 것입니다.

◎ 두루마리의 전달
* 하나님 - 어린 양(예수 그리스도) - 힘센 천사 - 사도 요한

◎ 두 증인(11장)
[모세(율법)와 엘리야(선지자)의 기능을 가진 교회 공동체)]
1) 두 감람나무(스룹바벨, 여호수아)
2) 두 촛대(교회 공동체)
3) 두 선지자(교회 공동체)

10-11장의 내용도 7장의 내용처럼 재앙들을 언급한 후 잠시 다른 내용이 삽입되어 있습니다. 특히 10장에서는 5장에서 인봉되었던 두루마리가 열려 있고, 그 두루마리는 힘센 천사에 의해서 사도 요한에게 전해집니다. 사도 요한은 그것을 먹고 입에서는 달지만 배에서는 쓴 것을 경험하는데, 이것은 사도 요한의 앞으로의 예언 내용이 엄청난 심판과 재앙을 선포하게 될 것임을 암시하고 있습니다. 한편, 11장에서 요한은 '지팡이 같은 갈대'로 성전을 측량하도록 지시받고 있는데, 성전 밖 마당은 측량에서 제외됩니다. 결국 이러한 사실은 하나님께서 진노의 심판 속에서도 참된 교회와 성도들은 안전하게 보호하시지만, 다른 한쪽은 그 보호에서 제외될 것임을 보여줍니다. 여기서 짐승에 의해 죽임을 당했다가 '삼 일 반' 후에 부활하여 승천하게 되는 '두 증인'의 모습은 말세의 교회와 성도가 처하게 될 상황에 대한 상징적인 표현입니다. 이들 두 증인은 세상 사람들의 죄악을 지적하고 다가올 심판을 예언함으로써 세상의 미움을 받고 죽임당합니다. 하지만 하나님의 생기가 들어가 다시 살아나고 구름을 타고 하늘로 올라가는 영광을 누리게 됩니다.

3. 삶의 적용

1) 우리의 찬양과 경배의 대상은 하나님과 예수 그리스도이십니다. 혹시 우리의 찬양과 예배, 그리고 말씀 묵상이나 선포 가운데 예수님을 높이는 일에 있어서 소홀하지는 않은지 나눠 봅시다.

2) 하나님은 진노 중에도 어느 정도까지는 회개의 기회를 주십니다. 혹시 나와 우리 공동체(가정, 교회, 직장, 국가 등)에 회개해야 할 내용은 무엇인지 나눠 보고 함께 합심하여 회개하는 시간을 가집시다.

Day 35 악의 정체 & 마지막 호소 (계 12–14장)

1. 들어가는 글

로마 제국의 도미티안 황제(AD 81–96) 당시에는 로마인들이 그리스도인과 유대인을 구분하지 않았습니다. 둘 다 유일신 하나님을 섬기는 같은 집단으로 생각했습니다. 그리스도인과 유대인 둘 다 하나님 한 분 외에는 어느 누구에게도 경배를 할 수 없었기에, 그들은 모두 도미티안 치하에서 고난을 당하고 황제 숭배를 강요당했으며 순교당해야 했습니다. 아마도 이 박해는 네로 때와는 달리 공공연히 시행되었고, 그 진행은 로마 시를 넘어 로마 제국의 여러 지역으로 퍼져 나갔습니다. 이러한 상황에서 믿음을 지켜 나간다는 것이 때론 죽음을 각오해야 할 만큼 매우 힘들었습니다. 그리스도인들에게 로마 제국의 박해는 견디기 어려운 것이었습니다. 그러나 하나님께서는 시시때때로 위로와 격려를 주셨습니다. 악의 세력은 반드시 심판받을 것이지만, 믿음을 지키는 이들은 하나님께서 끝까지 보호하실 것입니다.

◎ 함께 정독하기
계 12–14장

◎ 암송구절
계 14:12

2. 본문 여행

1) 요한계시록 12장 / 사탄의 정체(여자와 용)

12장에서 '여인의 후손'으로 성육신하신 예수 그리스도가 탄생하는 순간에 큰 붉은 용(사탄)은 아이(예수님)를 잡아먹으려고 합니다(4절). 예수님의 탄생 순간이 마냥 평화로운 축제 분위기가 아니었으며, 그 이면에는 치열한 영적 전투가 있었음을 암시합니다. 용(사탄)과 그의 세력들은 예수님을 십자가에 못 박아 죽였습니다. 그러나 예수님의 부활(5절)로 인하여 결정적 타격을 입었던 용은 더 이상 하늘에서(참소하던 죄의 권세의 자리) 있을 곳을 얻지 못하여 이 세상으로 쫓겨납니다(8–10절). 그리고 용은 자기의 때가 얼마 남지 않았음을 알고, 교회를 상징하는 '남자를 낳은 여자와 여자의 남은 자손'을 핍박하려고 준비합니다(13–17절). 이는 어둠의 세력과 교회 사이에 전개되는 영적 싸움이 실상은 사탄과 예수 그리스도 사이에 전개된 싸움의 연장전이라는 것을 드러냅니다. 아울러 비록 교회와 성도들이 사탄과 그의

◎ 해를 입은 여자 & 큰 붉은 용
1) 해를 입은 여자 (구약의 이스라엘, 남은 자, 신약의 교회) – 발 아래에는 달이 있고, 미리에는 12별의 면류관, 아이를 배어 해산.

2) 큰 붉은 용(사탄) – 미리 7, 뿔 10, 7 면류관, 해산하려

는 여자 앞에서 아이(예수 or 교회)를 삼키려 함.

세력들의 공격으로 상당한 타격을 입겠지만, 예수 그리스도의 부활 승리처럼 교회와 성도들은 마침내 궁극적인 승리를 보장받게 될 것이라는 소망을 암시합니다.

◎ 첫째 & 둘째 짐승
1) 첫째 짐승 - 바다에서 나옴. 뿔 10, 머리 7, 뿔에 10 면류관, 용이 권세를 줌.
2) 둘째 짐승 - 땅에서 올라옴. 뿔 2, 용처럼 말함.

2) 요한계시록 13장 / 짐승의 정체

이 장에서는 12장에서 등장한 바 있는 '붉은 용(사탄)'으로부터 큰 권세를 얻은 두 짐승이 교회와 성도들을 핍박하는 모습이 언급됩니다. 먼저, 첫째 짐승, 즉 바다에서 나온 짐승은 다니엘 7장 3-8절에 언급되는 네 짐승(사자, 곰, 표범, 열 뿔 달린 짐승)의 모습을 종합한 것으로, 표면적으로는 당시의 '로마 제국(로마 황제)'을 상징하며, 실질적으로는 오늘날 교회의 외부에서 교회와 성도들을 박해하는 '세상권력(적그리스도)'을 상징합니다(1-10절). 다음으로, 둘째 짐승, 즉 땅에서 올라온 짐승은 표면적으로는 당시에 로마 황제 숭배를 촉진하던 '이교 제사장'을 암시하며, 실질적으로는 교회 내부에서 성도를 타락시키고 미혹시키는 '거짓 선지자'를 상징합니다. 이 둘째 짐승은 사람들로 하여금 이미 앞에서 언급된 첫째 짐승을 경배하도록 짐승의 수(666)를 만듭니다(18절). 이것은 세속 정권과 권력에 야합하는 거짓 선지자나 종교 지도자들의 잘못된 가르침이나 교리로 말미암아, 교회와 성도들이 앞으로 세상권력(적그리스도) 앞에서 직면하게 되는 위험이나 그와 관련된 상황을 암시합니다.

◎ 세 천사의 외침
1) 회개 촉구
2) 우상숭배의 파멸
3) 짐승에게 경배하고 그 표를 받게 될 자들에 대한 경고

◎ 1,600스다디온
: 온 세상에 대한 완전한 심판
(4×4×10×10)

3) 요한계시록 14장 / 세상을 향한 마지막 호소(마지막 추수)

앞장(13장)에서 언급된 교회와 성도들이 당하는 핍박이 결코 헛되지 않을 것이라고 이 장에서는 기록하고 있습니다. 특히 사탄의 하수인에게 끝까지 굴복하지 않고 믿음의 정절을 지킨 '144,000명'(교회 공동체 or 구원받은 모든 성도들)의 성도들은 이마에 '어린 양의 이름'이 쓰여 있으며, 어린 양과 함께 시온 산에서 구원의 새 노래를 부릅니다(1-5절). 이어서 인류를 향한 세 천사들의 외침이 소개되는데(6-13절), 여기에는 이 땅에서 세상이 주는 달콤한 유혹(탐욕)에 넘어가 우상을 숭배하게 되는 자들에 대한 회개와 돌이킴의 메시지가 포함되어 있습니다. 그 후 그리스도가 최후 심판을 행하게 되는데, '땅의 곡식(구원받은 자들)'과 '땅의 포도송이(악인들)'에 대한 상징은 마지막 추수하는 날이 되면 성도들과 불신자들은 엄격히 구별되어 미리 준비된 상급과 형벌의 자리로 나아가게 된다는 것을 보여줍니다.

3. 삶의 적용

1) 우리는 매일 영적 전투 현장 가운데 살고 있습니다. 요즘 여러분을 유혹하는 '검은 손'은 없습니까? 검은 유혹 앞에서 어떤 신앙 자세를 취하고 있습니까?

2) 때로 신앙을 지키기 힘들 정도로 집요한 신앙의 박해를 받아 본 적이 있습니까? 그 박해를 어떻게 극복하였는지 경험을 나눠 봅시다.

Day 36

일곱 대접 재앙 (계 15-16장)

◎ 함께 정독하기
계 15-16장

◎ 암송구절
계 16:15

1. 들어가는 글

요한계시록 15장과 16장은 마지막 재앙인 일곱 대접의 재앙에 대하여 언급합니다. 특히 15장은 요한계시록 전체에서 가장 짧은 장으로, 앞으로 올 일곱 대접에 관한 준비의 장입니다. 이렇게 유달리 일곱 대접 재앙에 대한 준비를 보이는 것은 이 일곱 대접 재앙이 요한에게 있어 중대한 의미를 지닌, 클라이맥스를 이루는 재앙이기 때문입니다. 이 재앙은 전 우주를 대상으로 하는 하나님의 진노로 충만한 심판입니다. 이러한 심판 이야기는 이 시대를 깊이 이해하도록 돕습니다. 그리고 이 심판은 짐승의 표를 받은 자들을 향하고, 그 심판의 목적은 하나님의 성도들과 선지자들의 피를 흘린 자들에게 하나님의 공의를 행하기 위함입니다. 죄가 심각한 만큼, 그리고 하나님의 공의가 확고한 만큼 하나님의 진노는 하늘을 찌르고 땅을 흔듭니다.

2. 본문 여행

◎ 일곱 대접 재앙
1) (땅) 짐승의 표를 받은 자와 우상숭배자에게 악한 종기가 나타남.
2) (바다) 바다 속의 모든 생물이 죽음.
3) (강, 물) 강과 물이 피가 됨.
4) (해) 해가 권세를 받아 불로 사람을 태움.
5) (짐승의 보좌) 나라가 흑암에 싸이고, 아파서 혀를 깨물고 종기로 고통

1) 요한계시록 15장 / 구원받은 성도들의 노래

본문은 일곱 대접의 재앙이 임하기 전의 준비단계를 묘사하고 있는데, 하나님의 마지막 진노의 재앙을 이행할 일곱 천사의 모습을 설명하기에 앞서(5-8절), 하나님을 찬양하는 성도들의 아름다운 모습이 언급됩니다(1-4절). 여기서 성도들은 짐승의 표를 받지 아니하고 환난을 통과하여 이미 14장 1-5절에서 어린 양과 함께 시온 산에 서서 새 노래로 찬양을 드리던 144,000명과 동일한 자들입니다. 특히 본문에서 그들이 찬양하는 내용은 모세의 인도에 따라 애굽에서 구원받은 이스라엘 백성들이 홍해가 갈라지는 이적을 체험하고 불렀던 노래(출 15:1-8)에 근거하고 있습니다.

그 후에 일곱 대접의 재앙을 시행할 천사들에게 하나님의 진노를 가득 담은 금대접 일곱 개가 주어지고, 성전이 하나님의 영광과 능력으로 인한 연기로 가득 차게 됩니다. 그런데 여기서 일곱 재앙이 끝나기 전에는 아무도 성전에 들어갈 수 없게 된 것은, 하나님의 마지막 진노가 너무 철저하여

그 누구도 막을 수 없음을 보여줍니다.

6) (유브라데 강) 아마겟돈 전쟁을 준비하는 용(사탄), 짐승(적그리스도), 거짓 선지자(종교세력)

7) (공기) 큰 지진, 번개, 음성들, 우레, 진노의 포도주 잔, 큰 우박

2) 요한계시록 16장 / 일곱 대접과 일곱 재앙

하나님께로부터 진노가 가득 담긴 금대접 일곱 개를 받은(15:7) 천사들이 드디어 차례대로 일곱 개의 대접을 쏟음으로써 엄청난 재앙이 임하게 됩니다. 이와 같은 일곱 대접의 재앙은 이미 앞에서 언급된 일곱 나팔의 재앙(계 8:6–9:21)이나 모세의 손을 통해 애굽에 행해진 10가지 재앙(출 7:20–12:30)과 여러 가지 면에서 유사합니다. 그러나 재앙의 강도가 돌이킬 수 없을 정도로 심각하고, 그 범위가 우주적이라는 면에서 상이점을 발견할 수 있습니다. 사실, 일곱 인이나 일곱 나팔의 재앙은 각 대상의 4분의 1이나 3분의 1에만 심판이 가해지는 부분적인 심판이어서 회개의 기회가 주어집니다. 그러나 1–9절의 네 개의 대접 재앙은 자연계 전체(땅, 바다, 강과 물 근원, 해 등)에 가해지고, 10–20절의 세 개의 대접 재앙은 짐승의 보좌와 유브라데 강, 그리고 공중을 향하여 가해지는 우주적 심판입니다. 그래서 회개의 기회를 찾기도 힘들 뿐더러 실제로 이처럼 강하고 큰 재앙을 겪으면서도 악한 자들은 결코 회개하기를 거절할 뿐 아니라 도리어 하나님을 끝까지 대적하는 모습을 보이고 있습니다(9, 11 ,21절).

◎ 동방에서 오는 왕들(16:12)

* 인류의 마지막 전쟁을 치르기 위해 동쪽으로부터 오는 왕들

한편, 다섯 번째와 일곱 번째 대접 재앙의 내용은 악의 세력의 핵심부를 심판의 대상으로 삼는 것이 공통점입니다. 다섯 번째 심판의 '짐승의 보좌'는 우상숭배와 세상 권력의 중심지를 의미하며, 여섯째와 일곱째 대접 재앙과 관련해서는 인류 최후의 대전쟁인 '아마겟돈 전쟁'이 언급됩니다. 이 아마겟돈은 '므깃도의 산'이란 뜻으로 드보라와 바락이 가나안 왕(시스라)을 죽인 사건 이후에(삿 5:19) 구약성경에만 약 200회 이상 전쟁이 일어난 실제적인 곳으로 기록되어 있습니다. 본문에서는 하나님께서 악의 세력들을 한꺼번에 멸망시키실 마지막 전쟁의 장소로 상징되고 있습니다. 바로 이 아마겟돈 전쟁을 통해서 하나님과 사탄의 세력 사이에는 완전한 승리와 영원한 패배가 가름됩니다.

3. 삶의 적용

1) 그리스도인은 준엄한 심판의 메시지를 기억하고 하루하루를 하나님에 대한 경외감을 갖고 깨어 있어야 하며, 아직도 예수님을 알지 못하는 자들에게 속히 증거할 책임을 갖고 있습니다. 오늘 내가 증거해야 할 대상은 누구입니까?

2) 나는 이 세상의 화려함을 보고 있습니까, 아니면 그 속에 내재된 심판의 신음을 듣고 있습니까? 겉으로 드러난 세상의 화려한 모습을 보면서 비교의식에 빠져 조급해하거나 억울해하지 말고, 오히려 하나님의 공의의 심판이 가까이 오고 있음을 기억하며, 긍휼한 마음으로 악한 세상과 대상자들을 위하여 기도합시다.

Day 37 악의 세력의 멸망 (계 17-20장)

1. 들어가는 글

음녀 바벨론, 곧 당시의 음란한 로마 도시는 많은 나라들과 함께 하나님과 하나님의 백성을 대적하고 우상숭배를 조장합니다. 이러한 세상에 속한 악의 세력은 자신들의 모든 힘을 모아 하나님을 대적하고, 하나님의 백성을 핍박하여 성도들의 피를 흘리게 하는 존재로 묘사됩니다. 그 바벨론의 위상은 무시하지 못할 정도로 크고 위대합니다. 그래서 모든 나라와 사람들이 그를 따라 성도들을 핍박하는 일에 가담합니다. 그러나 그들은 마침내 심판을 앞두고 있습니다. 그 위대하고 강력했던 세력도, 결국 하나님의 심판 앞에 서게 될 날이 옵니다. 음녀 바벨론(로마 도시 / 세상 정부)과 짐승(로마 황제 / 적그리스도)은 어린 양과의 싸움에서 멸망하고, 악의 자기 파멸적 성격 때문에 멸망합니다. 짐승이 음녀 바벨론을 불에 태워 죽이는 것은 바로 이러한 성격을 보여줍니다. 궁극적으로 이 모든 과정에서 빛을 발하는 것은 하나님의 주권이고, 하나님은 대적들을 심판하심으로 당신의 백성들의 억울함을 갚아 주실 것입니다. 그리고 그때에 재림하시는 예수님은 우리를 신부로 맞이해 주실 것입니다.

◎ 함께 정독하기
계 17-20장

◎ 암송구절
계 19:8

2. 본문 여행

1) 요한계시록 17장 / 큰 음녀의 환상

본 장의 내용은 바벨론을 상징하는 '큰 음녀'에 대한 환상(1-6절)과 그것에 대한 해석(7-18절)으로 구성되어 있습니다. 특히 여기서 '음녀 바벨론'은 역사상의 바벨론 제국을 가리키는 표현이라기보다는 당시에 사치와 음행으로 열국을 타락시킨 '로마 도시'를 가리키는 것으로, 실제적으로는 모든 우상숭배를 조장하는 '세상 정부'를 의미합니다. 그리고 큰 음녀 바벨론이 올라탄 '짐승'은 이미 13장 1절 이하에 언급된 바 있는 바다에서 나온 사탄의 하수인인 '로마 황제'(적그리스도)를 가리키는 표현입니다. 그런데 바로 이와 같은 '짐승'(로마 황제 / 적그리스도)의 권세를 힘입은 큰 음녀는 짐승과 한 몸이 되어 큰 힘을 발휘하지만, 결국 어린 양에 의해 패배하고 자기 파

◎ 상징언어의 의미
* 큰 음녀 = 바벨론 (로마 도시 / 세상 정부)

* 붉은 빛 짐승(17:3) (로마 황제 / 적그리스도)

* 열뿔(17:7) (적그리스도를 추종하는 많은 나라의 왕들, 즉 세상 권력)

* 첫째 부활(20:5) (성도의 중생 + 육적 부활)

* 둘째 사망(20:6) (불신자의 육적 부활 + 영벌)

* 곡과 마곡(20:8) (겔 38, 39장에서 언급된 것으로, 본문에서는 무저갱에서 잠시 풀려나온 사탄을 추종하는 악의 세력을 의미)

멸적 속성으로 자멸하여 심판의 길로 접어들게 됩니다(12-16절). 이 모든 일에 역사하시는 것은 하나님의 주권입니다.

2) 요한계시록 18장 / 큰 음녀 바벨론의 멸망

본 장(18장)은 전 장(17장)과 마찬가지로 바벨론에 대한 심판과 멸망을 자세히 묘사하고 있습니다. 즉 전 장에서는 큰 음녀 바벨론의 죄악과 그것을 심판하시려는 하나님의 계획이 언급되었고, 이제 본 장에서는 큰 음녀 바벨론의 심판과 멸망이 구체적으로 언급되고 있습니다. 바벨론으로 상징되는 '로마 도시', 즉 '세상 정부'는 자기 스스로를 영광스럽게 하여 가장 높은 자리에 올려놓았습니다. 이를 위해 그들은 상인들, 왕들과 결탁하여 사치스런 물품을 사들이고 사치스런 삶을 살아가는 데 혈안이 되어 있었습니다. 그러한 제국에 순식간에 완벽한 하나님의 심판이 임합니다. 결국 이와 같은 큰 음녀 바벨론의 심판과 멸망은 이 세상의 권력자들과 불신자들에게는 커다란 슬픔과 절망을 가져다주는 반면에, 선지자들과 사도들과 성도들에게는 큰 기쁨과 소망의 소식이 됩니다.

비록 사탄과 악의 세력들이 이 세상에서 막강한 권세를 휘두르면서 교회와 성도들을 핍박하고 순교의 자리로까지 몰고 가지만, 공의로우신 하나님의 심판은 결코 그들의 악행을 영원토록 용납하지 않고 반드시 보응하실 것입니다.

3) 요한계시록 19장 / 짐승의 멸망과 어린 양의 혼인잔치

◎ 유황 불못 (19:20)

* 영원한 심판과 형벌의 장소를 가리키는 곳으로, 일시적인 감금장소인 무저갱(20:1)과는 구별된다.

본 장 1-5절은 큰 음녀 바벨론의 멸망을 감사하는 찬송을 기록하고 있습니다. 이는 성도들이 당한 대환란을 종결짓는 찬양이기도 한데, 특히 본문에 나오는 이러한 감사의 찬송은 바벨론의 멸망을 슬퍼하는 자들이 불렀던 애가(18:9-19)와 대조적인 내용을 나타냅니다. 이어서 본 장 6-16절은 어린 양의 혼인잔치에 관한 것인데, 예수님께서도 혼인잔치의 비유를 통해서 자신의 재림을 여러 차례 교훈하신 바 있습니다. 결국 이러한 혼인잔치는 교회와 성도들이 모든 환난과 핍박을 통과하여 그리스도와 함께 영원한 구원과 영광의 축복을 누리는 상태로 들어가게 됨을 의미합니다. 그리고 예수님의 재림을 통하여 '짐승'(적그리스도)과 그를 따르는 '거짓 선지자'들은 산 채로 "유황 불못"에 던져지게 될 것입니다.

4) 요한계시록 20장 / 사탄의 멸망과 최후 심판

본 장에서는 짐승(적그리스도)과 거짓 선지자가 유황 불못에 산 채로 던져진 후에, 곧이어 사탄도 사로잡혀 무저갱에 천 년 동안 결박당하게 되는 장면을 보여줍니다. 그리고 바로 이 천 년의 기간 동안 성도들은 그리스도와 더불어 왕 노릇 하는 천년왕국 시대를 맞이하게 됩니다. 천 년이 지난 후에 다시 사탄은 잠시 무저갱에서 풀려나와서 악의 세력들을 규합하여 성도들을 포위할 것이지만, 하늘에서 내려온 불에 멸망당합니다. 그리하여 결국 사탄도 짐승과 거짓 선지자가 던져진 유황 불못에 던져짐으로써 악의 세력들은 영원히 멸망하고 말 것입니다. 그 후에 하나님께서 시행하시는 '백보좌 심판'이 이어집니다.

◎ 천년왕국설
1) 무천년설
(그리스도의 승천부터 재림 시까지의 전 기간을 천 년으로 생각)
2) 후천년설
(천년왕국 후에 그리스도의 재림이 온다는 견해)
3) 전천년설
(천년왕국 전에 그리스도의 재림이 온다는 견해)
- 역사적 전천년설 (7년 대환란, 휴거, 지상재림, 천년왕국)
- 세대론적 전천년설 (휴거, 공중재림, 7년 대환란, 지상재림, 천년왕국)

3. 삶의 적용

1) 나의 마음속에 그리스도를 대적하는 요소, 즉 하나님의 영광을 가리는 것들은 무엇이 있습니까?

___

2) 악이 비록 성하여도 결국엔 진리(하나님의 뜻)가 이긴다는 이치를 나의 생활에 적용시켜 봅시다.

___

Day 38

하늘 보좌와 최후 승리 (계 21 – 22장)

◎ 함께 정독하기
계 21-22장

◎ 암송구절
계 22:12

1. 들어가는 글

하나님이 요한계시록의 마지막 부분에서 보여주시는 새 하늘과 새 땅에 대한 예언은 이미 구약의 예언자들을 통해 주셨던 환상입니다(사 65:17-25). 이는 하나님의 오랜 약속이었으며, 하나님은 이 약속을 반드시 지키실 것입니다. 새 하늘과 새 땅을 지향하는 요한계시록의 마지막 이야기는 고난의 역사 속에서도 하나님의 약속과 희망을 지향한다는 성경 전체의 숲과 연결되어 있습니다. 살아 계신 하나님은 역사의 주관자시며 심판자이십니다. 하나님께서 사탄을 무저갱에 집어넣으시고 결박하시며 교회와 성도를 핍박하는 세상권력도 멸망케 하십니다. 이제 새 하늘과 새 땅의 아름다움이 눈부시게 빛납니다. 아름다운 도성이 보이고 있습니다. 하나님과 어린양의 보좌와 그 보좌에서 흘러나오는 생명수가 주는 풍요로움이 넘칩니다. 고난을 이기고 승리한 성도들은 이곳에서 하나님의 영광을 보며 하나님의 권세를 가지고 존귀한 삶을 살게 될 것입니다. 마지막으로 이 모든 것을 증거하신 이가 말씀하십니다. "내가 진실로 속히 오리라"(22:20a). 그리고 우리는 기쁨으로 이렇게 화답합니다. "아멘 주 예수여 오시옵소서(22:20b).

2. 본문 여행

1) 요한계시록 21장 / 새 하늘과 새 땅 & 새 예루살렘

◎ 에덴 동산(창)과 천국(계)의 비교
1) 에덴 동산
- 옛 하늘과 땅
- 생명나무와 강
- 아담과 하와
- 사탄의 유혹
- 저주의 선언
- 죽음의 시작
- 상실된 낙원
- 천사들이 출입을 막음.

사탄이 멸망당하고 악인들이 최후의 심판을 당한 후에 성도들은 이미 천년왕국 시대에 맛본 바 있는 하나님 나라의 영원한 통치 속으로 들어가게 됩니다. 죄악으로 오염된 이 세상과 구별하기 위해 '새 하늘과 새 땅'으로 표현되고 있는 이 완성된 하나님 나라의 특징은 하나님께서 친히 성도들과 함께 계시는 데 있습니다(3절). 이는 결국 아담의 범죄로 인해 내려졌던 인류에 대한 저주가(창 3:22-24) 완전히 소멸되었음을 의미하는 것이며, '옛 질서의 완전한 갱신'을 보여주는 것입니다. 지상은 이제 천상의 정황을 구현합니다. 새 창조를 통해 에덴의 회복이 완벽하게 이뤄진 것을 보여줍니다(1-4절). 그리고 이러한 모든 최종적 회복을 지휘하신 하나님께서 이것이 반드시 이뤄지는 신실하고 참된 말씀이 되게 하십니다(5절). 이긴 자들은 아담과 아브라함 때부터 약속된 새 창조를 유업으로 상속받을 것이며, 지는 자들은 불과 유황을 유업으로 받을 것입니다(7-8절).

그러한 새 창조의 축복된 정황 속에서 '새 예루살렘'이 하늘로부터 지상으로 내려옵니다. 상징을 통해 보여지는 '새 예루살렘'은 어린 양의 아내, 곧 그리스도의 신부인 교회를 의미합니다. 그리고 이 '새 예루살렘'의 핵심적인 특징은 이 거룩한 성이 하나님의 영광을 가지고 있고 그 자체가 하나님의 성전이라는 것입니다(9-11절). 종말에 교회 공동체는 하나님의 영광에 동참한 자들로 하나님의 거룩하심과 의로우심에 완벽히 부합하는 모습입니다. 성벽의 구조가 보여주는 모습 또한 '새 예루살렘'이 하나님의 온전한 백성으로 구성되어 있음을 드러내고 있으며, 열두 문의 존재를 통해 놀랍고 이상적인 하나님과의 완전한 교제로 들어갈 풍성한 기회가 있음을 증거합니다(12-24절). 이러한 완전한 하나님의 영광이 드리워진 '새 예루살렘'은 하나님의 임재와 하나님의 속성, 그리고 그분의 속성을 닮은 완전히 변화된 그분의 백성들로 충만한 곳이 됩니다.

2) 요한계시록 22장 / 새 에덴 동산과 결론

본문(22:1-5)은 에덴 동산에서 인간이 누렸던 것보다 훨씬 더 풍성한 영광의 삶이 새 하늘과 새 땅에 예비되어 있음을 묘사합니다. 특히 인간의 범죄와 에덴 동산에서의 추방이라는 저주를 낳았던 생명나무가 달마다 풍성한 열매를 맺게 됩니다. 이는 영원히 아름다운 삶을 성도들이 마음껏 누리게 될 것이라는 사실을 보여줍니다. 또한 그 낙원의 생명수가 어린 양인 예수 그리스도의 보좌로부터 흘러나옵니다. 이는 영원한 구원과 생명의 근원이 무엇인지를 더욱 분명히 보여준다 하겠습니다.

다음 본문(22:6-21)은 구약과 신약의 모든 성경에 대한 결론이자 기록된 하나님의 계시에 대한 종결 부분이라고 할 수 있습니다. 특히 사도 요한은 자신이 기록한 본서의 신실성(6절)과 완전성(18-19절)을 강조합니다. 동시에 그리스도의 재림의 임박성을 다시 한 번 밝힘으로써 성도들로 하여금 종말에 대한 대비를 철저히 하도록 깨우치고 있습니다. 한편 핍박과 고난, 재앙과 심판의 무시무시한 내용들로 계속되던 본서는 하나님께서 성도들

2) 천국
- 새 하늘과 새 땅
- 생명나무와 강
- 그리스도와 성도
- 사탄의 멸망
- 저주가 제거됨.
- 죽음이 제거됨.
- 회복된 낙원
- 천사들의 보호

◎ 주 예수여 오시옵소서(계 22:20)
이는 '주께서 임하시느니라'는 뜻의(고전 16:22) 아람어 '마라나타'를 헬라어로 번역한 것으로 초대교회 성도들이 널리 사용하던 인사말이자 기도였다. 그리스도인에게 있어서 주님의 재림이야말로 최대의 소망이다. 따라서 성도들은 그날이 가까울수록 서로 위로하고 격려해야 한다(히 10:24-25).

을 위해 예비해 두고 계시는 영원한 기쁨과 만족의 평안으로 마무리되고 있습니다. 이는 이 세상에서 성도들이 겪게 되는 환난과 슬픔과 고통이 아무리 크다 할지라도, 마침내 하나님의 구원과 위로와 안식을 누리게 될 것이라는 소망과 믿음을 굳게 해야 함을 보여주는 것이라 할 수 있습니다.

3. 삶의 적용

1) 우리가 섬기고 있는 교회를 살펴보고, 성도의 모임인 교회가 지향해야 할 모습 중에 빠진 부분은 없는지 생각해 봅시다.

2) 생명수가 흐르고 평화만이 감도는 천국을 소망하며, 지금 우리의 가정과 교회와 직장에도 작은 천국을 만들 수 있는 방법을 이야기해 봅시다.

Day 39 신약성경 총정리

◎ 암송구절 - 행 28:31

1. 신약의 열두 시대

1	2	3	4	5	6	7	8	9	10	11	12
마	막	눅	요	행 1-12장	행 13-15장	행 16-18장	행 19-21장	행 22-28장	석방	2차 감옥 & 복음 확장	교회 확장
그리스도의 생애				교회의 형성	1차 선교여행	2차 선교여행	3차 선교여행	4차 선교여행 (1차 감옥)			
(BC 4-6 / AD 30)				(~AD 48)	(~AD 50)	(~AD 53)	(~AD 57)	(~AD 62)	(AD 62~67)	(AD 67~69)	(~AD 96)
AD 33-34년 사울의 회심				15년	2년	3년	4년	5년	7년		27년
					갈	살전	고전	엡	딤전	딤후	
						살후	고후	골	딛		
							롬	빌			
								몬			
									벧전	히	요일
									벧후	유	요이
									약		요삼
											계

* 복 음 서(4): 마, 막, 눅, 요
* 역 사 서(1): 행
* 바울 서신(13): 롬, 고전, 고후, 갈, 엡, 빌, 골, 살전, 살후, 딤전, 딤후, 딛, 몬
* 공동 서신(8): 히, 약, 벧전, 벧후, 요일, 요이, 요삼, 유
* 예언적 묵시(1): 계
* 옥중 서신(5): 1차 감옥(엡, 빌, 골, 몬), 2차 감옥(딤후)

* 옥중에서 잠시 풀려남: 딤전, 딛
* 목회 서신(4): 딤전, 딤후, 딛, 몬

2. 알파벳으로 본 예수님의 생애

주요 사건	관련 성구	관련 지역
Angel(천사)	마 1:18-25; 눅 1:5-38	나사렛과 예루살렘
Birth(출생)	마 2:1-12; 눅 2:1-10	베들레헴
Carpenter(목수)	마 2:19-23; 눅 2:39-52	나사렛
Dove(비둘기)	마 3:11-17; 눅 3:15-23	요단 강
Enemy(원수)	마 4:1-11; 눅 4:1-13	광야, 유대 남부
Followers(제자들)	요 1:19-51	베레아와 갈릴리
Guest(손님)	요 2:1-11	갈릴리 가나
Housecleaning(성전 정화)	요 2:13-22	예루살렘
Interview(면담)	요 3:1-21	예루살렘
Jacob's Well(야곱의 우물)	요 4:5-42	수가, 사마리아
Kin(친척)	눅 4:13-22	나사렛
Location(장소)	마 4:13-22	가버나움
Message(메시지)	마 5-7장	가버나움 지역
Nature(자연)	마 12:22-50	가버나움 지역, 갈릴리
Opposition(반대)	눅 7:1-35	가버나움
Parables(비유)	마 13:1-53; 막 4:1-34	가버나움 지역
Question(질문)	마 16:13-28; 눅 9:22-36	가이사랴 빌립보
Revelation(계시)	마 17:1-13	다볼 산 / 헬몬 산
Stoning(돌로 치려 함)	요 10:22-39	예루살렘
Tomb(무덤)	요 11:1-54	베다니
Upset(뒤엎음)	마 21-23장	예루살렘
Vision(미래의 일들)	마 24-25장	예루살렘, 감람산
Washing(씻음)	요 13장	예루살렘, 다락방
X-ecution(사형 집행)	마 26:30-27:56	예루살렘
Yes!(네)	마 28장; 눅 24:1-49	예루살렘, 유대, 갈릴리
Zion(시온)	눅 24:50-53; 행 1:1-12	예루살렘, 감람산

Day 40 성경을 관통하는 그리스도

◎ 암송구절 - 딤후 3:16-17

1. 성경을 관통하는 그리스도

구 약	내 용 (예수님은~이다)	신 약	내 용 (예수님은~이다)
창세기	여인의 후손	마태복음	약속된 메시아로서의 왕
출애굽기	희생의 어린 양	마가복음	하나님의 종
레위기	제물이자 제사장	누가복음	인간의 아들
민수기	생명의 물이며 하늘로부터 온 만나	요한복음	하나님의 아들
신명기	모세와 같은 약속의 선지자	사도행전	땅에 있는 종들의 주인이자 증인들의 이야기의 주체
여호수아	하나님 나라의 군대 대장	로마서	자기를 믿는 자들의 의로움
사사기	자기 백성들의 구원자	고린도서	자기 백성들을 다스리시며 교회의 질서를 유지하시는 분
룻기	우리의 기업을 무르시는 친족	갈라디아서	율법주의로부터 우리를 건지시는 구원자
사무엘서 열왕기서 역대기	유대인들의 왕	에베소서	교회의 생명
에스라서	포로 되었던 백성들을 이끌고 돌아오시는 지도자	빌립보서	성도들의 모범
느헤미야서	성벽 건축가	골로새서	자신의 몸인 교회의 머리
에스더서	보이지는 않지만 자기 백성들을 지켜 주시는 보호자	데살로니가서	모든 백성들의 소망
욥기	인내하시는 분	디모데전서	통치가 예수님에 의한 것
시편	찬양을 받으시는 분	디모데후서	교리가 예수님으로부터 말미암은 것
잠언	지혜로 훈계하시는 분	디도서	예수님을 위해 인생을 살아야 한다
전도서	해 아래 있는 모든 것들에게 필요한 분	빌레몬서	사랑과 용서를 몸소 실천하신 분
아가서	심령의 갈망을 만족시키시는 분	히브리서	새 언약의 중보자
이사야서~말라기까지	장차 오실 왕, 하나님의 종, 인간의 아들, 하나님의 아들로서의 네 가지 성품을 가지신 분	야고보서	생명과 사랑과 자유의 새로운 율법
		베드로서	제사장 나라의 중심
		요한일이삼서	우리의 빛과 생명이요, 사귐의 대상
		유다서	힘써 주장해야 할 믿음의 본체
		요한계시록	장차 오실 충만한 영광

2. 신약성경 각 권의 제목과 주제

	각 권의 제목 (알파벳으로 기억)	각 권의 주제
1	Matthew - Messiah for Jeses	마 - 유대인들을 위한 메시아
2	Mark - Messiah is servant	막 - 메시아는 종이다
3	Luke - Likeness of man	눅 - 인간과 같으심
4	John - Jesus is God	요 - 예수님은 하나님이시다
5	Acts - Apostles of church	행 - 교회의 사도들
6	Romans - Righteousness of God	롬 - 하나님의 공의
7	1 Corinthians - Church problems solved	고전 - 교회의 문제가 해결됨
8	2 Corinthians - Clearing Paul's reputation	고후 - 바울의 평판 문제
9	Galatians - Gospel of liberty	갈 - 자유의 복음
10	Ephesians - Exaltation in Christ	엡 - 그리스도 안에서 높아짐
11	Philippians - Priority of unity	빌 - 하나 됨의 중요성
12	Colossians - Church's ascended Head	골 - 승천하신 교회의 머리
13	1 Thessalonians - Triumph before Return	살전 - 재림 전의 승리
14	2 Thessalonians - Tribulation before Return	살후 - 재림 전의 환난
15	1 Timothy - Trust in Timothy	딤전 - 디모데에 대한 신뢰
16	2 Timothy - Teach the church	딤후 - 교회를 가르쳐라
17	Titus - Truthless teachers denounced	딛 - 거짓 교사들을 규탄함
18	Philemon - Pardon of Onesimus	몬 - 오네시모를 용서함
19	Hebrews - Hasten to maturity	히 - 성숙을 촉구함
20	James - Jews' belief behaves	약 - 믿음은 행동이 따른다
21	1 Peter - Patience in trials	벧전 - 고난 중의 인내
22	2 Peter - Purge false teachers	벧후 - 거짓 교사들을 추방하라
23	1 John - Joy in fellowship	요일 - 교제의 기쁨
24	2 John - Judge false teachers	요이 - 거짓 교사들을 판별하라
25	3 John - Joy of hospitality	요삼 - 환대의 기쁨
26	Judge - Judgement on apostates	유 - 배교자들에 대한 심판
27	Revelation - Revelation of future	계 - 미래에 대한 계시

07

신약성경 암송구절(40개)

'40일 성경통독과 함께하는' 신약성경 암송구절		
1	요 3:16	16 하나님이 세상을 이처럼 사랑하사 독생자를 주셨으니 이는 그를 믿는 자마다 멸망하지 않고 영생을 얻게 하려 하심이라
2	마 4:23	23 예수께서 온 갈릴리에 두루 다니사 그들의 회당에서 가르치시며 천국 복음을 전파하시며 백성 중의 모든 병과 모든 약한 것을 고치시니
3	마 10:40	40 너희를 영접하는 자는 나를 영접하는 것이요 나를 영접하는 자는 나를 보내신 이를 영접하는 것이니라
4	마 22:37-40	37 예수께서 이르시되 네 마음을 다하고 목숨을 다하고 뜻을 다하여 주 너의 하나님을 사랑하라 하셨으니 38 이것이 크고 첫째 되는 계명이요 39 둘째도 그와 같으니 네 이웃을 네 자신같이 사랑하라 하셨으니 40 이 두 계명이 온 율법과 선지자의 강령이니라
5	마 26:41	41 시험에 들지 않게 깨어 기도하라 마음에는 원이로되 육신이 약하도다 하시고
6	막 1:15	15 이르시되 때가 찼고 하나님의 나라가 가까이 왔으니 회개하고 복음을 믿으라 하시더라
7	막 10:45	45 인자가 온 것은 섬김을 받으려 함이 아니라 도리어 섬기려 하고 자기 목숨을 많은 사람의 대속물로 주려 함이니라
8	막 16:15	15 또 이르시되 너희는 온 천하에 다니며 만민에게 복음을 전파하라
9	눅 6:38	38 주라 그리하면 너희에게 줄 것이니 곧 후히 되어 누르고 흔들어 넘치도록 하여 너희에게 안겨 주리라 너희가 헤아리는 그 헤아림으로 너희도 헤아림을 도로 받을 것이니라

10	눅 17:20-21	20 바리새인들이 하나님의 나라가 어느 때에 임하나이까 묻거늘 예수께서 대답하여 이르시되 하나님의 나라는 볼 수 있게 임하는 것이 아니요 21 또 여기 있다 저기 있다고도 못하리니 하나님의 나라는 너희 안에 있느니라
11	눅 21:34	34 너희는 스스로 조심하라 그렇지 않으면 방탕함과 술 취함과 생활의 염려로 마음이 둔하여지고 뜻밖에 그날이 덫과 같이 너희에게 임하리라
12	요 1:14	14 말씀이 육신이 되어 우리 가운데 거하시매 우리가 그의 영광을 보니 아버지의 독생자의 영광이요 은혜와 진리가 충만하더라
13	요 13:34	34 새 계명을 너희에게 주노니 서로 사랑하라 내가 너희를 사랑한 것같이 너희도 서로 사랑하라
14	요 20:23	23 너희가 누구의 죄든지 사하면 사하여질 것이요 누구의 죄든지 그대로 두면 그대로 있으리라 하시니라
15	행 1:8	8 오직 성령이 너희에게 임하시면 너희가 권능을 받고 예루살렘과 온 유대와 사마리아와 땅 끝까지 이르러 내 증인이 되리라 하시니라
16	행 9:15	15 주께서 이르시되 가라 이 사람은 내 이름을 이방인과 임금들과 이스라엘 자손들에게 전하기 위하여 택한 나의 그릇이라
17	행 15:29	29 우상의 제물과 피와 목매어 죽인 것과 음행을 멀리할지니라 이에 스스로 삼가면 잘되리라 평안함을 원하노라 하였더라
18	갈 2:20	20 내가 그리스도와 함께 십자가에 못 박혔나니 그런즉 이제는 내가 사는 것이 아니요 오직 내 안에 그리스도께서 사시는 것이라 이제 내가 육체 가운데 사는 것은 나를 사랑하사 나를 위하여 자기 자신을 버리신 하나님의 아들을 믿는 믿음 안에서 사는 것이라
19	행 16:31	31 이르되 주 예수를 믿으라 그리하면 너와 네 집이 구원을 받으리라 하고
20	살전 5:16-18	16 항상 기뻐하라 17 쉬지 말고 기도하라 18 범사에 감사하라 이것이 그리스도 예수 안에서 너희를 향하신 하나님의 뜻이니라
21	행 20:24	24 내가 달려갈 길과 주 예수께 받은 사명 곧 하나님의 은혜의 복음을 증언하는 일을 마치려 함에는 나의 생명조차 조금도 귀한 것으로 여기지 아니하노라
22	고전 3:16-17	16 너희는 너희가 하나님의 성전인 것과 하나님의 성령이 너희 안에 계시는 것을 알지 못하느냐 17 누구든지 하나님의 성전을 더럽히면 하나님이 그 사람을 멸하시리라 하나님의 성전은 거룩하니 너희도 그러하니라
23	고후 9:7	7 각각 그 마음에 정한 대로 할 것이요 인색함으로나 억지로 하지 말지니 하나님은 즐겨 내는 자를 사랑하시느니라
24	롬 12:1-2	1 그러므로 형제들아 내가 하나님의 모든 자비하심으로 너희를 권하노니 너희 몸을 하나님이 기뻐하시는 거룩한 산 제물로 드리라 이는 너희가 드릴 영적 예배니라 2 너희는 이 세대를 본받지 말고 오직 마음을 새롭게 함으로 변화를 받아 하나님의 선하시고 기뻐하시고 온전하신 뜻이 무엇인지 분별하도록 하라

25	행 23:11	11 그날 밤에 주께서 바울 곁에 서서 이르시되 담대하라 네가 예루살렘에서 나의 일을 증언한 것같이 로마에서도 증언하여야 하리라 하시니라
26	빌 4:6-7	6 아무것도 염려하지 말고 다만 모든 일에 기도와 간구로, 너희 구할 것을 감사함으로 하나님께 아뢰라 7 그리하면 모든 지각에 뛰어난 하나님의 평강이 그리스도 예수 안에서 너희 마음과 생각을 지키시리라
27	골 3:2-3	2 위의 것을 생각하고 땅의 것을 생각하지 말라 3 이는 너희가 죽었고 너희 생명이 그리스도와 함께 하나님 안에 감추어졌음이라
28	딤전 6:11-12	11 오직 너 하나님의 사람아 이것들을 피하고 의와 경건과 믿음과 사랑과 인내와 온유를 따르며 12 믿음의 선한 싸움을 싸우라 영생을 취하라 이를 위하여 네가 부르심을 받았고 많은 증인 앞에서 선한 증언을 하였도다
29	히 11:6	6 믿음이 없이는 하나님을 기쁘시게 하지 못하나니 하나님께 나아가는 자는 반드시 그가 계신 것과 또한 그가 자기를 찾는 자들에게 상 주시는 이심을 믿어야 할지니라
30	약 2:26	26 영혼 없는 몸이 죽은 것같이 행함이 없는 믿음은 죽은 것이니라
31	벧전 2:9	9 그러나 너희는 택하신 족속이요 왕 같은 제사장들이요 거룩한 나라요 그의 소유가 된 백성이니 이는 너희를 어두운 데서 불러내어 그의 기이한 빛에 들어가게 하신 이의 아름다운 덕을 선포하게 하려 하심이라
32	요일 2:15-16	15 이 세상이나 세상에 있는 것들을 사랑하지 말라 누구든지 세상을 사랑하면 아버지의 사랑이 그 안에 있지 아니하니 16 이는 세상에 있는 모든 것이 육신의 정욕과 안목의 정욕과 이생의 자랑이니 다 아버지께로부터 온 것이 아니요 세상으로부터 온 것이라
33	계 3:20	20 볼지어다 내가 문 밖에 서서 두드리노니 누구든지 내 음성을 듣고 문을 열면 내가 그에게로 들어가 그와 더불어 먹고 그는 나와 더불어 먹으리라
34	계 4:11	11 우리 주 하나님이여 영광과 존귀와 권능을 받으시는 것이 합당하오니 주께서 만물을 지으신지라 만물이 주의 뜻대로 있었고 또 지으심을 받았나이다 하더라
35	계 14:12	12 성도들의 인내가 여기 있나니 그들은 하나님의 계명과 예수에 대한 믿음을 지키는 자니라
36	계 16:15	15 보라 내가 도둑같이 오리니 누구든지 깨어 자기 옷을 지켜 벌거벗고 다니지 아니하며 자기의 부끄러움을 보이지 아니하는 자는 복이 있도다
37	계 19:8	8 그에게 빛나고 깨끗한 세마포 옷을 입도록 허락하셨으니 이 세마포 옷은 성도들의 옳은 행실이로다 하더라
38	계 22:12	12 보라 내가 속히 오리니 내가 줄 상이 내게 있어 각 사람에게 그가 행한 대로 갚아 주리라
39	행 28:31	31 하나님의 나라를 전파하며 주 예수 그리스도에 관한 모든 것을 담대하게 거침없이 가르치더라
40	딤후 3:16-17	16 모든 성경은 하나님의 감동으로 된 것으로 교훈과 책망과 바르게 함과 의로 교육하기에 유익하니 17 이는 하나님의 사람으로 온전하게 하며 모든 선한 일을 행할 능력을 갖추게 하려 함이라

참고문헌

류모세, 《역사 드라마로 읽는 성경》, 서울: 두란노, 2012.

_____, 《열린다 성경시리즈》, 서울: 두란노, 2009.

박수암, 《신약주석 요한계시록》, 서울: 대한기독교서회, 1998.

박웅식, 《성경 66권 기억관통》, 대전: 바울성경연구원, 2000.

박응순, 《단숨에 읽는 신약성경》, 서울: 엘멘출판사, 2006.

_____, 《단숨에 읽는 구약성경》, 서울: 엘멘출판사, 2006.

배장업, 《8개 대조 신약성경》, 서울: 가나안 말씀사, 1990.

성종현, 《공관복음서 대조연구》, 서울: 기독교문사, 1992.

이애실, 《어? 성경이 읽어지네!》, 서울: 성경방, 2008.

이필찬, 《요한계시록 40일 묵상여행》, 서울: 이레서원, 2014.

조병호, 《성경통독 이렇게 하라》, 서울: 땅에 쓰신 글씨, 2004.

차종순, 《교회사》, 서울: 한국장로교출판사, 1992.

하용조, 《비전성경사전》, 서울: 두란노, 2001.

로버트 C. 월톤, 김영무, 김일우 역, 《차트로 본 교회사》, 서울: 아가페문화사, 1996.

브루스 윌킨슨, 양승헌 역, 《신약의 파노라마》, 서울: 도서출판 디모데, 1996.

_____, 《구약의 파노라마》, 서울: 도서출판 디모데, 1996.

존 H. 월톤, 박상봉 역, 《차트로 본 구약》, 서울: 아가페문화사, 1996.

존 월튼 외 2명, 정옥배 외 3명 역, 《IVP 성경배경 주석》, 서울: 한국기독학생회출판부, 2001.

테리홀, 배응준 역, 《성경파노라마》, 서울: 규장, 2008.

H. 웨인하우스, 김일우 역, 《차트로 본 신약》, 서울: 아가페문화사, 1992.

G. E. 래드, 신성종, 이한수 역, 《신약신학》, 서울: 대한기독교서회, 2001.

신구약을 각각 40일에 끝내는

스토리(story) 성경여행

1판 1쇄 인쇄 _ 2016년 8월 10일
1판 1쇄 발행 _ 2016년 8월 20일

지은이 _ 홍성철
펴낸이 _ 이형규
펴낸곳 _ 쿰란출판사

주소 _ 서울특별시 종로구 이화장길 6
편집부 _ 745-1007, 745-1301~2, 747-1212, 743-1300
영업부 _ 747-1004, FAX 745-8490
본사평생전화번호 _ 0502-756-1004
홈페이지 _ http://www.qumran.co.kr
E-mail _ qrbooks@gmail.com/qrbooks@daum.net
한글인터넷주소 _ 쿰란, 쿰란출판사
등록 _ 제1-670호(1988.2.27)
책임교열 _ 박은아 · 신영미

 ISBN 978-89-6562-919-1 93230

책값은 뒤표지에 있습니다.

파본(破本)은 구입처에서 교환해 드립니다.